Making Serious TV

做严肃的电视

英国电视为什么好看

Why British TV Is Popular

周康梁 著/绘

Written and illustrated by Zhou Kangliang

南方日报出版社

NANFANG DAILY PRESS

中国·广州

图书在版编目（CIP）数据

做严肃的电视 ：英国电视为什么好看 / 周康梁著. — 广州 ：南方日报出版社，2013.4
ISBN 978-7-5491-0813-8

Ⅰ. ①做… Ⅱ. ①周… Ⅲ. ①电视工作－研究－英国Ⅳ. ①G229.561

中国版本图书馆 CIP 数据核字(2013)第 067349 号

ZUO YANSU DE DIANSHI

做严肃的电视——英国电视为什么好看　　周康梁 著

出版发行：南方日报出版社
地　　址：广州市广州大道中 289 号
电　　话：（020）83000502
经　　销：全国新华书店
印　　刷：广州汉鼎印务有限公司
开　　本：16
印　　张：20
字　　数：300 千字
版　　次：2013 年 4 月第 1 版
印　　次：2013 年 4 月第 1 次印刷
定　　价：39.80 元

投稿热线：（020）83000503　读者热线：（020）83000502

网址：http://www.nfdailypress.com/

目录

第3部分　电视文化

第4部分　电视创新

Contents

PART3 TV Culture

PART4 TV Innovation

序一

胡正荣
中国传媒大学副校长、教授、博士生导师

2009年初，当我为周康梁的第一本专著《做最牛的主持人：英国电视名主持和他们的节目》作序时，刚好是中国电视引进、克隆英国电视的开端，因为提前预感到这一趋势，2007年他以访问学者的身份，带着对不同媒体文化的好奇赴伦敦探寻英国电视的独特之处。经过两年的潜心研究和积累后，那本书以新颖的切入点、足够的历史纵深和背景、丰富翔实的信息量和恰当的时机为中国读者和媒体从业者（特别是电视人）提供了难得的参考资料。

一晃五年过去了，其间，我们欣喜地看到，他以旺盛的创作力，平均每年一本的速度持续释放对英国电视文化和社会文化的理解和阐述，先后又出版了《做最牛的主持人2：解码英国经典电视节目》、《他们那一套：中国记者的英国社会观察和影像记录》，并与其他中国学者合著了《牛人牛语：中国学者牛津讲演录》等作品，同时结合中国电视的现状和现象，为报纸、专业杂志撰写专栏和电视评论文章，通过讲座等形式与业界、学界和公众交流，介绍媒体的“公共服务”理念。

《做严肃的电视：英国电视为什么好看》已经是周康梁第四本英国题材的著作，也是第三本关于英国电视文化的作品。

在中国的这一研究领域，从数量到质量，从深度到速度，中国学者中他当属第一。这种多年的专注和深入，难能可贵，此中所付出的努力和艰辛也是可想而知的。

基于调查记者的职业特点和经历，加上多年英国工作的实践，周康梁的研究特点是跳出电视行业本身，用更高和更广的视角，以社会学的方式审视英国电视的经验和教训，并且用故事化、通俗易懂的方式传递出来。他没有应景式地罗列各种电视模式，因为他知道再新的内容，总会有过时的一天，但如果我们能从中汲取营养，总结特点，并加以利用，那么这种学习和借鉴就不止于简单的模仿和抄袭，而是真正理解好节目和好模式产生的背景、机制和运作规律，并在此基础上打开自己的电视节目创新之路。

本书的英文主标题是“Making Serious TV”，直译为“做严肃的电视”，这是在英国电视行业讨论中常常能听到的词句，从中也反映出很多从业者的追求，他们将看似严肃的题材用时尚的手段包装，用观众更易于接受的方式解读，努力在题材多样化和传播效果之间寻找平衡点。

近年来，中国电视引进了不少英国电视模式，其中不乏引起社会广泛关注和轰动效应的成功之作，操作方式也从此前的盗版、克隆，到现在的正规版权交易，进而尝试自主研发，从中可以看出中国电视的进步和发展。但在内容方面，基本都集中在娱乐节目的某几个类型，比如唱歌、跳舞选秀，而对其他类型的涉猎不多，原因众所周知。结果就是屏幕上家家选秀PK，歌舞升平热闹有余，而反映现实，为各种年龄、不同层次受众提供的多元化、令人耳目一新的节目不足。甚至因为监管部门一个规定，“成就”了晚间十点以后新的“娱乐时段”，各个频道扎堆在英国被称为“墓地时间”的深夜娱乐。

在很多从业者眼中，似乎“严肃”和“好看”是无法达到共鸣的，与其费劲地生产不讨好的“严肃电视”，不如轻松地制作娱乐秀，获取收视率和广告收益来得更容易。其实，纵观英国电视历史上那些成功的娱乐节目，在莺歌燕舞、多样化题材的背后总能梳理出“严肃”的主题，展示国家的主流价值观，诠释不列颠深厚的历史文化积淀和活色生香的日常生活。也就是说，我们需要扩展“严肃”的外延和对多样化的理解，并使之与具体的节目载体相结合。

如果大家觉得“严肃”两字有点过分“严肃”的话，对本书书名还可以有另外一种理解，那就是“认真做电视”。熟悉中国电视操作幕后的读者可能明白，不少电视机构呈现的“产品”真的很难说是电视人心怀诚意之作，因为技术和播出平台的特殊性形成的某种“垄断”让一些从业者可以有漫不经心，敷衍了事的理由和可能，节目缺乏新意、死气沉沉，沉醉在过去的经验里，不思进取，也不精益求精。另外，现在的电视从业者已经受到新媒体很深的影响，与时俱进本来无可厚非，但对网络内容的依赖越来越强带来的结果是所制作的节目越来越碎片化和快餐化。这些都是中国电视媒体缺乏自身文化传统和宗旨的表现。所以，无论是节目题材，还是职业态度，这个书名都留给读者和从业者们很大的想象空间。

电视作为社会的窗口，呈现出来的内容并不完全取决于电视机构和从业人员，还要受到特定的社会、政治、经济、历史、文化、制度等影响。与《做最牛的主持人》系列前两部以“公共服务广电”的“告知、娱乐和教育”三大目的为分类标准结构内容不同，作者这次将英国电视在世界媒体中独树一帜的原因用四个版块做了概括：如何本着认真、严肃的职业态度对待从新闻时事到电视剧，再到娱乐秀、真人秀的每种类型的每档节目的每个细节；如何通过完善法律法规，严格监管，尊重观众的意愿，让媒体在拥有充分自由度的同时，又不超越底线，始终朝着主流方向发展；如何形成媒体独特的文化和气质，并通过各种类型的电视节目，以丰富多彩的形式传递给观众；如何在电视领域中将英国人的创新探索精神发扬光大，发挥创造力、想象力和聪明才智，不断寻求突破。

在书中，我们能看到英国电视人在节目生产中的一丝不苟，监管部门在政策法规制定出台时的严谨缜密，体现公共服务宗旨时的周到细致，以及媒体人对社会承担的责任感。而当今中国电视碰到的问题，比如电视广告时长、商业化对公共电视的影响、对节目内容的监控、针对未成年观众收视习惯的研究和相应对策、节目模式版权保护等，英国人从20世纪50年代起就已经经历过，并且积累了很多经验和研究成果。相信作者用心挑选的这些生动案例和理性总结会对每天深陷收视率和广告压力的中国电视人有所启迪。

一本探讨如何呈现高品质媒体产品的专著，需要作者本着同样认真严肃的创作态度。因为在英国媒体和文化研究方面取得的成绩，周康梁又应邀赴世界知名学府牛津大学开展研究工作，本书就是在此期间的成果之一。多年媒体一线工作的全方位实践和学术研究经验，之前两部专著的积累，牛津大学丰富的学术资源，与众多英国知名媒体和从业者的交流，一手的采访资料和海量阅读，加上作者勤于思考、笔耕不辍，于是就有了读者手中的这本新作。

书中作者还用一种形象、有趣的方式传递了他对“高品质”的追求，那就是为每个章节手绘了一幅经典古董电视机的精致插图，寓意不言自明，用心制作的经典可以载入史册，为人津津乐道，无论是制作精良的古董电视机，还是寓教于乐的优秀电视节目，这也是本书在介绍英国电视之外的另一个亮点。“创新”，不断突破自己，周康梁的新作品总有新意在其中，这也是深受英国媒体同行影响的结果。

通过对英国电视文化的多年研究，作者用一句话概括了英国电视的成功之路，那就是“公共服务原则下的创新”，有一以贯之的明确目标和方向，有行之有效的操作方式，用认真严肃的态度做好看的电视，为广大观众服务，其实做电视就是这么简单。

Preface 2

Dr Daya Thussu
Professor of International Communication,
University of Westminster, London

Britain is home to some of the best television programming in the world, particularly in the arena of news and current affairs, period—dramas and wildlife features and documentaries. British—made programmes are exported worldwide and continue to define various genres of television – from reality TV to game and chat shows, to hard—hitting docu—soaps. A combination of public service tradition of broadcasting, exemplified by the BBC, and an equally credible private sector makes this possible.

In this beautifully illustrated book, Making Serious TV: Why British TV Is Popular, Chinese journalist Zhou Kangliang makes very astute and perceptive observations about the television scene in Britain. In doing this, he uses his considerable skills as a cosmopolitan journalist, with a keen eye for detail, and his deep knowledge of Britain and its popular culture.

This journalistic expertise is significantly aided by

Zhou Kangliang's academic achievements. He researched communication and British media as a visiting scholar at the University of Westminster in London, at the highest—ranked media and communication department in the UK and indeed one of the best—known internationally. In addition, he focused on new media and spent a fruitful time as a Fellow at the prestigious University of Oxford.

This international exposure to different media cultures and constituencies has broadened and deepened his understanding of transnational and inter—cultural communication and the growing globalization of television industries. This book, therefore, contributes significantly to enlarging and enriching the discourse on international communication.

There is general paucity of books – academic or journalistic – on comparative communication, a pity at a time of increasing technological and cultural convergence of the world's media. I am confident that this very timely and admirable book will contribute to mutual understanding and act as a significant cultural bridge between Britain and China, the world's largest and fastest growing television market.

Highly recommended.

序二

达雅·屠苏
英国威斯敏斯特大学国际传播学教授

英国是世界上很多优秀电视节目的原产地，特别是在新闻与时事、季播电视剧、野生动植物片和纪录片等领域。“英国制造”的节目出口到世界各地，为从真实电视到游戏秀、脱口秀，以及具有影响力的纪实性肥皂剧①等各种电视类型提供参照物和设定标准。以BBC为代表的广播电视公共服务传统和同样可信的商业广电的组合让这一切成为可能。

在这本有着精美插图的专著《做严肃的电视：英国电视为什么好看》中，中国记者周康梁对英国电视景象做了非常敏锐和理性的观察。在写作过程中，作为一名具有全球视野的记者，他运用了丰富的技巧，包括对细节的洞察力，以及对不列颠和其大众文化的深入了解。

周康梁的新闻专业技能显然与他在学术方面的积累密不可分，他曾作为访问学者在伦敦的威斯敏斯特大学研究传播学和英国媒体，这里有英国排名最靠前的媒体和传播学院，在世界

① “纪实性肥皂剧”（Docu—soap）是纪录片的一种类型，也可以理解为“真实电视”的一种形式，基本形态是记录一群人在特定环境中的表现，比如工作和个人生活等，特点是参与者是真实身份，不用剧本，做他们日常的事情。

上也有很高的知名度。除此以外，作为研究员，他还在享有盛誉的牛津大学研究新媒体，并且收获颇丰。

对不同媒体文化的了解和在不同地区间的国际化经历，拓展和加深了他对跨国和跨文化传播，以及日益增长的电视产业全球化的理解。因此，本书对扩大和丰富国际传播学方面的著述做出了有益贡献。

无论是学界，还是业界，在比较传播学领域的专著相对较少，这在世界媒体不断发展的技术和文化融合时代不能不说是个遗憾。我确信这部适时推出和值得称道的作品将有助于增进中国和英国在电视文化领域间的相互理解，在英国与世界最大、变化最快的电视市场——中国之间架起一座具有重要意义的文化桥梁。

强烈推荐。

Foreword
前言

Why British TV Is Popular
英国电视为什么好看

看电视是很主观的行为，同样的内容，观众也许会得出截然不同的收视感受。中国电视如此，英国电视也不例外。曾经碰到过在一个英国家庭中，三代成员对一档选秀节目的观点截然不同而热烈讨论的场面。“英国电视好看”，首先是我作为一名普通电视观众，将其与中国电视比较后的直接感受，然后才是作为电视从业者和研究者理性分析后的结论。提起英国电视，人们首先会联想到英国广播公司，如果以它最具代表性的“公共服务广电”[①]的“告知、娱乐和教育”三大宗旨为

①Public Service Broadcasting，中文的“广播”有两个对应的英文单词，“Broadcast”和“Radio”，可以把它们理解为广义和狭义的“广播”。“Broadcast”原意为书面语的“在广阔的农田里播撒种子”，最早被广播电台工程师援引，用于形容广泛发射电波的一种技术手段。目前通用的定义是“通过广播或者电视传送声音或者图像”，从这个解释可以看出，“Broadcast”涵盖了我们通常所谓的“广播”和“电视”。“Radio”也被译为“广播”，在中文的语境中，习惯于将它对应于具体的广播电台。英文单词“Broadcast”和“Radio”在含义上有交叉，也有明确的指向，中文通常只使用“广播”一个对应的词，因此容易引起混淆。20世纪20年代，“Public Service Broadcasting”最早提出时针对的是广播，后来电视出现，这一概念也就拓展为广播和电视了，现在中国很多广播电台与电视台合并，成立“广播电视台”，这就与Broadcasting的意思吻合了，所以本书中把“Public Service Broadcasting”翻译为“公共服务广电”。

框架，按照新闻、娱乐和纪录片等节目类型来审视英国电视，也能得出类似观点。希望本书为读者提供另一个“看”电视的角度，与大家分享自己在“公共服务”理念下对电视的理解。

英国广播公司的新闻和时事节目一直以“准确”、“公平”、“独立”、“多元”、“责任”和“公众利益”等为追求目标，虽然因为不同观点、立场、意识形态，以及不时出现的问题等原因，无论是在英国，还是中国，对其报道内容和方式的质疑、批评从来没有停止过，但BBC新闻和时事节目在世界媒体中享有声誉却是不争的事实。

拿着遥控器扫一圈，当下中国电视屏幕上那些风生水起的娱乐节目绝大多数都与英国电视模式有着直接或者间接的关系，中国电视同行用趋之若鹜的实际行动为“英国电视娱乐节目好看”做了最好注脚，这也是中国电视与英国电视联系最为紧密之处。另外，英国电视剧近年来受到越来越多人的追捧，被视为同类型电视产品中的精品在网络上广为传播。与我们除了打仗，还是打仗，大多粗制滥造的电视剧相比，“英剧”虽然产量不大，集数有限，但通常周播，单集时长60—90分钟的“迷你剧”品质却堪比电影大片，甚至令很多电影望尘莫及。

因为收视率的压力和电视观众的观看习惯等原因，享誉世界的英国电视纪录片只在中国一些专业频道和非黄金时段播出，更多的人则是通过网络和光碟等途径观看。在这一电视节目类型中，英国电视人所做工作的价值和意义已经远远超出了生产视觉产品，在媒体播放赢取收视率和广告收入，销往世界各地赚取利润的范畴，他们对人类历史、文化、社会、经济、自然、科技等全方位、形象生动的探索，并且通过高品质影像的展现，为人类文明的传播和传承做出了重要贡献。

所有这些都得益于独具特色的“公共服务广电”理念，此概念最早由BBC第一任总裁约翰·瑞斯于1921年提出①，他的理想是构建一个既不同于前苏联受到政府严格控制的宣传工具，也不同于纯粹以市场为指导的美国商业媒体体系。此设想在后来“公共服务广电”的特征中得以体现，那就是既不受利益集团和政府控制，也不受广告商指使，提供的内容是公正、不偏不倚的。除此以外，这种媒体还要具有地缘的广泛性，适应受众全方位的趣味和喜好，兼顾“少数人群”，特别要考虑少数群体和受歧视人群的利益，更多关注国内事务，系统

① 当时电视还处于研制阶段，所以瑞斯一开始特指的是广播，后来这一概念延伸到电视领域。

运转完全依靠用户交纳的资金支持，重视节目质量，而不是简单的收视率指标，节目质量为衡量媒体是否是真正的“公共服务”的首要标准，节目制作者拥有创作自由，不受条条框框限制。瑞斯认为娱乐不能作为广播的唯一目的；广播有责任在最大程度上给尽可能多的家庭带去人类所有的知识、努力和成就中最优秀的部分；倡导高尚的道德风尚，避免低俗；广播应该引导公众的品位，而不是去迁就他们的趣味。此后七十多年，作为世界最早的电视运营机构，BBC见证和经历了电视发展的各个阶段。

现在在英国，“公共服务广电”可以简单理解为广播电视主要是为公众服务，其带来的收益不只是从商业角度考量。目前，英国有五家公共服务广播机构，他们分别为：主要依靠执照费的英国广播公司；广告支撑的第4频道，为多样化节目提供播出平台；通过BBC资助、政府补贴和广告收入共同支持运转的S4C[①]，其用威尔士语在威尔士全境播出；商业机构经营，依靠广告收入运作的第3频道和第5频道，不同商业广播公司分别使用第3频道的平台在不同地区播出各自的内容，比如独立电视台在英格兰和威尔士播出，STV在苏格兰播出，UTV在北爱尔兰播出。而后者2010年7月23日经过调整后，名称从之前的“FIVE”恢复为1997年开播时的“第5频道”，顾名思义，它是到目前为止，英国继BBC1频道、2频道、独立电视台和第4频道之后的第五个全国性电视频道，现在以播出娱乐节目为主。除此以外，像独立电视台ITV这样的商业广电机构也要承担公共服务职责，也就是说英国的“公共服务广电”在运作、定位和服务对象等方面有很多类型，共同形成了兼具公共服务和商业经营的电视体系。

以英国广播公司为代表的这些英国广电媒体机构，始终秉承创新探索、与时俱进的精神，严谨的行为方式，在严格的法律法规监管下，为公众提供高品质节目，塑造社会价值观，增强民族凝聚力，体现国家和民族形象，提高国民素质和文化，设置公众议程，弘扬主流价值观，传承人类文明，并使其成为国家文化的重要组成部分和标志之一。当然，其中不免走过弯路，犯过错误、出现危机，碰到挫折，也积累了很多经验，受众、专家学者、业内人士等多方面、持续地进行批判、反思和总结，促使其不断完善。

每当谈及“媒体责任”、“服务意识”、“关爱青少年和老年人”、“重视细节”、“媒体自律”和“寓教于乐”等问题，一些中国同行总会很不屑，在他们看来那都是理想化、理论化的观点和想法，只存在于书本中，距离实际

---

① 来自威尔士语Sianel Pedwar Cymru，意思是“威尔士第4频道”。

和实践差距很大，在收视率压力下，哪顾得了这么多。而大家会在本书中发现另外一些熟悉的词语，比如“梦想秀”、“游戏益智秀”、“娱乐至死”、“节目品质”、“儿童保护”、“行业监管”和“政府干预”等，这都是针对近年中国电视出现的很多现象，从英国电视发展历程中寻找对应点、相关案例、经验实践，并更直接地观察塑造英国电视的体制和构成公共服务的重要组成部分，比如电视文化、创新精神、政策法规、行业自律和观众素质，以及这些因素之间的相互影响等，让读者看到英国人是如何在“公共服务”的主线下，通过不同运作模式为观众提供高品质节目的。

这是一本探讨电视节目内容和品质的书，所以希望它本身也是有质感的，我为每个章节手绘了一幅古董电视机插图。与现在高清晰度、宽屏、超薄和多功能，但外形千篇一律，更像一块“黑板”的电视屏不同，这些古董电视机以前价格不菲，通常是一个家庭的重要陈设，虽然体积大，分辨率不高，但大多外观设计精美、制造和用料考究，整体看起来像是工艺品。更重要的是，这些老电视机背后蕴含着一个个和电视有关的故事，在我采访的英国电视人和观众里，不少人都受到过优秀电视节目的影响。为了忠实原型，在绘制时没有进行夸张的艺术处理，而是尽量写实，力求准确，希望它们能唤起读者朋友们记忆中与“好看的电视”相伴的快乐。

现在媒介发达了，2012年奥运会转播，为了“不放过任何一个精彩瞬间”，英国广播公司就以个人电脑、手机、平板电脑和电视新老媒体“四屏组合”的方式进行赛事转播，但新媒体带给人们的快乐并不一定比以前守着小电视机更多，印象更为深刻。所谓的有利有弊，观看方式的多元化和互动，某种程度上也降低了专注度。曾经在一次约60分钟的飞行中，看见邻座的大叔先后用手机、手提电脑和iPad观看不同的视频，只见他不断地在各种包里倒腾这些设备，最终却未能耐心地看完一个内容。这也是本书没有过多涉及当下电视与新媒体融合时髦话题的原因之一，虽然传统的电视传输方式会在不久的未来被新技术替代，但无论是“看电视”、“看网络”、“看视频”、“看手机”、“看平板”，或者看其他什么，在何种媒介上观看是形式问题，而看什么才是本质，这也是高品质节目内容存在的基础。所以今后无论是电视台、制作公司，还是爱好者们作为视频节目提供商，竞争的基础仍然是节目内容和质量。

全书28章按照话题的侧重点不同分别归入“电视运作”、“电视监管”、“电视文化”和“电视创新”中，其实电视作为综合了科技和艺术的媒体，又是在特定社会、政治、经济、历史文化等背景下运作，很难完全区分开来，这样分类是为了便于读者阅读。

整个写作历时两年多，书名的灵感来自于一家英国知名电视制作公司的研讨会主题——“为广大观众做严肃的电视”，其中的“严肃”并不是说像我们过去经历的那样，用沉闷、老套的节目，板着面孔说教和灌输。恰恰相反，“严肃”指的是媒体用积极、认真、创新、服务的态度，为观众呈现形式多样、内容丰富的“好看的电视”。当然，“好看的电视”不光要靠电视人努力，在媒体自律的同时，也需要监管部门科学、合理、具有前瞻性的把控，拙劣的政策法规会成为媒体发展的紧箍咒，在充分调研基础上制定的管理规定则可能塑造出独具特色的媒体文化。大量高品质节目的熏陶会提升观众的鉴赏能力，对节目品质具有很高判断力、能表达观点和意见的观众又会促进节目质量的提高，让那些粗制滥造、质量低劣的节目失去生存空间。虽然还存在各种问题，也不可能让所有人满意，但英国电视的品质在世界同行中拥有不错的口碑是与他们较好地平衡了几者间的关系密不可分。但从中国电视的现状看，还没有建立起几者相互间的良性循环。

英国广播公司1频道2010年上任的总监丹尼·科恩曾经说过这样一句话：收视率对电视频道很重要，但前提是节目也必须是高品质的。

周康梁

Summer Town，Oxfordshire

第 1 部分 电视运作 TV Operations

英国 1929年 Baird Model C Televisor

虽然不同负责人会有自己的偏好和风格，
但频道发展不会因为总监的更替而发生巨大变化，
这是因为“BBC信托会”对每个频道都有明确的定位和详细规定，
向公众公开，
观众可以根据条文“监督”频道是否按照规定运转，
或者据此对不满意的节目进行投诉。

Making Serious TV
做严肃的电视

2011年，关于英国广播公司的众多关键词里最引人注目的要算“裁减”了。控制成本是BBC未来几年发展战略的一部分，于是，一些历史悠久的国际广播语种和数字电视频道、驻外记者、知名主持人和高层管理人员的薪水等被列入裁减之列，而作为BBC重中之重的1频道，需要控制的内容之一是犯罪题材的系列剧。

提出这项计划的是频道2010年10月上任的总监丹尼·科恩，“如果要做其他尝试，就不能什么都干，现在播出的节目中，越来越多的男性侦探和各种犯罪让电视面临着危机。”虽然涉案剧在BBC播出的内容里占有重要位置，但他想做的是拓宽题材，让节目类型更丰富多彩，而不只是罪犯和侦探的较量。

此前，BBC播出了新版《福尔摩斯》和根据瑞典作家亨宁·曼克尔小说拍成的系列剧《沃兰德》，前者还荣获了2011年度英国电视学会奖的“最佳系列剧奖”。独立电视台也有如《路易斯》、《杀机四伏》、《刑侦督查班克斯》和《威彻尔先生的猜疑》等收视不错的系列剧。在丹尼看来，节目多样化不仅是BBC的事情，而且是整个行业的问题，大家

左 《神探任恩》

右 《福尔摩斯》

可以做得更好。

受到新编排影响的涉案剧名叫《神探任恩》，根据作家迈克尔·迪布丁的故事改编，全剧在意大利拍摄，主要角色都由英国演员扮演。这部剧在2011年1月播出三集之后，BBC决定不再像其他侦探题材的电视剧一样继续委托制作公司拍续集，它也就此成了1频道最先砍掉的侦探剧。

据统计，BBC1频道2011年播出的电视剧总时长为690小时，比前一年少了118小时，不过砍掉的节目中只有10小时是英国原创。与此相反，为了鼓励原创，2013至2014年将对1频道电视剧制作经费追加2000万英镑，2频道2011年的电视剧预算也增加了3000万英镑。面对播出量减少，重播增加的批评，时任BBC总裁的马克·汤普森解释，削减量主要集中在白天播出的涉案剧，原则是减少此类节目在非黄金和白天时段的播出量，逐渐通过投拍新剧，增加原创电视剧的数量。

丹尼提出的口号是“做严肃的电视”，也许在娱乐节目满天飞，大家变着法儿地争夺收视率和广告商，新媒体虎视眈眈要取而代之的年代，提出“做严肃的电视”会让人觉得有点冒理想主义的傻气，而“严肃”电视在中国似乎也总是与板着脸的八股和说教联系在一起。但这位BBC最重要频道的掌门人用他此前的实践证明他理解的“严肃电视”会有收视率，吸引的还是16—34岁、被认为不看电视的“年轻观众”，他们并不排斥在新媒体上欣赏优质的电视节目。

作为牛津大学的优等毕业生，丹尼的职业经历一直与电视相关，在第4频道的纪录片部门工作期间，他的职责是委托制作公司拍摄纪录片、纪实类电视剧

左 BBC3频道形象片　　右 BBC1频道总监丹尼·科恩

和购买节目模式。因为能力和业绩不错，2007年丹尼被任命为BBC3频道的负责人，当时此频道并不被看好，甚至有议员提议为了节省经费，干脆关闭了事。

作为1频道历史上最年轻的总监，36岁的丹尼上任之初的第一件事情就是重新定位，节目几乎覆盖所有电视类型，从新闻时事到电视剧，从喜剧到动画片，突出严肃纪实内容，比如刚果的性暴力、巴基斯坦和阿富汗妇女的遭遇、全球化和冲突、英国选举、金融危机和其他时政题材等。丹尼说："以前3频道没有时事节目，现在我们做到了节目类型的平衡，还有更多的严肃系列。"因为受众定位是年轻观众，所以针对他们的欣赏习惯，提供多媒体播放支持。

在丹尼三年任期里，收视率上升56%，其中一部反映阿富汗妇女重返祖国的纪录片在满意度调查中得到了95。这是测量观众对电视节目喜好与评价的一项指标，BBC纪录片之前从没有在满分为100的调查中有如此好的成绩。而2009年频道节目的平均值在80左右，由此可见整体表现不俗。节目类型多样化尝试的成功让3频道充满自信，以至于他们现在打出的口号是：BBC3频道，从不惧怕尝试新鲜事物的数字电视频道。

因为节目内容受欢迎，3频道的预算从1亿英镑增加到11.3亿英镑，有了更多制作经费，节目和频道也获得很多奖项，成为英国最受欢迎的电视频道之一，这也为丹尼入主1频道奠定了的坚实基础，虽然定位不同，但他要把"严肃电视"的概念移植到新的工作平台。丹尼也是BBC影像委员会的成员，该部门的宗旨是：使BBC成为世界上最具创造性的机构，为我们的观众提供喜闻乐见的内容。外界评价丹尼是他同辈人里少有的"天才电视管理者"，他对公共服务理解透彻，对所有年龄段的观众需要什么有着敏锐而成熟的感觉，这对英国最重要电视频道的掌门人至关重要。

上任没多久的丹尼还批评BBC1频道过去一段时间制作和播出了太多关于中产阶级的情景喜剧，表现衣食无忧、舒适的生活，这样做的结果就是与此群体之外的观众越来越疏远，他希望有更多反映工人阶层的内容。丹尼曾经说过："如果没有BBC，英国会是一个很乏味的地方，所以我们要小心，别走太远。"作为在英国贵族学校和牛津大学基础上成长起来的BBC高层管理人员，丹尼现在这个职位的年薪为26.7万英镑，妻子是剑桥大学的经济学家，属于不折不扣的中产阶级，他这么说当然不只是出于对工人阶层的同情，而是基于BBC满足更多受众需求的多样化原则。

虽然不同负责人会有自己的偏好和风格，但频道发展不会因为总监的更替而发生巨大变化，这是因为"BBC信托会"对每个频道都有明确的定位和详细规定，向公众公开，观众可以根据条文"监督"频道是否按照规定运转，或者据此对不满意的节目进行投诉。作为旗舰，1频道要做的是落实BBC的总体定位，即高品质、原创、挑战、创新，以及培育和发掘人才，并对社会公共价值的建立做出贡献等。

它承担着支持公民权和公民社会的责任，主要体现在为全英国的观众提供公平、公正、准确和独立的新闻内容，反映不同的政治和文化立场，特别是突出BBC在时事分析和对议程设置的调查报道方面的优势，对各种重要观点定期进行时政报道和专题辩论。还要通过系列剧、娱乐节目和喜剧等不同电视类型反映重大事件，把艺术和文化带给主流观众，鼓励创新和彰显优秀文化。

推动教育和学习也是频道的重要目标之一，节目需要覆盖各领域专家和严肃话题，并在黄金时间播出，努力让节目走近广大观众。高品质和具有标志性的真实类纪录片特别需要重点关注，涉及领域有博物、科学、历史和艺术等，用带有情节的内容吸引观众去理解客观世界，使用互动手段让大家参与学习，或者对一项内容进行深入探索，与其他频道配合，指导观众完善知识结构，增进对世界的认知和理解。以纪录片、时事和电视剧等不同内容，展现不同种族、地区和社区，也就是多元化的英国社会，其中宗教是很重要的内容之一，一些可能引起强烈社会反响的节目也要放在黄金时段播出。他们希望这个频道成为英国人看世界和世界走进英国的窗口。

除了语言描述，每年还有量化指标，比如至少播出45小时音乐和艺术类节目，这里的音乐和艺术当然不包括那些唱歌、跳舞等选秀类娱乐节目；700小时的全新制作真实类节目，内容包括科技、自然、历史和教育等,可以说1频道是BBC公共服务宗旨的全面体现者。

而BBC2频道作为地位仅次于1频道的播出平台，也共同承担着这些公共服务职责和量化标准，比如与1频道合起来播出的儿童节目每年不少于1500小时，宗教节目不少于110小时。独自播出的全新制作真实类节目每年至少520小时，艺术和音乐节目200小时，其他频道也都有类似量化标准。或许在了解了这些规定后，大家对BBC的人文、自然、历史和科技等类型的纪录片为什么新作和佳作频出，并且能以高品质享誉世界应该就不难理解了吧。

其实，英国电视界一直没有停止对“严肃”电视的追求和探讨，早在2002年8月，英国享有很高声誉的电视主持人和博物学家戴维·阿滕博勒①在庆祝自己为BBC工作50周年活动时，就曾经呼吁英国广播公司回到“严肃电视”的路子上，带给受众更多音乐、艺术类节目。20世纪60年代，阿滕博勒曾经是BBC2频道的创办人之一，他与同事合作定制、播出了很多具有标志性意义的优秀纪录片和各种类型的节目，比如《文明》、《人的进化》、《大师课》等，反映了他们当时在运行英国电视第三个频道时的理念，那就是尽可能地让电视丰富多彩。

阿滕博勒因在电视各领域的丰富实践和成就被誉为“英国公共服务广电的化身”，有资格对BBC的发展表达意见。在他看来，当时BBC总是关注一些琐碎和不重要的内容，距离公共服务宗旨越来越远，“有很多可以称为‘严肃电视’的领域都没有涉足，不少人都认为BBC不顾及观众需求，现在钟摆总是偏向一边，我希望、并且也认为它应该回到正轨上。”这位富有创新精神和高产的电视人在那年用一部新纪录片《哺乳动物》实践着自己的公共服务理念。

在英国电视界，像阿滕博勒这样认可和坚持“严肃电视”的大有人在，2011年，英国某知名制作公司的一次研讨会让我印象深刻。这家公司以制作深度报道见长，是英国广播公司《全景》、独立电视台、第4频道等深度调查节目的内容提供商，节目也销售到世界很多国家，他们的制作理念就是“做严肃的电视”，这也是研讨会的主题。公司执行官，同时也是资深电视制作人介绍了他们的经验，既关注对世界有影响的重大选题，进行深度报道，同时为了让观众易于接受，需要做适度“娱乐”和“时尚”化包装，他们的作品在当今深度

---

① 参见周康梁：《做最牛的主持人2：解码英国经典电视节目》，广州：南方日报出版社，2010年，第233页。

BBC1频道的形象片体现多样化特点，而我们的很多频道一个包装不分时间、场合、季节，往往从年头用到年尾，没有核心内容和延续性。

和调查报道收视普遍不佳的背景下，却很受欢迎，其中自有门道。

制作公司现场播放了一些代表作品片段，作为同行，能看出从剪辑到节奏，从采访到配乐，看似平淡的画面下，蕴藏着足以吸引观众视线的魅力，类似节目在英国电视屏幕上比比皆是。即便被丹尼视为“过剩”的英国侦探剧，也都是根据畅销小说或者之前成功的电视剧改编而来，单集一般90分钟，从情节到制作，一点不比电影逊色，正是因为质量高，此类系列剧通常都是周播。

以一个中国电视观众的视角看BBC的节目，类型已经很丰富了，无论哪种题材的系列剧在晚间都不占主要比例和时间，大量节目是新闻、时事、政治、辩论、访谈、历史、文化、自然、科技、园艺、美食、脱口秀、真人秀等。很多都是制作精美的纪录片，内容通俗易懂，形式轻松活泼，包装独特，画面独具匠心，主持人风趣幽默，节目寓教于乐，令人目不暇接。

2012年对BBC是个特殊的年份，女王登基60周年系列活动、2012年欧洲杯、伦敦奥运会等几大活动的转播赢得了大量观众，但年底爆出的已故主持人吉米·萨维尔性丑闻事件，以及由此引发的一系列调查和刚上任新总裁乔治·恩特威斯尔的辞职等让BBC面临严重的危机。也是这一年，1频道播出了《辛迪加》（5集）、《囚徒的妻子》（6集）、《彼岸是天堂》（8集）、《呼叫助产士》（6集）和《哈利法克斯最后的探戈》（6集）等系列剧。收视人数保持在500万—600万之间，并不比侦探剧低。《呼叫助产士》的平均收视人数更是突破了1000万，最高时曾达到1141万，甚至令很多娱乐节目望尘莫及。

这些电视剧风格、题材各异，背景不同，有虚构的，有根据真人真事改编的，有现代的，有“新古典”的。没有火爆的大场面、没有悬念暴力，事实证明不用侦探和罪犯，电视频道一样有观众看。作为旗舰频道，为了修复因为性丑闻和各种负面消息对BBC造成的影响，重新拉近与观众的距离，丹尼宣布2013年1频道的主题是“爱”。2012年电视剧题材拓宽后，收视的稳定增加了频道管理者的信心，他们不仅继续定制这几部电视剧的第二季，还宣布在新一年会有其他电视剧和观众见面。因为不断加大投入，需要与英国最好的作家、编剧、演员和导演合作，以创作出有内涵、高品质和令观众记忆深刻的好作品，展现从虚拟到真实的丰富世界。

我由此也对BBC1频道在丹尼这位有着操作“严肃电视”成功经验的资深媒体人手中发生的变化充满期待。

“严肃”的电视也可以是丰富多彩、好看的电视。

法国　1929年　Semivisor

如果说“达人”模式是综艺大杂烩，
那么“声音”模式就是演唱会；
《英国达人秀》是老少通吃，
那么《英国之声》、《童声》则细分参赛者和目标受众；
《英国之声》希望通过温和赢得观众，
《英国达人秀》则是用重口味、快节奏来刺激观众。
无论哪一种，大家都在寻找差异化和特色，
没有一种节目类型是万能的。

Television Wars

电视遭遇战的启示

BBC的唱歌选秀节目《英国之声》（第一季）在历时三个月后，于2012年6月2日落幕。1983年出生，来自英格兰东部萨福克小镇洛斯托夫特的利安娜·米切尔夺得首季冠军和10万英镑奖金，以及与知名唱片公司合作的机会。《英国之声》的原版来自荷兰传媒巨头约翰·莫尔2010年推出的《荷兰之声》，该节目形态一出现就受到追捧，50多个国家购买了版权，一时与西蒙·富勒的《偶像》和西蒙·考威尔的《X元素》呈三足鼎立的国际流行歌唱类才艺秀节目模式。

“声音”遇到“达人”

作为近邻，BBC之所以在两年后才引进这个节目模式，主要是为了拥有一档周六晚间娱乐节目，以应对独立电视台近年来在此时段的强势。2011年6月，双方首先上演了“竞拍大战”，此前因为已经拥有多档各具特色且收视不错的年度娱乐节目，ITV决策层对荷兰的“声音”模式并不在意，但当听说BBC打算引进时，立马“紧张”起来，觉得这会冲击自己的唱歌选秀节目《X元素》，于是向版权持有者表示“很有兴趣”，目的是化解对手，减轻《X元素》的压力。

左 《英国之声》片头　　右 《英国达人秀》片头

经过一番激烈“竞拍”，2011年6月18日，BBC最终以2200万英镑买下《荷兰之声》两年的英国版权，赢了第一回合。新节目取名《英国之声》，并且不惜砍掉舞蹈才艺秀《舞林争霸》以腾出时段，1频道总监丹尼·科恩说：“很高兴荷兰的‘声音’模式将登陆BBC，这是一档大型、刺激和热情的节目，已经俘获了全世界很多观众的心。”

这一举动被英国媒体称为BBC十余年来的“大手笔”，也是1频道历史上规模最大的娱乐节目之一。因为购买版权的资金来自受众缴纳的“执照费”，每次动用这些钱支付高薪给主持人、巨资购买节目等都会引来社会关注，弄不好甚至是批评和投诉，所以BBC的压力也挺大。不过，有评论认为，虽然在削减开支的同时，丹尼购买模式版权，推出《英国之声》看起来像是一次赌博，但BBC需要受欢迎的节目秀。因为新节目的出现，周六晚间电视格局会被重组，这才是BBC1频道应该做的，由此也让公众看到他们的钱花得值。

节目到手后，BBC随即拉开了与ITV的周末节目编排“遭遇战”，只是最先受冲击的却不是之前预想的同类节目《X元素》，而是独立电视台另外一档高收视选秀节目《英国达人秀》。2012年的《英国达人秀》原来预计4月开播，鉴于BBC来势汹汹，当3月10日得知《英国之声》将在3月24日开播，ITV决定把节目提前至同一天播出，以“阻击”对手。

对此，双方先上演了“口水仗”。BBC表示：“这是ITV的典型做法，我们只不过是要播出一档新节目，他们就把坦克停到我们的草坪上，这是因为他们没能用高于我们1000万英镑的价格拿下这个节目，受了刺激的结果。”ITV则回

左 《英国之声》的导师们　　右 《英国达人秀》的评委们

应："我们此前没公布播出时间，原计划本来就是3月24日，BBC知道我们总是在这个时候开播当年的《英国达人秀》，如果说有人停了坦克在草坪上，那是他们。"然而，明眼人都知道，之前五季《英国达人秀》都是在4月中旬，甚至是6月开播，这也让他们的辩解显得有些苍白，BBC赢了第二回合。

两家播出日期定在同一天，为避免与《英国达人秀》重叠，BBC把开播时间从原定的7点15分提前到7点，但ITV则把开播时间也从7点45分提前15分钟到7点30分。对此，BBC只好表示无奈，接下来就只能是电视上见了。

《英国之声》分为四个阶段，分别是"邀约式"海选、盲选、对决和直播秀，第一阶段从2011年10月底至11月，分别在伦敦、伯明翰、格拉斯哥、曼彻斯特、卡迪夫和贝尔法斯特展开，只有大于16岁的独唱和二重唱选手能参加，以保证比赛的纯粹和公平。海选内容并没展现在电视屏幕上，选手情况也未提前曝光，而是把"神秘"留给下一个环节，也是《英国之声》3月24日正式播出的开始——"盲选"，让50多名选手的第一次登场就富有悬念，吊起观众的胃口。

"声音"模式区别于其他选秀的最大"噱头"就是四位来自英国流行歌坛的知名歌手担任"导师"，背对演唱者挑选有潜质的歌者。此设计的核心已经通过节目名称传达出来，即被冠以"导师"之名的评委不看参赛者的外貌、个性、舞姿、舞台呈现，而是仅凭他们的嗓音和表现能力做出判断是否吸纳其加入自己的团队，进入下阶段比赛。此概念还配以舞台装置道具，使之更具有视觉感。当"导师"通过歌声认可选手时，便按下按键，操作椅子旋转180度面对自己"钟情"的选手。当然，如果多位导师都看好一名参赛者，选择权则转移

《英国之声》演播现场

到选手一方。

接下来的环节是对决，各自团队的成员经过“导师”的培训和指导后，在一个类似拳击台的舞台上，同队两名选手共同演唱指定的同一曲目，“自相残杀”，以淘汰队友，争取晋级；最后进入为期六周的直播。其实，这两个环节在其他选秀节目中很常见，收视率数据对此也有所反映。《英国之声》最高平均收视人数1199万出现在第四场“盲选”，前后三场在944万至1051万之间浮动[①]，说明虽然都是唱歌，但附加了“盲选”形式，对收视率还是有很大促进。

令BBC略显失望的是，西蒙·考威尔的《英国达人秀》扛住了他们的进攻，收视人数显示其还略胜《英国之声》。不过两档节目在8：00—8：20之间有20分钟重叠，《英国之声》在此时段以896万超出《英国达人秀》240万，第一回合，双方互有胜负，算是打了个平手。

从《英国之声》第三场盲选后，《英国达人秀》向后调整了开播时间，主动避免两档节目的直接冲撞。BBC和ITV的竞争人所共知，但如此针尖对麦芒的“对撞”还是很少见，由此可看出英国电视市场竞争的激烈程度，并不像我们有的电视人想象的那样，因为电视台和频道少而有所减弱。

随着节目推进，BBC的《英国之声》“盲选”和“对决”两轮之后，进入直播阶段的6周11场比赛，收视一直不佳，最低时一度只有450万。而《英国达人秀》虽然也呈现类似现象，即一开始在各地的“海选”因为有新鲜感收视很

① 包括四场“盲选”、两场“对决”和一场直播。

高，进入半决赛则在800万左右徘徊，但5月12日决赛的收视为1116万，而《英国之声》6月2日决赛的收视只有782万，在总收视上BBC最终输给了ITV。谁也不能保证每次推出的新节目都成功，即便它在其他国家曾经有过不俗表现，一档本土化的新节目需要时间和实践检验。

BBC的“失利”有多重原因，“声音模式”创意者莫尔认为BBC把一档节目分为周六演唱比赛和周日公布结果的形式，本意是想带动两天的收视，但却在一定程度上也分散了观众的注意力，反而“稀释”了收视率。这种编排方式在名人舞蹈才艺秀《认真来跳舞》中采用过，但因为节目类型不同，所处的竞争环境不同，最终造成结果的差异。

莫尔承认《英国之声》后面直播阶段的捉对PK淘汰与《X元素》、《流行偶像》、《美国偶像》等流行多年的才艺秀节目相差无几，这对看惯了好节目，口味挑剔的英国观众便成了“鸡肋”。其实对决淘汰的设置更多是为了给参赛者演唱提供一种形式感，所谓的“待定”、“通过”等环节也是为了增加悬念、让选手演唱更多曲目，保证一定的节目时长，而一旦这种手段被滥用，造成节目时间过长，不仅会让观众疲劳换台，更会让选手产生厌倦情绪。曾经在中国某档午夜时分还在直播的节目中听见被淘汰的选手袒露心声：“总算被淘汰了，不想反复PK了。”所以，怎么把某项设置用得恰到好处，既能让节目精彩，又能让观众觉得意犹未尽，确实需要节目制作者们好好把控。

另外，因为资金投入等问题，《英国之声》看起来不如其他选秀节目炫目时尚。比如，《X元素》的开场异常火爆，充斥着尖叫和亢奋，当评委出现时，烟火四射，令人眼花缭乱，仿佛是英雄凯旋，而《英国之声》的开场则中规中矩，沉闷很多。所以有观众评论，如果一档娱乐节目秀从开场就不能让人眼前一亮，那怎么指望大家一直锁定频道看下去呢？

“好声音”≠大明星

“盲选”作为节目的最大卖点，也被认为有值得商榷之处，遭到时尚娱乐界人士的质疑。此设计的初衷是让“导师”不看选手，寓意为让歌唱回归本质，不受其他因素干扰。但流行音乐作为整体，声音并不是全部，视觉刺激同样重要，其所传递的性感、时尚和姿态会融入音乐的表现里，而娱乐节目更应该为观众提供全方位的视听享受。

这一点在中国版本的“声音”中表现尤其明显，如果没有华丽的演播厅设

第一季《英国之声》冠军利安娜·米切尔（左）和主持人

计，没有四位个性迥异明星“导师”风趣幽默的唇枪舌剑，没有节目之外的故事和八卦吊起观众的胃口，只靠从各处挖来的选秀专业户和职业歌手可劲儿地唱歌，收视率和观众的反响不会比现在好。中国电视不缺唱歌比赛节目，缺的是有意思的唱歌娱乐节目。

我们不妨回顾一下刚刚“过气”的“记歌词”唱歌娱乐节目模式，它的最成功之处就在于好玩和有趣，节目中有专业领唱者保证演唱质量，同时参与者在比赛中跑调、记错歌词等内容为观众提供了一个娱乐氛围，只要识字的观众还能不自觉地参与到节目互动中，去评判选手演唱得正确与否。这种模式更贴近大众娱乐的本质，即有一定水准，但不阳春白雪、曲高和寡，有搞笑，但不胡闹和恶搞。

这让我想起2012年4月中旬，中国国家电视台宣布，第十五届青歌赛暂缓或将推迟至下一年度举办，拥有近20年历史的赛事虽然没有使用“盲选”，但目的似乎也是寻找“最好的声音”，但在“为的是选拔国家人才，不会去刻意迎合观众”[①]的指导思想下，电视台播出的只是沉闷的比赛，而不是提供观众娱乐的节目。无论怎样定位，近年来青歌赛的收视率在各种选秀节目的冲击下逐渐没落是不争的事实。有趣的是，知识测试和嘉宾点评这个看似与唱歌没什么直接关系的环节却“喧宾夺主”，最终成了观众茶余饭后的谈资、媒体关注的焦点和话题，究其原因，就是因为此处具有“娱乐元素”。

① 《中国新闻周刊》总第568期，《中国最早“电视选秀”青歌赛暂缓举办》。

一名流行歌手的外表也不是可有可无，反而会影响歌迷的选择，甚至让粉丝们忽略演唱的内容和质量，这种例子在偶像时代屡见不鲜。对于那些还没有很高艺术辨别力的青少年和狂热粉丝而言，他们可能更喜欢追随华而不实的流行明星，而不是在《英国之声》定义下的“实力唱将”，也许节目最终胜出者的外貌可以被忽略，但他们是否真步入流行歌坛，却是个问题。

实际上，兼具明星外在气质，又有金嗓子的人才可遇不可求。在中国传统戏曲中，有句行话叫作“老天赏饭吃”，指的就是一名优秀的演员不仅扮相好，嗓音也好，有成为角儿的潜质，从中也不难看出相貌、声音等综合素质的重要性。所以《英国之声》在一开始抖了“盲选”的包袱后，还是要回归到那些成功选秀节目的路子上。

一个有趣的现象是，在娱乐界，“审丑”像“审美”一样能带来意想不到的效果，因为才艺和外表的巨大反差还能为艺人加分，这在《英国达人秀》里并不少见。第一季威尔士人保罗·波兹以其憨厚的外表和令人惊叹的男高音征服观众获得冠军，如果换一个拥有同样嗓音的高富帅，未必能激起观众的兴趣。2009年第三季《英国达人秀》的亚军苏珊·博伊尔，海选时导演刻意突出了她其貌不扬的外表和慵懒邋遢的形象，与其宽亮的嗓音形成鲜明反差，加分不少，不然她很难在强手如林的比赛中胜出。

纵观过去半个世纪欧美娱乐圈中的大歌星、流行偶像和摇滚先锋，其中搞怪和出奇者为数不少。所以针对“盲选”，一些业内人士给出建议：不如让选手们用独特的方式表演他们自己创作的歌曲，这样既能考察其音乐天赋，同时又能观察是否具有进入娱乐界的潜质。

中国近年来众多的选秀节目中，自从《超级女声》后，其他节目就很少再出现过有很大影响力的流行歌手，这并不是说后来者中没有优秀的人才，而是因为同类节目过多、过滥，分散了观众的注意力。更重要的是，这些节目本质上并不是以造星为首要目的，只是用选秀的形式吸引观众眼球的娱乐秀。

“温暖”还是“毒舌”，这是个问题

《X元素》和传媒大佬西蒙·考威尔为代表的诸多才艺秀和评委们，在过去几年以对选手尖酸刻薄的嘲讽和各种八卦、争吵和负面评论吸引了不少眼球，而作为英国电视标杆的BBC似乎并不屑于以“重口味”刺激和赢得观众，他们希望《英国之声》中对参赛者体现出善意也能取得不错的收视效果。

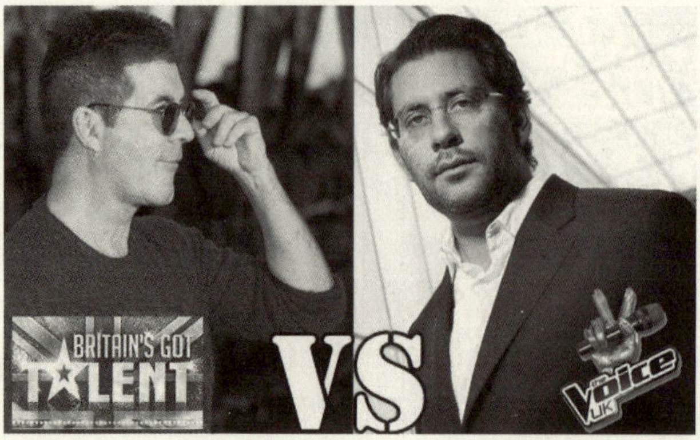

媒体把两个节目的比拼看成是丹尼的温和与西蒙的尖刻的较量

“收视率对频道很重要，但前提是节目本身要达到高品质。”丹尼有自己的“善意哲学”，在节目第一次直播前，他就曾表示要用更温和的方式来打动观众和选手的心弦。“主基调是温暖，观众乐于看到没能通过的参赛选手带着肯定和积极的反馈意见离开舞台，并为参与节目感到高兴。所以，这类秀的基调应该向温暖转移，把全部注意力集中在那些有才华的人身上。”

丹尼还认为，“温和”也体现在参赛者有机会从容、投入、完整呈现他们的表演，而不是像《英国达人秀》那样担心随时被评委手中的表决器粗暴地打断，戛然而止，黯然离开舞台。需要强调的是，对待选手的态度是一回事儿，而节目的风格设定是另外一回事儿，“达人”模式用表决器打断劣质表演是电视机前握着遥控器的观众收看节目状态的翻版，逼迫表演者把最精彩的内容呈现出来，以加快节目进程和节奏。而在“声音”模式中，有资格受到“温和”待遇，从容表演的基本都是经过前期精挑细选的参赛者，如果屏幕上都充斥着水平低下、冗长和毫无含金量的表演，那对节目会是一场灾难。

《英国之声》看起来的确比其他秀温和，赞美人才比嘲笑无能似乎更符合传统，但这种特性被BBC放大了，因为观众喜欢看《英国之声》，除了它“温和”以外，更重要的是节目形态中有新元素，经过挑选的参赛者水平也不低。虽然那些经历考验的达人秀、才艺秀，比如BBC的《认真来跳舞》、ITV的《X元素》和《英国达人秀》等至今还有不错的收视率，观众还是期望能看到新的周六晚间娱乐节目。审美疲劳不光是观众的“专利”，不断满足观众的新需求和新口味也是媒体创新和发展前进的动力。

没有万能的电视模式

尽管《英国之声》在与《英国达人秀》的对决中，没有达到理想中的收视效果，不过莫尔表示："电视不是数学，决赛后我们会进行总结，讨论在第二季中如何改进，届时会做一些调整。"他的自信来自此前节目在世界各地的成功和他们在本地化中所积累的经验。确实，同样一个节目形态，在不同地区会因为环境、受众、文化等的差异出现截然不同的效果。

2012年8月，在爱丁堡国际电视节上，BBC娱乐节目部主管马克·林赛透露2013年的《英国之声》将会增加盲听环节的比重，尽量发挥此亮点的作用，减少后面观众熟悉的直播PK形式。因为《英国之声》要求参赛者必须年满16岁，"为了提供公平的机会"，他们考虑增加一档《英国之声》的儿童版，寻找8—14岁的小天才歌手，这个节目的原版在荷兰曾经取得巨大成功，在参赛儿童的家长中产生了很好反响，甚至超过很多其他选秀节目。

如果说"达人"模式是综艺大杂烩，那么"声音"模式就是演唱会；《英国达人秀》是老少通吃，那么《英国之声》、《童声》则细分参赛者和目标受众；《英国之声》希望通过温和赢得观众，《英国达人秀》则是用重口味、快节奏刺激观众。无论哪一种，大家都在寻找差异化和特色，没有一种节目类型是万能的。还有一点不能忽视，那就是作为公共电视的BBC和商业电视的ITV因为资金来源不同，承担的功能也有差异，所以它们的较量最终常常会交集在"媒体到底是为什么服务"的焦点上。

这提出了一个中国电视人也在纠结的老问题，那就是节目品质和收视率的关系，高雅和低俗的界限该如何把握？当面对市场竞争和重口味的观众，"追求高品质"往往被电视台放大，作为挡箭牌，而实际操作要想赢得收视率，则必须迎合观众，甚至不惜采用"非常规"手段。

2012年下半年的中国电视屏幕被"声音"占领，各卫视开办了十余档歌唱类选秀节目，其中不少以"寻找最美声音"为主打。只是当这些"声音"还没唱响时，BBC的《英国之声》已经结束，并且开始考虑调整和改造。

当今的中国电视不缺公益、励志、煽情、梦想、PK、搞怪等元素，而打着选秀名义上演唱歌比赛，观众最终要看的是娱乐节目。《英国之声》的实践已经证明，类似"盲选"的环节只能对节目某一阶段的收视产生影响，最终还是回归到老路子上，至少现在没有更好的创意取代。中国各个频道在相对集中的时间，播出同质化的节目，如果参赛者的演唱水平不高，节目在娱乐性方面又营造得不到位，按照此前无数次实践得出的经验，结果就是只会有一两家能笑到最后，剩下的至多是充当陪衬和为他人做嫁衣而已。

不少节目为了削弱选秀和娱乐色彩，纷纷打出公益名目，在节目中设置相关环节，其结果却是不伦不类，娱乐节目特色不突出，公益活动也是浅尝辄止，其实绝大多数观众选择收看这些选秀并不是冲着他们“献爱心”去的。电视媒体该做的是，娱乐时就让观众开心，在新闻时事节目中提供丰富资讯和独立观点供观众做出自己的判断，通过题材丰富的纪录片拓展观众的视野和知识，让每一种节目类型发挥不同作用，最终为社会进步起到应有作用，这才是最好的“公益”。

《英国之声》的坏运气并没有随着第一季落幕而结束，尴尬的事情一件接着一件，经过环球唱片公司打造的冠军利安娜·米切尔，首只单曲第一周只排名第40位，远没有《英国达人秀》苏珊当年的风光。甚至当林赛在爱丁堡国际电视节上提及此节目时，想了半天也没说全利安娜的名字，由此可见这位年度节目冠军的知名度确实不高，节目也不算很成功，就连节目主管都不熟悉。经过结算，随后爆出节目预算超支65万英镑。最终，这笔额外花销由制作公司承担，在BBC追求“眼前一亮”时，也需要仔细掂量口袋里的银子，而不能大手大脚。

按照惯例，此类年度大型节目结束后，都会安排全国巡演，这属于产业动作中的一环。但《英国之声》算不上很好的表现，没能吸引观众掏40英镑到现场去听8位决赛歌手的演唱会。因为票房不佳，BBC不得已取消了卡迪夫、格拉斯哥、曼彻斯特、布莱顿、阿伯丁和谢菲尔德等地11天的巡演计划。另一个原因是巡演时间安排在12月中旬，此时刚好是ITV的《X元素》决赛阶段，一个是电视上火爆的劲歌热舞，一个是记忆已经模糊和远去的上半年选秀，《英国之声》巡演前景确实不乐观。

唱歌选秀的未来

2012年7月，BBC的《英国之声》结束没多久，著名音乐剧作曲家安德鲁·韦伯便宣布他与独立电视台联手打造的新主题真人秀节目即将展开。此前制作公司已经在英国和爱尔兰的六座城市进行了3个多月海选，韦伯说“这次选秀的奖励是以往任何真人秀比赛无法比拟的”。他们寻找的是舞台音乐剧《万世巨星》中扮演耶稣基督的男演员。确实，在以基督教为国教的国度，还有什么比能扮演“上帝”的“奖励”更荣耀。这部歌剧以现代视角描写犹大对耶稣

左上　《万世巨星》选秀片头
左下　决赛选手

右　拥有最终定夺权的韦伯

的忧虑和失望，用音乐和歌曲刻画耶稣与犹大间的爱恨情仇。

自2006年开始，韦伯与BBC合作了五年，为其推出的音乐剧寻找主角，采用主题真人秀模式制作了《你如何像玛利亚一样解决问题？》、《梦想成真》、《我愿意做任何事情》和《超越彩虹》共四季选秀[①]。通过节目，韦伯既选到了在著名舞台剧《音乐之声》、《约瑟夫的魔法衣》、《雾都孤儿》和《绿野仙踪》中担任主角的演员，又为这些新剧目预热，BBC则播出了几档好看的娱乐节目，赢得很高收视率。2012年韦伯之所以转投独立电视台是因为与BBC的合同在《超越彩虹》后没有续签，更重要的是《万世巨星》因为涉及宗教题材，BBC担心如果节目处理不好会引来麻烦。

韦伯的新选秀于2012年7月7日开播，至25日结束共播出12集，最终31岁的本·福斯特赢得在9月开演的《万世巨星》中担纲主演的机会。按说韦伯的这种主题真人秀节目模式已经很成熟，此前的收视成绩和口碑都不错，只是换了一个平台，应该不会有太大问题，但实际情况却不尽如人意。官方公布的收视最高只有316万，其中十场都在300万以下，最低则为249万，连BBC同时段《乡村档案》的一半都不到。

造成此种局面的原因有不少，比如题材本身涉及宗教，选秀的主角是“上帝”，在娱乐性和评委的评论方面要谨慎很多，以前四季选秀一些很出彩的手

① 参见周康梁：《做最牛的主持人：英国电视名主持和他们的节目》，广州：南方日报出版社，2009年，第199页。

第9季《X元素》的四位评委和比赛现场

段都无法套用；与结束不久的BBC《英国之声》相比，流程上没有更多新意，很不幸地给前合作机构“垫了底”。如果把这次收视不佳看成是偶然，那么独立电视台紧随其后播出的《X元素》反映出的问题则逐渐凸显了选秀节目的整体走势。

第9季《X元素》于2012年奥运会结束后的8月18日周六晚间开播，令独立电视台失望的是，首播收视人数为809万，是自2006年以来最低的一次，比2011年也少270万。电视台把原因归结为天气太热，人们宁愿呆在室外也不在家里看电视，但因为有一万多人参加海选，看起来节目还有很强的号召力，制作人表示：“我们仍然是电视上的老大，没什么可抱怨的。”不过在外界看来收视不高反映的则是观众对西蒙的达人选秀比赛开始产生“审美疲劳”，特别是不久前刚刚看完高水平的奥运比赛，那可是世界水平、货真价实的“真人秀”。

还有一个事实不能忽略，3—12月大半年里，两家电视台连续推出三档以唱歌为主的年度选秀，加上ITV《英国达人秀》中的歌手和9月BBC即将开播的名人舞蹈才艺秀《认真来跳舞》，密度很大，而且是否每年都能涌现出大量可供挑选的草根达人也是个问题，毕竟英国只是一个人口6100万的国家。鉴于《X元素》2011年的收视率也比2010年最高峰时的1413万少了约200万，呈现持续下降趋势，为了让节目更吸引观众，新一季的《X元素》做了微调：参赛者可以自己弹奏乐器伴唱，而此前节目更希望他们只是运用自己的嗓音；节目到伦敦以外的地区运作，比如训练营设于利物浦，决赛安排在曼彻斯特，增加新鲜感；把参赛者的年龄限制从25岁以下放宽到28岁，以吸纳更多资源；等等。

但是，当12月9日《X元素》落下帷幕时，收视并没有明显改观。最后一场决赛的收视人数是1100万，比一年前少了200万，比两年前少了600万，跌至2006年以来的最低谷。而两周以后结束的《认真来跳舞》则以1400万观众，几乎吸引了一半英国观众的成绩为BBC上半年《英国之声》输给《英国达人秀》赢回一分，也让独立电视台试图凭借老牌《X元素》占据2012年收视高峰的计划落空。

收视不佳还有文化的因素，对于相对保守的英国人来说，当对选秀的新鲜感逐渐消失后，他们看到的更多是一夜成名模式背后的功利。从音乐的角度审视，选秀模式不是为发掘艺术家设计的，而是为想尽快“速成”出名的人准备的，两者的动机不一样。现在选秀节目多，各种冠军不少，但过气快，真正能成为艺术家，并且长期具有创作力和和号召力的人却不多。在浮躁的环境和氛围中，为了“成名”，很多人去整容和大变身，他们揣摩怎么唱和怎么装扮能够吸引眼球，迎合观众和评委，而不是像多年前的披头士乐队那样创新和专注于创作，独特的音乐不会太过于顾及别人怎么想和评价。

《认真来跳舞》的胜出被认为是丹尼倡导的“温和”的一次胜利，同时也是观众在被躁动、火爆的选秀“轰炸”之后，寻求轻松、惬意、简单娱乐的表现。其实，嗅觉灵敏的西蒙对此已经有所察觉，《X元素》刚结束，他便在伦敦召集了“危机峰会”，以讨论如何拯救下一年的《X元素》，2013年是这个节目开办十周年，“我们想让它给观众一个惊喜”。圣诞节前，他们不是忙着过节，而是考虑2013年该怎么弄：明年请谁当评委？模式是不是要调整？能否引进新模式？甚至考虑什么时候开播，以避开与《认真来跳舞》的时间重叠。

而在有的人看来，《X元素》已经没什么招数了，屈指算来，以《流行偶像》、《美国偶像》和《X元素》为代表的选秀模式至今走过了十余年，英国电视屏幕上由此衍生出的节目更是不计其数，收视下滑是自然规律。即便如“声音”模式那样，注入了新元素，一旦回归到逐一PK的直播淘汰环节，收视率就开始下滑，加上节目效果对评委表现的依赖也越来越明显等现象，从另外的角度印证了这种模式似乎正在进入衰退期。

按照一位英国媒体人的说法：没有任何一个类型的娱乐节目能长生不老。如何把握趋势，适时推出观众喜闻乐见的新节目和新模式对电视人的敏感度、判断力、审美、品位是很大的考验。

英国　1930年　Baird 'Tin box' Televisor

十小时加冕仪式转播让人们发现了电视的魅力，
电视机在英国销量激增，
电视节目播出时间也延长，
对伊丽莎白二世加冕仪式的转播标志20世纪“新媒体时代”的开始。

The BBC and Royal Events
BBC和皇家盛典

新媒体时代的第一场皇家婚礼

2011年4月29日，是英国王子威廉和凯特·米德尔顿结婚的日子。王室婚礼自然与普通人的不一样，此前有威廉的父母——查尔斯与戴安娜的“世纪婚礼”引起全球轰动，加上后来各种皇家故事、绯闻和悲剧的铺垫，这一天的首都伦敦绝对又一次成为世界关注的焦点。白金汉宫东北侧花坛位置改为媒体报道中心，临时搭建的三层建筑一字排开，面向王宫的全是一格格透明落地大窗户，各种演播室把信号传向世界各地。就连白金汉宫前的维多利亚女王雕像群间也在四个不同方向搭建了台阶，为媒体的摄影和摄像提供拍摄机位。

作为伦敦奥运会前一年英国最大规模的新闻事件，大约8500名记者汇集伦敦，一半以上来自180多个外国媒体，从英国的BBC、ITV、第5频道、天空电视台，美国的ABC、NBC、CBS到小媒体一两个人的报道组，从传统媒体到新媒体设备则是五花八门，从庞大的转播车到小巧的手机，给观众提供了更多选择，所以被称为新媒体时代的第一场皇家婚礼。

“地主”BBC投入200万英镑，550名工作人员参与报道，

上左　白金汉宫前临时搭建的媒体报道中心　　上右　对着手机就开始现场报道的记者
下　BBC和ITV的“皇家报道团”

是最庞大的报道机构。在英国电视界，由谁来主持类似的盛大活动总是很引人关注，英国广播公司和独立电视台作为两家最主要的本土电视机构自然做了精心安排。按照BBC的惯例，一般是安排资深时政记者兼主持人来完成这项被认为具有娱乐色彩的工作。这次BBC起用新一代王牌主持人、《十点新闻》的休·爱德华兹，女主持人菲奥娜·布鲁斯①和索菲·雷沃斯等经验丰富的女主播，以及名气不是很大的年轻娱乐节目主持人构成演播室和外景报道团队，用新闻加娱乐的主持人阵容匹配新生代王室成员婚礼。

英国第二大电视机构独立电视台则派出体育和娱乐节目主持人艾德里安·奇利斯、克丽丝汀·布莱克莉、当家娱乐主持人菲利普·斯科菲尔德、新闻女主持人朱莉·艾琴汉姆②的报道团队，阿拉斯泰尔·斯图尔特③、玛丽·南丁格尔和詹姆斯·梅特等新闻主持人则承担外景播报工作，两家电视台的安排各有千秋。

不少人提前几天就来到婚礼庆典途经的路边安营扎寨，身着各种具有英国特色又搞怪的服装，吃喝玩乐，在伦敦闹市区上演一场大派对。据说，现场会有100万—150万人，这对组织者是个很大考验。在我们习惯的场景里几乎是要

① 参见周康梁：《做最牛的主持人：英国电视名主持和他们的节目》，广州：南方日报出版社，2009年，第295页。
② 参见周康梁：《做最牛的主持人：英国电视名主持和他们的节目》，广州：南方日报出版社，2009年，第26—28页。
③ 参见周康梁：《做最牛的主持人2：解码英国经典电视节目》，广州：南方日报出版社，2010年，第4页。

相隔30年的两场皇家婚礼

如临大敌了，但无论是婚礼前，还是婚礼当天的伦敦，都没明显感到拥挤和烦躁，组织者和参与者共同营造了一个热烈，但是很有序的空间。很多现场观众是边翻看手机上的视频转播，边盯着现场，还不忘在社交网站上发帖交流，上传照片，一如当年带着收音机去看足球比赛一样。

电视媒体的竞争从一大早展开，ITV甚至从当天清晨6点就开始直播。按照英国媒体监管机构Ofcom的规定，ITV不能在议会和王室等重大活动直播中播出商业广告，这是继前首相丘吉尔葬礼和戴安娜王妃葬礼直播后，这家商业媒体第三次没有广告的大型直播，损失收入达800万英镑。与独立电视台相对比较活泼的直播相比，BBC要正式很多，特别是资深新闻主播爱德华兹性格沉稳，说话轻声细语，控制不好就会给观众沉闷之感。

此前天气预报说这一天可能会有雨，老天的矜持也吊足了人们的胃口，就在很多人以为这场婚礼将在阴郁气氛中结束时，随着从威斯敏斯特教堂驶来的马队和载有新人的马车转弯进入通往白金汉宫的笔直林阴道时，天空突然放晴，给本来已经很兴奋的现场观众打了一针强心剂。

所有人的目光都聚焦到缓缓穿行在树阴下的车队，绿色的树影、金黄的配饰、蓝色的绶带、鲜红的礼服、洁白的婚纱，威廉和凯特两张年轻、幸福的笑脸和意料之外的阳光在双向四车道空荡荡的路上显得格外扎眼，身边的人不停地尖叫：太神奇了，简直是太神奇了！这一幕会长久地留在现场观众的脑海中，也会成为另外一个经典镜头载入史册。

最终收视统计显示，这场皇家婚礼的英国收视人数是2620万，也就是说，

左 BBC杂志《广播时代》“电视增刊”，预告加冕巡游转播
右 1937年乔治六世加冕，BBC巡游转播工作照

英国有43%的人收看了各家电视台的直播。其中BBC的收视人数为1920万，占67.2%，他们以3比1的成绩在转播大战中战胜独立电视台。不过，如任何一次大型直播一样，主持人和解说员的表现总是众口难调，褒贬不一。2620万也未能打破1981年查尔斯和戴安娜婚礼直播英国电视观众2800万的纪录①，原因之一是新媒体分流了不少人数。皇家婚礼设置了官网；威廉和凯特在社交媒体开设账号发布消息，与网友交流；传统平面媒体的网站也增加了视频直播，观众可以通过电脑收看与电视台不一样的无解说版画面。

两次加冕直播

自从1936年BBC开播电视后，皇家盛典都少不了它的身影。

通往白金汉宫的林阴大道旁，喧闹的人群、飞舞的米字旗后面，两座塑像静静地矗立在台阶上，前面的女士面含微笑，后面消瘦的男士则神情严肃地注视着前方。在他们脚下，威廉和凯特这对新人乘着王室马车在万众瞩目中穿行而过。这两座雕像是大不列颠联合王国的前国王乔治六世和王后伊丽莎白，也就是获奖无数的电影《国王的演讲》的真实原型，他们喜结连理于1923年4月26日，与曾孙威廉和他的新媳妇凯特·米德尔顿的婚礼相差87年零3天。

1936年12月11日，乔治亲王很不情愿地从哥哥爱德华八世②手里接过王位，

① 还有一种说法是3900万。
② 爱德华八世国王，因执意要娶离过两次婚，又不是贵族的美国妇女辛普森夫人，遭到英国政府、英国国教，以及海外领地政府的强烈反对，执政325天后，于同年12月11日自动退位，成为温莎公爵。

成为乔治六世，加冕典礼于1937年5月12日举行，开播不到一年的BBC电视第一次在户外对国王巡游进行了转播。那时电视信号需要通过电缆传回演播室，为此，这次转播专门铺设了8英里电缆，巡游队伍所经之地设置了多台摄像机拍摄，这也是英国王室加冕的第一次电视转播。《每日镜报》评论："当国王和王后的活动影像出现在电视机屏幕上时，让人觉得神奇的电视真是最伟大的现代发明之一。"《电讯报》则说"巡游马队走进了英国千家万户"。

第二次世界大战后，乔治国王的大女儿伊丽莎白和菲利普于1947年11月20日结婚，给刚从战争中走出来的英国民众带来了希望。1952年2月6日，乔治六世去世，同日，伊丽莎白继位。威斯敏斯特教堂加冕仪式的准备从4月开始，筹备了一年多，其中英国广播公司计划进行转播。

当时，电视因为价格昂贵、覆盖面有限、图像不够清晰等问题还不普及。而加冕仪式事关重大，议员和政府官员就如此庄严的时刻，电视是否"合适和有资格"参与其中展开激烈争论。第二次担任首相的丘吉尔就是持反对意见的代表人物，理由主要是电视转播需要灯光和摄像机，这些东西不仅会增加教堂内的温度，还与传统建筑的肃穆格格不入，经过多次磋商和讨论都没有结果。伊丽莎白二世自有主见，那就是没有什么能阻止她的人民享有见证加冕仪式的权利，最终还是伊丽莎白发话："这是我的加冕仪式，不是内阁的！"成就了电视历史上具有重要意义的转折点。

为了做好转播，BBC把摄像机抬到教堂管风琴后面，由于空间狭小，摄像师只能侧着身子操作。有意思的是，虽然藏在风琴后的摄像机后面，但他们仍然西服革履，打着领结，以示正式和尊重。摄像机被罩上黑丝绒，这样从外面看不是很显眼，但为了散热，上面又开了很多小孔。BBC还派出最优秀的时事评论员理查德·丁布尔比①担任解说工作，可谓是煞费苦心。

英国的6月阴雨绵绵，但并没有降低人们欢庆这一节日的热情，一些人彻夜在威斯敏斯特教堂附近守候和狂欢，希望目睹女王风采。而另外一些人则因为有了电视，可以免受风雨浇淋，只需守在家里的"木头匣子"前。普通人也能看到神秘的王室加冕典礼，这在英国历史上是第一次，从而拉近了王室和民众间的距离。

1953年6月2日，有2000多万人观看了加冕仪式，占当时英国人口数的56%，

①参见周康梁：《做最牛的主持人：英国电视名主持和他们的节目》，广州：南方日报出版社，2009年，第44页。

1953年，BBC转播伊丽莎白二世登基仪式，
“藏”在威斯敏斯特教堂管风琴后的摄像师。

其中300万是在通往白金汉宫的道路两边。BBC的精心准备没有白费，近800万在自己家中观看，而另外1000多万人则是到邻居家目睹这一盛况。十小时的转播让人们发现了电视的魅力，随即，电视机在英国销量激增，电视节目播出时间也延长，对伊丽莎白二世加冕仪式的转播标志20世纪“新媒体时代”的开始。

1981年7月29日，一场被称为“世纪婚礼”的仪式在圣保罗大教堂上演，美丽动人的戴安娜王妃令世人为之倾倒，也让公众对英国的前途充满了期待，她的丈夫是王储查尔斯。60万人在街头观礼，全球收看电视转播的观众数达到7.5亿。

而在威廉和凯特婚礼庆典巡游沿途等候的人们谈论最多的词是“新生代”，女王在位已经60年，王储查尔斯也等了很久，王室似乎处于停滞状态，威廉的婚礼就像是一股清新的空气搅动了整个国家，他们也为在公众中树立王室新形象而努力，这是一对看起来不太一样的王室成员。走过乔治国王和伊丽莎白的塑像，看着老态龙钟的伊丽莎白女王和菲利普亲王，望着已经牵手卡米拉的王储查尔斯，人们现在把目光投向了威廉和凯特，一个国家总是要让自己的人民看到希望。

乔治六世国王结婚时，是报纸发布的消息；伊丽莎白结婚时，是广播预告的；查尔斯的婚礼通过电视让亿万观众看到；而今天，威廉的婚礼通过新媒体传向世界。略有遗憾的是，官方以威斯敏斯特大教堂场地空间限制的理由没能让3D摄像机在转播中使用。媒体一直在英国皇家盛典中扮演着重要角色，每次新技术运用都会与传统发生碰撞，而且随着技术的发展和更新，竞争越来越激烈，2012年是伊丽莎白二世登基60周年纪念，媒体又会上演怎样的报道呢？

1953年加冕仪式后，伊丽莎白二世乘坐的“金马车”经过BBC设置在途中的转播机位

泰晤士河里“翻船”

伊丽莎白二世是继伊丽莎白一世1897年6月22日第一次举行钻禧庆典后，英国历史上第二位举行同样活动的君主。60周年纪念跨越半年，6月的盛典活动是高潮，一共有四天，经过调整，6月2—5日被定为特殊的公共假日“钻禧庆典周末”。分别安排了赛马、泰晤士河千船巡游、白金汉宫前广场音乐会，以及圣保罗教堂的感恩、祈祷仪式和马车队列行进。BBC宣布在伦敦核心区为观众提供全方位报道，主持人团队由资深新闻主持人休·爱德华兹领衔，一些参与过威廉婚礼的娱乐主持人也加入，四天活动共计转播14小时。

BBC视频部主任乔治·恩特威斯尔表示一系列重大活动让2012年成为英国和BBC历史上空前的一年，报道的目的就是要将整个国家凝聚在一起，把每个精彩瞬间传向千家万户。乔治当时是英国广播公司新任总裁的候选人之一，一个月后，他战胜几位强劲对手，正式成为BBC新掌门人①，据说这次河上巡游的转播对他的胜出或多或少产生了些影响，此为后话。

6月3日（星期天）的泰晤士河巡游是面向公众，规模最大的一次活动。一千多艘船只来自世界各国，款式各异，被誉为泰晤士河“350年来最大的一只舰队”，场面十分壮观。遗憾的是，一贯表现良好的BBC在本次直播报道中却意外地在泰晤士河里“翻了船”。

---

① 因为受到已故娱乐节目主持人和DJ吉米·萨维尔性丑闻和自身处置不力的影响，乔治在上任54天后辞职。

那段时间英国天气一直不好，阴雨连绵，与女王当年加冕时如出一辙。因为有发达的媒体，本以为英国人对可能要冒雨观看的户外庆典活动不会抱有太大兴趣，而是呆在家里上网，或看电视转播，毕竟现在的选择已经比60年前丰富很多。出人意料的是我的朋友——一贯不爱“凑热闹”的理查德周日却带领全家去看泰晤士河上的巡游，而平时他也许一年也不去一次市中心。

“人好多，我们其实什么也没看见，因为下雨，都淋湿了，所以活动真是不巧。但还是看到一些有意思的东西，感受了一下节日气氛。总而言之，我觉得60年庆典很成功，唯一的小遗憾是菲利普亲王生病了。不过，我很高兴地说，他看起来正在康复之中。”这是我第一次从朋友理查德发来的邮件中听他提及王室，而且还如此感性，甚至能感受到他对王室的好感。有了这位严谨的电器工程师的感受做参考，再看BBC女王登基60年庆典河上巡游的报道，也许就能理解英国观众为什么不满意了。

英国媒体提前两天就公布了钻禧庆典活动的详细日程和注意事项，并免费印发指南，提供文件下载，以便公众安排现场观看或在家收看转播，目的自然是让大家充分分享活动带去的快乐。6月3日那天，从起点到终点近11公里的泰晤士河两岸早早地就聚集了上百万热情的观众，他们如前一年“观礼”威廉大婚一样，带着帐篷、椅子和各种装扮等候着女王船队的经过，唯一不同的是这次他们需要穿上防寒防水服，带上伞和雨衣，遮蔽连绵不绝的阴雨，而不是享受阳光。

2009年启动的“伊甸园计划”倡议全国公众自发组织一项名为“大午餐”的活动，鼓励大家借60年盛典活动的周日假期，与邻居和朋友分享午餐，举行街头聚会或者野餐，增进人与人之间的交流和对社区的归属感。BBC的直播镜头也关注到这些遍布英国各地的自发活动，比如约克郡一个小镇在女王加冕那年也举行过全镇狂欢。60年过去了，当年的小孩子今天已经成为老人，拿着儿时聚会照片的他们觉得有幸经历60年很开心，并在同一地点再次合影留念。因为下雨，还有人把计划中在户外举行的活动移至室内，但这些都没有影响人们的愉悦心情。

这次与BBC共同转播庆典的不是ITV，而是换成了天空电视台，但BBC仍然做了不少准备工作，他们提前在泰晤士河北侧搭建演播室，以著名的伦敦塔桥为背景，能将经过的巡游船队尽收眼底。改装皇家游船，在不同位置设置8台摄像机，20多名主持人的位置和分工也提前向观众做了预告等等。直播从下午1点30分

泰晤士河上的千船巡游

开始，泰晤士河上船队两点出发，皇家游船“查特维尔精神”号载着伊丽莎白二世和菲利普亲王、查尔斯王储及其妻子卡米拉、威廉和凯特夫妇等王室成员驶入河道。

皇家游船旁是载着教堂大钟的驳船，抑扬顿挫的钟声回荡在泰晤士河沿岸，各种款式的人工动力船伴随前后左右，皮划艇、独木舟、中国龙船、威尼斯贡多拉、新西兰毛利人的小舟等等，真正是千舸争流，把泰晤士河装点得异彩纷呈。浩浩荡荡的船队通过每个点都需要75分钟，所到之处，星条旗飞扬，人声鼎沸。如果不是碰上典型的“老英格兰雨天”，活动应该皆大欢喜。

遗憾的是，那天的雨就几乎没怎么停过，加上又是在泰晤士河巡游，确实给BBC的转播带来不小麻烦。观众通过BBC1频道看见的画面是灰蒙蒙的，外景主持人中有的穿着厚外套，给人的感觉不是夏天，而像初冬。转播画面里的合唱演员们冒雨演唱，淋得透湿；摄像机镜头上布满雨点；不时出现因为信号传输不畅造成的马赛克，甚至是信号中断；声音传送有问题，现场交响乐队的音乐声时断时续，甚至无声。

直播是电视常用的手段，户外直播难度会大一些，涉及信号传输、镜头切换、多工种配合、不可预测的变化和不可控因素的影响等，按照现有技术和BBC丰富的经验，应该不会有什么大问题。就算因为传输故障，观众也能理解，但画面、声音质量不好，一些重要场面因为切换不到位而没能呈现给观众，比如

主持人的表现成为观众诟病BBC泰晤士河巡游直播的焦点
上左　克莱尔·鲍尔丁被认为是为数不多的表现尚可的现场主持人

船队到达终点，伦敦塔桥开启的场面。

如果说户外转播受不可控因素影响还情有可原，那么主持人欠佳的表现似乎就找不到什么更好的理由了。此类王室盛典，BBC作为英国最重要的电视机构当仁不让，正因为观众对他们的期望值高，所以主持人团队中，任何人言之无物，或者虚头巴脑地献媚都可能招来挑剔观众的不满。承担任务前，主持人们要明白，从某种程度上讲，作为媒体的“前台”，他们的表现甚至可能比旁边正在发生的新闻事件还要重要。

但看起来主持人们都没做好“功课”，缺乏前期调研、没有事实、表达的内容没分量，观众感觉不仅“注水严重”，而且“毫无意义”。演播室里的索菲·雷沃斯和马特·贝克平时都是形象气质不错的主持人，这次却栽在了泰晤士河边，两人似乎都找不着北，所谈内容空洞而沉闷。看着船队过去，索菲说：“看看女王，86岁了，一直没坐过，看起来玩得开心极了。”这句话也许没什么恶意，但被观众认为很不妥当，用在德高望重的长者身上更是有失尊重。

一些观众甚至觉得还不如让主持人闭嘴，直接播巡游现场也比插播演播室访谈和专题片好，这种感觉有点类似我们正在看足球转播时，关掉解说的声音，省得听他们喋喋不休地说废话。而当镜头中出现某位王室成员，或者贵宾，却没人告诉观众那是谁，其他船上还有什么重要人物，外景主持人甚至喊错采访对象的名字。

也许是认为巡游带有与民同乐的含义，周日转播起用的都不是BBC最著名的主持人，其中还有几名年轻的娱乐主持人，但他们因为缺乏必要的背景知识，大放厥词引起观众反感。比如用“殿下”，而不是通常的“女王陛下”来称呼伊丽莎白二世，还有就是扯了一些毫不相干的内容，被观众认为是无知和愚昧。很遗憾，这一天几乎所有主持人似乎都受到天气影响，集体发挥失常。

几位作曲家和诗人应邀参与盛典，专门创作了管弦乐曲，但直播中只给了8秒钟时间，观众几乎啥也没听到，这让音乐家很愤怒。因为此前做了大量工作，投入不少精力，虽然岸边的人们欣赏到了这些音乐，但电视机前的观众则无缘聆听。特别是当得知整个报道充斥着空洞内容时，他们感到很沮丧。而另外一位音乐人则更不幸，5分钟的曲子一点儿也没播出去，弄得家里人在电视机前眼巴巴地什么也没等着。

下午6点直播结束后，投诉接踵而来，一开始BBC公布的数字是2425个投诉，其中945个的投诉内容是观众认为水上巡游报道很平淡，667个投诉针对的是评论和主持人，218个觉得演播室的访谈太多。此后持续上升，总投诉量超过5000。

一些名人也加入批评者的队伍。著名喜剧演员、作家和电视主持人斯蒂芬·弗雷就一马当先，在社交网站推特上写道：“BBC历史上曾经上演过如此毫无感觉的沉闷节目吗？”这条微博立即引起网民的共鸣，大家纷纷转发，有人跟帖：“我家那位喜欢船的被BBC报道给雷到了，天空电视台的直播不错！”其他社交网站也充斥着针对转播机位不到位和直播效果差的批评之声，有人调侃：“是大雨落在泰晤士河上的船队让人感觉糟糕，还是BBC雷人的皇室盛典转播更糟糕？”有报纸这样评论：“BBC60周年泰晤士河巡游报道是历史性的，历史性的糟糕。”为此被提及名字的几名年轻主持人还在推特上与批评者上演了口水战，各说各有理。

资深媒体人乔纳森·丁布尔比开玩笑地建议观众应该与BBC广播四台的节目《任何问题》联络，问问BBC的大佬们这次是不是失策了。乔纳森的父亲理查德·丁布尔比曾经是BBC最著名的新闻主持人，当时几乎所有重大事件都由他担任解说和评论，包括女王60年前的加冕仪式直播和温斯顿·丘吉尔的国葬转播，“他的加冕仪式评论曾经触动了整个国家的情绪”，乔纳森的语气中流露出深深的遗憾。

跟随皇家驳船报道的克莱尔·鲍尔丁是为数不多的被认为顺利完成任务的女主持人之一，她坦承整个报道中确实有缺点，特别是主持人团队在背景和信息提供方面不足。她觉得问题出在BBC转播时太想营造一种“节日氛围”了，因

理查德（右）和儿子戴维（左）都曾经是BBC皇家盛典转播首席人选

为担心摄像机如果一直盯着船队好几个小时，看起来会很傻。客观讲，这种想法也没错，天气不好，船队行进时间长，总要有内容填充，演播室访谈加短片就是通常，也是最保险的办法，问题是对主持人的要求会很高，而他们恰恰在这里掉了链子。

此时，人们想起了乔纳森的哥哥戴维·丁布尔比①，今年74岁的戴维自从父亲1965年因为肺癌去世后，就逐渐成长为BBC重大事件转播的首席人选。毕竟来自广播世家，他身上有一种迷人的气质，淡定、优雅、从容、庄重、权威、幽默和睿智，还有一副充满磁性的嗓音，只是因为年龄关系，近年来逐渐淡出了BBC的重要转播，让位给更年轻的主持人。但他一直活跃在人文纪录片和时事节目里，就在这次泰晤士河巡游前一个多月，他刚刚开始了一部关于英国海上艺术的纪录片拍摄，驾驶着自己的小船，沿英国海岸线航行。

面对公众的不满，BBC自然需要很小心地对此做出评价，首先是用数据说明自己干得还不错，四个半小时的直播，平均收视人数为1030万，4点15分达到最高峰，有1190万，6点结束时还有1080万观众守在电视机前，关键是上了1000万就没下来过，说明收视是很稳定的。

同时BBC也承认在直播中确实存在问题，但他们认为天气不好是造成这些失误的主要原因，以至于后来皇家空军的飞行表演也因为云层太厚，能见度低而取消。另外，直播泰晤士河巡游对BBC是一次空前的尝试，其中一大难点就在于

①参见周康梁：《做最牛的主持人：英国电视名主持和他们的节目》，广州：南方日报出版社，2009年，第217页。

钻禧庆典周末直播第四天的主持人阵容

直播前不可能预演，涉及范围之广，焦点移动速度之快都出乎意料，同时，也没法把所有为盛典做出贡献的参与者都展现出来。BBC发言人说：“不少艺术家主动要求参加，但我们无法保证他们都上电视，希望他们无论是否出现在电视上，都能为参与60年庆典而感到荣幸。”BBC的创意总监阿兰·延托博就表示没什么事情是十全十美的，他们从来没碰到过如此大型直播的挑战。

即将卸任的总裁马克·汤普森在给同事的一封邮件里说他为直播感到骄傲，估计有68.5%的公众是通过他们的报道观看盛典。“我们播出的内容不仅在覆盖范围上令人印象深刻，而且在体现出的志向、节目品质和出色的新闻性方面都做得不错。那是一个特殊周末，很多英国家庭关注和欢庆这一全国性时刻，以此对女王服务国家和做出的贡献表达谢意。我为BBC能以这种独特和值得记忆的方式把大家聚合在一起感到自豪。”

主持人团队的首席休·爱德华兹在最后一天出场。此前他曾经表示钻禧庆典周末是2012年夏季最好的活动之一，很高兴参与BBC的全方位报道，所有人工作的目标就是吸引观众，让他们开心，就像2011年威廉的婚礼直播一样。在事先安排直播分工时，爱德华兹是在第四天坐镇白金汉宫前的演播室，不知道如果他担纲两天前的泰晤士河巡游直播，会不会比其他主持人做得更好。

最后一天的活动相对比较庄重和具有仪式感，BBC明显是让爱德华兹压轴，特别是河上巡游转播不是很成功，主持人和出镜记者们的表现不尽如人意时，需要他在最后时刻赢回面子。与爱德华兹搭档的是历史学家，也是不少人文纪录片的主持人、制作人西蒙·尚玛，谈及历史事件和典故就是他的强项了。另

BBC钻禧庆典直播最后一天的白金汉宫前马队行进

一位近年处于上升期的新闻女主播菲奥娜·布鲁斯则笑容可掬，充满自信地出现在威斯敏斯特教堂前，而此前表现欠佳的男主持人马特·贝克则没了踪影。

3个多小时的直播包括圣保罗大教堂里的感恩和祈祷仪式，华丽壮观的马车巡游等，伊丽莎白二世第三次乘坐建造于1762年的“金马车”在皇家马队的护卫下，行进在通往白金汉宫的大道上。加上天公作美，最后一天没下雨，总算是给BBC四天直播画上了一个句号。作为戴维·丁布尔比的接班人，爱德华兹没有辜负信任，他在演播室的表现被称赞为“幸好BBC有休·爱德华兹担任评论，这位电视人展示出对本次盛典应有的尊重和相关知识”。直播结束后，有网民夸张地说爱德华兹是“皇家盛典直播之王”，也有人发言认为“转播看起来不错，有点历史事件的感觉”，与两天前大家一致批评的语境形成鲜明对比。

主持人的表现对电视传播效果产生的影响在这次直播中是个很好的例子，爱德华兹等资深新闻主持人在威廉婚礼和女王庆典转播中没出什么问题，而年轻的娱乐主持人则很难承担这些工作，说明在新闻性很强的重大直播中，丰富的阅历、学识往往能成为制胜法宝，而年轻漂亮和耍小聪明的插科打诨在此时非但不能起到很好作用，反而会适得其反。当然，主持人的认真准备也不可或缺。直播前，我曾对爱德华兹进行过一次采访，当时和我同去的在BBC工作的同事提醒我，每次承担此类任务，爱德华兹的压力都很大，他有很多准备工作要做，所以让我控制好时间，不要耽误太久。从另一个角度也可以看出，他们取得的成绩绝非偶然。

电视观众对2011年威廉的婚礼直播和2012年女王钻禧庆典直播的期待也是

不一样的：前者带给大家的更多是清新、浪漫、时尚和轻松，威廉和凯特代表的是英国的未来，而后者从历史中走来，经历风风雨雨，赢得大多数民众的支持和尊重，媒体的基调应该体现出厚重、权威和高贵气质。这也是电视人在策划大型节目时需要注意的问题，那就是整体感，想通过转播传递什么氛围和留给观众什么感受，进而决定使用什么镜头语言、解说风格、主持人组合和节目包装等。

遗憾的是，现在中国不少电视台的重大事件直播基本还停留在顺利播出、不出事故层面，流程和环节设置老套，似乎还顾不得通过策划和运用电视手段出新意和做精细化处理，以达到不仅传递信息量和现场感，还能体现出所报道事件的氛围的目的。我们很多电视台的直播只要开播就是“成功”，播完没出事故就是“胜利”，完事只有庆功，很少总结；BBC不同的是，他们做得好，被缴纳执照费的观众认为是应该的，而一旦出问题，则需要面对公众的质疑和批评。

英国广播公司的电视服务从刚诞生起就介入各种皇家盛典的报道，记录了无数重大事件和经典场面。70多年过去了，电视技术已经发生翻天覆地的变化，但服务观众的态度，提供高品质和有信息量报道的宗旨没变，任何失误、疏忽大意，都有可能招来观众的不满和投诉。BBC实行的是在皇家宪章框架下的自我管理，所以他们有责任认真对待观众的意见。其实，这对电视媒体并不是坏事，BBC就是在面对平日的质疑和批评中不断提高报道质量和水平，几年一次的大型活动只不过是集中展示而已。

美国　1946年　RCA 621TS　7英寸

"细节决定一切"，电视也不例外，

这不涉及什么高深的人身哲理和行业秘籍，

而只与电视从业者的职业素养、敬业精神、工作态度和媒体文化有关。

改变中国电视，

能不能先从我们可以掌控的细节开始呢？

Detail is the Key to Quality
细节成就完美

在与同行交流中，被问得最多的问题之一就是：为什么英国电视比我们的好看？

这是一个很宽泛，并且很难简答的问题。因为一个国家的电视产品所具有的独特风格和品质背后有诸多因素，比如历史、文化、社会、经济、传媒体系、监管等，其中一些是我们无法效仿和改变的，一些是通过政策制定、完善管理能改善的。

如果只用一句话概括，同时又让普通观众理解，那就是"英国电视人不怕麻烦"。与中国电视相比，相似内容，英国人会用不同于常规的镜头表现；同样时长，他们的镜头语言节奏更快，信息量更大；同样类型，他们总要寻求与众不同的呈现……这些都是骨子里的创新意识和职业人敬业精神的结果。所以在众多因素中，对于中国电视媒体而言，自己可以控制，并且见效很快的办法就是提高制作水平。

仔细分析英国各种类型的电视节目会发现，他们十分注重细节，而且不厌其烦。举个最常见的例子，比如节目里访者敲门、主人开门、双方拥抱握手寒暄和进门整个过程，他们往往会用全景、中景、特写、反打等多种机位表现，而且还不穿

伍斯特博物馆里的拍摄现场

帮。熟悉电视制作的读者能想象一个进门的过场这样拍会很麻烦，但呈现出的画面和信息量却是我们通常采用的、看似简单省事的长镜头[1]所不能比拟的，如果所有镜头都是本着如此认真的态度拍摄，至少画面会好看很多。

我曾经在小城伍斯特的博物馆瓷器展厅里碰到一个摄制组正在拍摄文化节目，这是英国电视屏幕上最常见的节目类型之一。主持人是一位英俊的青年文物专家，前后半小时，他几乎没动地方地跪在一个放在小桌子上的古董茶杯后面，不厌其烦地反复说一段串词，导演则盯着监视器，指挥摄像师不断变换景别和角度拍摄。

博物馆位于一幢老房子里，展厅铺设的是木质地板，走动起来即使放轻脚步也还是会发出“嘎嘎”的响动声，在安静的环境下更是刺耳。于是，每次开拍前，担任摄影助理的小姑娘就会过来很有礼貌地提醒为数不多的几位参观者暂时不要走动，以免噪声被采录进去。为了避免光线杂乱，征得博物馆的同意，摄制组还关闭了拍摄位置一侧另外一间展厅的灯光。

可以想象，因为素材丰富，剪辑选择余地大，不同景别的画面让镜头的快速切换成为可能，最终观众看到的画面信息丰富，能始终抓住他们的眼球，不至于因为拖沓而走神。这也是为什么看惯了英国电视节目后，总觉得中国电视“慢”的原因之一。中国电视同行们看到这些描述也许会心里嘀咕：“这没什么呀，很容易呀，不就是多拍几遍嘛。”但在实际操作中，我们有多少人是如

① 特殊情况下使用长镜头例外。

左 《谁想成为百万富翁？》　　右 《认真来跳舞》

此耐心细致地去布光、拾音、构图，认真对待每一个镜头、每一次采访和每一个提问？

很多年前，我在一线当记者和编导时，常提醒摄像师多拍镜头，但这种正当的工作要求却弄得总像求摄像师给自己干私活一样，一些人总是很不耐烦地敷衍了事。有时候不得已在他们休息抽烟时，只好自己掌机重拍一遍，这样虽然免去了后期“无米下锅”的烦恼，但也没少费精力，而我的那些女编导同事则常常只好凑合使用为数不多的素材，在机房里唉声叹气。

如果说单集新闻时事节目还可以通过负责任的导演用自己的能力弥补不足，那么大型节目靠个人力量则是无法完成的。电视作为合作性很强，工种众多的工作，任何一个细节不到位，对最终的节目质量都有影响，这就要求每个环节都认真负责，做到最好。

《认真来跳舞》是BBC的年度名人才艺秀，2004年5月开播，节目利用英国传统的“国际标准舞”作为载体，结合明星的人气和专业舞者的技巧，在真实比赛中上演一场华丽的娱乐盛宴。

节目的精细体现在方方面面，作为电视最大优势的画面就是其中之一。比如，如果有选手得分一样，根据规则需要加赛，最终对决是把之前的舞蹈再表演一遍，细心的观众会发现，从移动镜头到特写，还有场景转换，前后两次表演呈现的画面几乎一模一样。这是因为事先导播已经根据舞蹈的内容经过了精心设计，用镜头语言充分展现和配合表演的韵律、动感和魅力。

因为节目的最初灵感就是来自“国际标准舞”的正式比赛，所以《认真来跳舞》把现场比赛的氛围与电视直播结合在一起，由乐队伴奏，歌手现场演唱，一些表演环节还有大腕歌星助阵，很多乐曲是专门针对表演和比赛改编的，可以根据直播的具体情况由乐队指挥及时调整。这比播放提前录制好的伴奏音乐有气势，有质感，而且灵活，显示了节目品质。

我们可以试想一下，当一个长达60分钟的娱乐节目被精确到每一个镜头和每一段伴奏时，不仅有真人“秀”，还有真人“奏”，想不好看都困难。现在有越来越多的中国电视媒体在娱乐节目，特别是唱歌类选秀节目中开始使用现场乐队伴奏，效果显而易见。对普通观众而言，类似变化带来的品质提高是在不经意间中发生的，而对于电视人则需要认真刻意去做。

曾经风靡世界的益智游戏节目《谁想成为百万富翁？》1998年8月最初的样片并不令人满意，感觉很像70年代BBC娱乐节目的水平，没什么新意，结构有问题，预算也超支。节目主管听取各方意见后，决定不仅颠覆样片的环节设置，还要在其他细节方面下功夫。

样片音乐缺乏戏剧性，他们请来作曲家基思·斯特罗恩和他的儿子马修对音乐部分进行大修改。基思说：“如果你要戏剧性，就要把音乐贯穿整个节目，采用宏大的交响乐风格，有点像约翰·威廉姆斯为大导演斯皮尔伯格的电影《外星人》做的音乐一样。我倾向于使用管弦乐，而不是鼓。”灯光方面，栏目则找到英国电视界最有经验的灯光导演布莱恩·皮尔斯，和音乐一样，他也要营造气氛。比如到价值1000英镑的问题时，聚光灯打出的是蓝光，而到了32000英镑的问题时，全场都黑了，所有目光都聚焦在参赛者和主持人的身上，令人屏住呼吸。基思和布莱恩用21天对《谁想成为百万富翁？》进行了彻底改造，他们的智慧和成果让节目焕然一新。

《谁想成为百万富翁？》获得巨大成功，节目模式和版权销售到一百多个国家和地区，不同语言、文化、肤色的人们都在做着自己的“致富”梦想，该节目还连续7次获得英国“国家电视奖”，成为英国电视史上最成功的节目模式之一。BBC娱乐部门的一位主管曾经说，这个节目是他的电视生涯中见过的两个完美节目之一。这样的完美是来自制作者在各方面对细节的不懈追求。

类似《谁想成为百万富翁？》的演播室娱乐节目离不开现场观众营造气氛，在观众席的区域划分和观众安排上还有不少门道。节目制作机构往往有多个网站和公司代理征集观众，对某档节目感兴趣的观众，可以上网预订位置，然后根据通过邮箱发来的通知前往演播厅免费观看现场录制。这样做的最大好处就是观众是发自内心想去参与，而不是当成任务去敷衍。因为有兴趣，现场

《立方体》录制现场

就会很卖力地配合，无论是开心时的鼓掌，还是失落时的嘘声。而我们的不少节目则是托关系，组织些没事儿的退休老头、老太太去充数，画面一扫，全是打哈欠、睡觉和无精打采的，令人扫兴。

在游戏节目《立方体》录制现场，正式开机前可以看到很多工作人员在忙碌，他们凭经验把不同年龄的观众搭配到四周看台上，并且提示大家脱去外衣，这样画面中配合灯光效果的观众群看起来精神很多。这让我想起中国某电视台一档综艺选秀节目，五六位评委挤在狭小的空间里，和观众混在一起，看起来很小气。特别是冬季录制的节目中，很多观众都穿着厚厚的外套，臃肿邋遢，毫无视觉美感。要知道，观众也是节目不可或缺的一个重要组成部分，他们在现场的表现对节目质量起到很大作用。

《谁想成为百万富翁？》、《立方体》这样的演播室游戏节目往往会在观众席某一个区域留出一排座位，那是给每轮上场选手的亲友安排的，目的是让固定机位的摄像机能同时拍摄场上的选手和观众席的亲友团，以增加画面的信息量和戏剧性。随着每轮选手的更替，这个位置上的亲友团也在工作人员的安排下悄然做着调整，如果不是刻意观察，现场观众一般也不会注意到这个变化。因为录制时间较长，一些人会提前退场，工作人员便在节目间隙统一安排离场，并且实时调整附近观众填补空出来的位置，以保证镜头里画面的完整性。

相对于演播室的可控性，电视团队外拍则有很多不确定和无法控制的因素，要制作出好节目需要付出更多努力。《环游世界80座花园》是BBC的一部园

英国电视剧《唐顿庄园》海报

艺专题片，听名字就很有意思，但别说拍80座位于世界各地的花园，就是走一遍都不是件容易的事情。这种“大制作”很辛苦，在一年半的拍摄中，摄制组6个人携带43件器材和设备，差不多有100天是在奔赴世界各地的路上，而拍摄时，这么多东西没有一次是全部搬进室内的，因为它们实在是太占地方了。

下面这组数字就是他们为了呈现美丽世界所付出努力的缩影：世界80座花园、10集纪录片、600分钟播出时间、18个月拍摄、12条路线、23个国家、43件设备、6名摄制组成员、68天在机场或飞机上、5周在小型公共车上、1天工作10—18个小时。团队遇到了各种糟糕的天气，甚至在必须要拍摄时，突然下起了令人难以置信的大雨。因为频繁地辗转各地，没有时间适应，疾病也一直伴随着摄制组，从腹泻到晕船，再到严重的腹膜炎。

尽管有困难，但是主持人蒙提的总结是：“在运作方面，我们好像一支集结的部队；在创作方面，我喜欢这种感觉，喜欢拍摄，喜欢团队合作。幸运的是，我们可以把最好的东西呈献给观众；糟糕的是，为了做到这点，有时候拍摄只能有4个人：摄像、录音师、导演和我。”从中我们不难看到以BBC为代表的英国电视纪录片之所以在世界上以高品质著称的“奥秘”：合作、激情、敬业，他们落实到工作中，而不是仅仅喊口号。

英国电视剧产量不高，但品质不低，特别是被称为“迷你剧”的电视剧“大片”更是因为投资大，制作精良，逐渐受到中国观众的喜爱。2011年独立电视台播出的《唐顿庄园》就令人叹为观止，单集投资超过百万英镑，创下英国电视史上制作费用的纪录。在恢宏而不失精致的故事里，细心的观众也会发现制作者在很多细节上所投入的心血，比如与第一季相比，因为第一次世界大战爆发的时代背景，第二季中千金小姐们的衣着趋于朴素；剧中人物化妆没有使用睫毛膏，这种化妆品在20世纪初时还未发明；西餐中的刀叉也没出现在三小姐西波尔做蛋糕的场景中，因为那时贵族吃蛋糕是用手抓的。

喜欢看英国电视的读者估计都有一个共同感受，那就是无论新闻节目、娱乐节目、电视剧，还是纪录片，英国人总喜欢使用航拍，也可以说，从空中拍摄是他们常用的一种表现手段，这不仅赋予了节目“大片”气质，也提供给观众不同寻常的视点。所以我们常常能看到直升机从空中追随着地面的采访车、当事人穿行在风景如画的乡村公路、繁华都市，视角的高度带来的是视野的宽度和特殊的视觉体验。

在英国本土这样，到国外采访也如此。我曾经在中国碰到过BBC一位著名国际新闻记者，他当时专门赴西南某市为一个重要采访做准备，其中请当地外事部门协助解决的问题之一就是想租借一架直升机，航拍这座位于长江和嘉陵江交汇处的山城。当然，最终因为种种原因，既没租到飞机，也没能如愿采访。不过，由此可见英国电视人对于节目品质的看重和他们的一贯做法。

业界有一句话叫作“我的镜头不撒谎”，扩展开来就是对节目的每一次付出和努力最终都会呈现在观众面前，被摄像机和高清显示屏幕放大。也许普通人看不出其中的门道，但节目的高水准通过一个个细节累积后，潜移默化地传递给观众，这就是观众能感受到的“好看”。在本书每章插图的绘制过程中，用足够时间，平心静气耐心地描绘老电视的每一个细节，最终所得到的作品与心急火燎完成的结果会有很大区别，以至于有时候不得不返工重来。

“细节决定一切”，电视也不例外，这不涉及什么高深的人身哲理和行业秘籍，而只与电视从业者的职业素养、敬业精神、工作态度和媒体文化有关。改变中国电视，能不能先从我们可以掌控的细节开始呢？

意大利　1929—1932年　Fracarro　30线

新闻的真实、客观和平衡由谁来评判？

作为信息源的警方是否有权力审核与封杀媒体的报道？

他们能不能站在自己的立场上对媒体的工作指手画脚？

媒体在争取独立报道权利时，又该遵守怎样的规则和自律，

不至于影响公众的判断，误导人们的情绪，甚至妨碍司法的公正和审判？

Media Detectives
媒体侦探

2010年12月25日，圣诞节第一天，刚刚经历了大雪袭击的英格兰中部城市布里斯托尔一片银装素裹，人们还没有从圣诞夜的欢乐中苏醒过来。清晨，一对夫妇在高尔夫球场边的路上遛狗散步时，发现雪地里卧着一个穿着整齐的女人，于是马上报警。这个本来看似平常的刑事案件，却引起英国媒体的持续关注，引发一系列讨论和媒体事件。

据警方调查，死者是25岁的景观设计师乔安娜·耶茨，刚从布里斯托尔大学获得园林设计硕士学位。12月17日晚上8点与同事在酒吧聚会后回家，她告诉朋友们很期待圣诞节一周的购物和休闲，8点30分在途中给闺蜜拨打了一个电话，商量圣诞平安夜的安排，然后匆匆在路边便利店转了一圈，又顺路到一家超市买了个比萨饼，此后便消失了。

两天以后的晚上8点，与乔安娜同居的男友格雷格·里尔登从谢菲尔德周末探家回来，发现她没在公寓，发短信和打电话都没有反应，引起了格雷格的警觉，因为这不符合乔安娜一贯的行为方式。当再次拨打电话时，格雷格听见乔安娜的手机在她的外套口袋里响，钱包和钥匙也都在，房间没有被强行闯入和搏斗的痕迹。

左　乔安娜生前照片　　右　失踪前在录像监控器里留下的最后影像

午夜时分，格雷格报了警。

应该说，这种事儿在任何一个国家都不算新鲜，英国也不例外，类似案件常见诸报端，但偏偏是乔安娜的失踪在岁末年初弄出了很大动静。年轻漂亮的白人美女、职业女性、圣诞节前夕离奇失踪、图财害命还是性侵犯、漫天的大雪……构成了一部侦挥小说所有必需的元素，充满悬念，一波三折，吊足公众的胃口，也激发了媒体的热情。案发现场除了警察，旁边都围满了媒体人员、照相机和摄像机。

一段时间里，这条新闻始终占据一些报纸的主要版面和电视新闻的头条位置。记者们挖空心思地刊发能找到的一切消息，曝光受害者的私生活，用各种报道手段图解这个案件的种种可能。然而，侦破没有写报道这么容易和迅速。

12月21日，乔安娜的父母和男友在警方新闻发布会上发出呼吁，希望她能安全回来，他们都觉得乔安娜是被绑架，仍然心存希望，“除此以外，我们想不出还有什么情况发生。因为她不会不顾一切地独自出走，一定是被带到什么地方去了”。在新闻发布会上，警方也披露了一些细节，比如在公寓里没有找到她买的比萨饼和包装，而只有一张收据，这可能是关键的突破口。

25日是西方新年第一天，乔安娜在距离住所约5公里的地方被一对清晨遛狗的夫妇发现，此时距离她失踪已经过去8天。经过法医鉴定，乔安娜是被勒死的，因为失踪事件很长，中间又经历大雪，给破案带来很大难度。到此时，这个案件的热度和关注度直线上升，所有人都在期待着侦破进展。

谁是凶手？为什么？疑问一个接着一个。

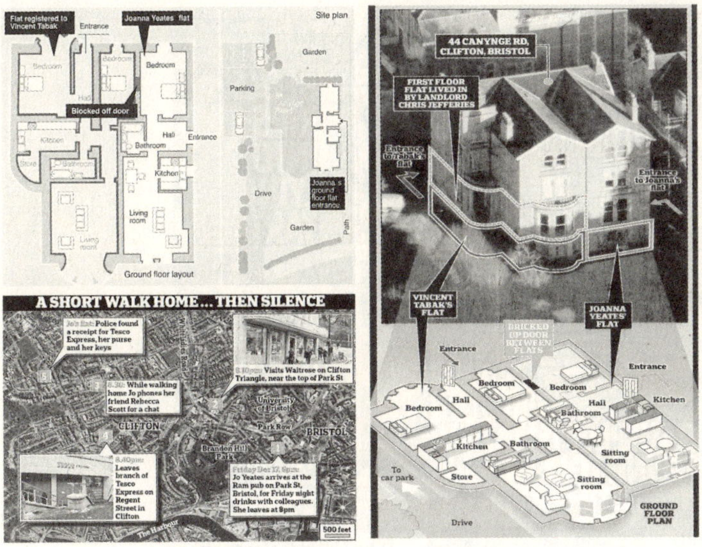

报纸上通过各种手段描述事发经过和建筑内部结构，进而分析案情

乔安娜失踪前最后去过的超市里留下的监控录像反复在电视上播放，截图也在平面媒体中重复出现。因为，警方相信她失踪的那天晚上，有上百人还在街上经过，一定会有人见过这名行色匆匆的女子。

媒体报道的第一个高潮聚焦在乔安娜的房东身上，这位退休的65岁英语教师克里斯托弗·杰弗里斯告诉警方，当天晚上他看见乔安娜和两个人出去了。而仅仅过了一天，他便被警方拘捕，接受询问和调查，他的克莱斯勒白色轿车也被运走做进一步勘验，此事震惊了左邻右舍。克里斯托弗在附近的克里夫顿学院工作近30年，主要教授英国19世纪浪漫女诗人克里斯蒂娜·罗塞蒂的诗歌，2001年退休，在很多同事和学生的评论中可以看出，他干得还不错。

如果说，乔安娜是"理想的受害者"，那么克里斯托弗则成了"理想的嫌疑人"。媒体态度的变化尤为明显，此前只是作为目击证人出现的克里斯托弗，经证实被警方拘捕后，他的大幅头像出现在报纸头版，银白、谢顶且稀少的头发，冷峻的表情，加上单身，一看就是读者心目中"理想的"杀手模样，主观倾向性十分明显。

同样，媒体在他的背景和相貌上做足文章，在2010年12月底至2011年1月初很短的时间里，克里斯托弗的照片11次登上全国性报纸的头版。《太阳报》、《每日邮报》和《每日镜报》等英国主要小报分别用"古怪教授"、"古怪的杰弗里斯先生"和"可疑的好色之徒"等描述他，甚至在一篇报道中就使用了

关于房东克里斯托弗·杰弗里斯的报道，使用图片带有明显的主观倾向性

这些词汇："怪异的"、"猥亵的"、"令人毛骨悚然的"、"愤怒的"、"令人不安的"、"反常的"、"孤僻的"、"与众不同的"。连《泰晤士报》也参与其中，40多篇文章的臆断和猜测大有墙倒众媒体推和置他于死地的架势。

在某个头版的标题上一语双关地写着"这个人拿着让乔安娜死亡的钥匙？"第二天继续设想"乔安娜的尸体是藏在隔壁的房间里吗？"配图是房东克里斯托弗的照片。

鉴于媒体报道中出现明显带有倾向性的趋势，首席检察官多米尼克·格里夫提醒报纸的主编们在针对克里斯托弗被捕的报道中要遵守相关法规。"在判决之前，无论是平面媒体，还是网络，都要避免不相关和不恰当内容，以免引起偏见，对审判造成不利影响。"他之所以提到网络，是因为关于克里斯托弗的各种猜测在社交网站Twitter上更是泛滥。网民发挥想象，天马行空地评论、污蔑、中伤和诽谤的言语屡见不鲜。

警方进行地毯式搜查

当人们认为克里斯托弗就是凶手，案件尘埃落定时，警方却在2011年的第一天释放了他。在公众不免“失望”的同时，却给整个事件又增添了一份戏剧性，这个真实的案件似乎是按照作家和导演的意图和设计在发展。

侦破在继续，每天都有新的关注点：乔安娜没有遭到性侵犯、曾经有一辆浅色四驱车辆在发现她尸体的地方出现过、技术人员卸走了房间的大门试图获得更多信息，甚至梳理了几百吨垃圾，是当地历史上最大规模的调查之一。警方还在社交网站Facebook上发布信息，他们认为这比张贴海报和寄送小折页方便，也能让更多人尽快知道。

就在公众期待侦破结果时，1月5日，警方却在新闻发布会上宣布“封杀”独立电视台的记者杰伦特·文森特，禁止其参加发布会，原因是他们认为这家媒体前一天晚间的《十点新闻》[①]报道中，文森特在案发现场外的直播中批评警方侦破不力，把注意力更多放在对犯罪现场的证据收集上，“一名嫌疑人抓了又放，在乔安娜被发现十天后案件没有任何突破性进展”。同时报道还说警方在对乔安娜死亡的情况通报上提供了很多含混信息。

独立电视台的《十点新闻》是英国电视中的王牌节目，创办于1967年7月，是BBC晚间新闻的最大对手，双方曾上演了经典的“十点新闻”争夺大战。节目在英国享有很高的知名度，每年都是英国媒体各种奖项的有力争夺者，获奖无数，拥有一大批知名的编辑、记者和主持人。

---

① 参见周康梁：《做最牛的主持人：英国电视名主持和他们的节目》，广州：南方日报出版社，2009年，第11页。

左 媒体通宵达旦地守候在案发现场 中 独立电视台记者杰伦特·文森特在现场报道评论
右 独立电视台《十点新闻》片头

面对质疑，警方的反应是向英国广播电视监管部门Ofcom投诉，认为这档英国著名的晚间电视节目违犯了相关法规，在报道案件过程中“轻信、不公正和不负责任”，还警告如果其他媒体出现同样问题，阻碍调查，他们将毫不犹豫地采取同样手段。

独立电视台新闻主编戴维·曼尼恩则说警方此举是“不负责任的”，不过如果Ofcom支持他们的投诉，电视台会尊重裁决，但将继续朝着一个独立媒体的目标继续下去。戴维说他们始终是基于新闻事实的报道，并曾经多次与警方联系，但没有得到任何回复，也就是说他们放弃了与媒体沟通的机会。独立电视新闻的制作人也表示对警方在新闻发布会上驱逐记者的行为“很失望”。

媒体发言人表示这个决定将使几百万观众看不到新的证据，或者听不到警方寻找目击证人的声音。他们的报道让案件保持了持续关注度，强烈反对警方试图审查播出信息的做法。媒体不会为了能参加新闻发布会，而顾及某个群体的利益去做令他们满意的报道。当天下午，就在独立电视台午间新闻播出后，警方宣布取消禁令，他们的解释是独立电视台做了“准确和平衡”的报道，算是给自己和对方都找了个台阶。

到1月18日，媒体关于案件的报道聚焦转向BBC一档名为《犯罪观察》的节目上。这个有着“电视破案专家”称号的节目1984年6月7日开播，形式为未侦破犯罪案件的重现，以便从观众中收集有价值的破案线索。这是一个在真实工作环境中的大型直播节目，一般有3—4个案件的情景重现，每一个都配合有受害人的资料和信息、资深侦探对案情的分析，或者亲戚朋友对案件的回忆。

直播结束后，BBC播放电视剧和其他节目，在稍晚的时段又会有一个15分钟

左、中 *Crimewatch*片头和演播室
右 情景重现拍摄中，演员扮演的乔安娜在超市购买比萨饼

的《犯罪观察：最新进展》。很多看了前面直播的观众会打进电话提供目击情况和相关线索，往往对案件侦查起到突破性作用。一段时间后，节目还会推出特别节目，比如《犯罪观察：结案》，展示侦破的案件和犯罪嫌疑人是如何被定罪的。对关注度很高的案件，也会制作专题节目完整呈现案件全过程。

《犯罪观察》的最大特点是关注没有侦破的案件，发动社会力量参与破案。按照栏目公布的数据显示，从开播至今，节目已经报道了近4000个案例，有三分之一的案件因为节目播出，在公众的帮助下得以侦破，一半的案件有观众打进电话提供线索。这其中有很多是在英国引起轰动的绑架案、谋杀案和强奸案。因为每集节目都是犯罪的汇总，容易让观众产生不安全感和焦虑，所以当节目结束时，主持人都会提醒大家，暴力犯罪其实是很少见的，让大家不用担心，更不要因为看了节目而睡不着觉，主持人的口头语是："不要做噩梦，好好睡觉吧。"

就在乔安娜的案件进展缓慢时，《犯罪观察》使出了"绝招"，找来一名很像乔安娜的演员，以监控录像画面为基础，在六个重要地点拍摄情景重现。为达到逼真的效果，甚至邀请《哈利·波特》和《后天》等电影的特效团队助阵，以营造2010年12月17日乔安娜失踪那天的雪夜环境。这家特技公司使用了200公斤的人造雪还原了乔安娜被发现地点当时的状况，拍摄现场外面围满了其他媒体的同行。

节目预计在1月26日播出，但是在关于《犯罪观察》情景重现拍摄的消息被媒体报道后的24小时里，就有超过300人和警方联系提供线索，由此可见该节目的影响力。其中一条线索很重要，那就是确认了乔安娜是被用行李箱运到抛尸

案件侦破后，报纸报道中采用的图片，读者看到的是颇有学者风范的克里斯托弗

地点的。正当观众们等着收看情景重现时，两天后，乔安娜的邻居、32岁的荷兰籍工程师文森特·塔巴克被拘捕，他会说三种语言，拥有硕士和博士学位，专门研究建筑物里的人员流动问题。

经过96小时审讯，文森特承认自己是杀害美女建筑师的凶手。BBC立即宣布撤销之前准备好的情景重现内容，发言人说："拍摄对案件的调查会有参考作用，但节目不会播出了。"这也显示了一个媒体应有的冷静，他们并没有因为拍摄了一部能引起关注的片子，就要以此吸引眼球，赚取收视率。

2011年10月28日，文森特被判处终身监禁，他至少要在监狱里待20年。案件到这里似乎如电影大片一样有了个不错的结局，坏人终于落网，受到惩罚，而关于媒体自律和报道尺度控制的讨论却并没有随着凶手的落网而平息。

文森特落网后，3月4日英国警方解除对克里斯托弗的保释，宣布他是无辜的，随后，这位退休教师将8家报纸以诽谤罪告上法庭。7月29日，法院判决克里斯托弗胜诉，随后《太阳报》、《每日镜报》、《周日镜报》、《每日记录》、《每日邮报》、《每日星报》、《苏格兰人》和《每日快报》8家英国小报向他公开道歉，并且支付了据说达六位数英镑的赔偿金。而在《卫报》记者的镜头下，坐在自家书架前的克里斯托弗更换了发型，看起来文质彬彬，带着书卷气，和之前的形象反差很大，判若两人。从中也不难看出，媒体的"塑型"能力确实不容小觑。

现在24小时滚动的新闻频道和随时更新的网络让新老媒体需要更多信息，挖掘刺激的内容，以吸引公众眼球，但当遇到警方不能满足这种"需求"时，媒体该怎么办？

警方利用新媒体征集破案线索和目击证人是一种很好的尝试，但网民在享有互联网更宽松的话语空间下，应注意如何对自己的言行负责，而不是只满足好奇心和宣泄欲。媒体也应注意如何与警方之间协调好关系，一方面警方通过媒体及时发布信息，引起公众关注，以利于尽快破案；另一方面，媒体利用警方公布的细节以达到收视率和发行量的需求，双方互不干涉，做到“互惠互利”。

新闻的真实、客观和平衡由谁来评判？作为信息源的警方是否有权力审核与封杀媒体的报道？他们能不能站在自己的立场上对媒体的工作指手画脚？媒体在争取独立报道权利时，又该遵守什么样的规则和自律，不至于影响公众的判断，误导人们的情绪，甚至妨碍司法公正和审判？

当然，最后还是关于新闻报道的老话题，那就是在这个小报化和八卦消息满天飞的时代，在人人都可成为所谓的“记者”的时代，新闻的质量如何控制？是凭想象和满足受众的需要去推测和臆想，还是基于事实的客观报道？

正如首席检察官所说的那样：这些都是我们应该考虑的重要问题，无论是对公众，还是媒体。

美国　1948年　Sentinel 405TVM　7英寸

博彩委员会的监管是以对公众负责为出发点的，
同时也向电视节目制作者们敲响了警钟，
不能为了收视率和广告收益而忽视媒体应有的社会责任。

Reality Check on Gambling Shows

博彩游戏节目的命运

高投入的电视节目

“不用唱歌，也不用跳舞，你需要的只是运气！”这是英国著名媒体人西蒙·考威尔2011年底运作的新节目《红，还是黑？》的宣传语。“英国最大型、最热闹和最昂贵的电视节目秀”，这是他对自己新作品的定位。

节目开场，演播室里光鲜华丽的地板徐徐分开，露出一个巨大轮盘，分为36个红黑相间的格子，这是最后一轮选手使用的道具，让游戏秀带上了明显的博彩成分，用几个字概括就是：撞大运，赢大奖。只不过这样的撞大运不是通常押注赚钱这么简单，作为媒体产品，需要经过复杂的设计和加工。而参与者要做的则简单很多，就是凭直觉做出判断选择，非红即黑，概率各占50%，一次次试运气。

和我们在中国电视屏幕上司空见惯的“大奖”不同的是，此节目的“大奖”名副其实，金额高达100万英镑，无论放在哪个国家都是一笔令人垂涎三尺的诱惑。而且也给那些无才艺，参加不了草根达人选秀，没文化，上不了益智游戏节目的观众提供了另一条成为百万富翁的捷径。也就是说，你可以什

左 《红，还是黑？》片头

右 主持人安特和德克

么都不会，但理论上，只要参加《红，还是黑？》，就有可能被从天上掉下的馅饼砸中，一夜暴富，让别人眼馋幸福来得太突然。

“不需要技巧，也不用把蛇绕在脖子上，如果能足够幸运地通过十个不同的游戏选择，你就是百万富翁。一周7个晚上，有人带着万贯家财离开，也有人空手而归。那会让人有种乘过山车的眩晕感。”连续11次获得英国电视年度娱乐节目主持人奖的安特和德克组合担任节目主持人，他们一语道出了这个真人秀节目的本质。无论是外景的真人秀，还是演播室的最后对决，都是他们再熟悉不过的节目形态。

《红，还是黑？》节目流程不复杂，就是个不断淘汰的过程，采用外景录制和演播室直播相结合的手段，一共有三个现场。早在2011年5月发布消息时，网上就有超过十万人报名参加，遴选出7000人到第一轮现场“集体海选”，场地位于伦敦西区著名的温布利体育馆[1]内，观众在了解了即将表演的挑战项目后选择红或黑，随后起身换到相应的看台方阵上，如粉丝般支持自己选择的表演者。对于第一轮几千名参与者而言，即便什么也拿不到，免费现场观看精彩表演也很值得，因为在这里上演的可都是平时不容易见到的惊险绝活。

第二轮淘汰则选在不同地方的地标建筑或区域，比如泰晤士河边，现在已经废弃待重新开发利用的热电厂和拍摄《哈利·波特》的外景地安尼克城堡等。通过十个游戏淘汰，剩下8人进入直播。最后的直播回归到华丽的室内演

① 始建于1934年，2012年奥运会场馆中唯一承办过1948年伦敦奥运会的场馆，这次举办羽毛球比赛。

左 《红，还是黑？》海选和演播室现场，巨大的轮盘成为节目引起争议的焦点
右 主持人安特和德克、西蒙和后来遭到质疑的获奖者纳森·哈格曼（左二）

播厅，继续通过游戏让参与者做出红或者黑的选择，直至最后一人转动巨大轮盘，凭运气为自己赢取百万英镑。

从节目时空调度、庞大观众和参与者的组织、奖金额的设置等都可谓是大手笔操作。具有历史感的外景地、华丽的演播厅舞台、夸张的道具、惊心动魄的表演，当然更主要的是巨额奖金的诱惑，不去白不去。而对于电视机前的英国观众，他们已经习惯了在赏心悦目的节目中见证别人实现梦想的模式，只是要让他们留住频道，节目品质一定要有保证。不过，此前就有人担心这是在电视上公开“聚众赌博”，打着擦边球的西蒙这样回应：参与的观众不用现金，他们是用运气投注。节目赞助商是西蒙的长期合作伙伴、外卖连锁店“多米诺比萨”，此前一直资助选秀节目《英国达人秀》。有意思的是，企业的标志就是一只骰子，可谓是与节目气质高度吻合。

其实，在英国悠久的娱乐游戏节目历史中，类似形态的博彩游戏曾经出现过，所不同的是，在沿袭以前参与者50%概率的判断简单基础上，要把过程包装得好看，吸引观众则不容易。为了淡化博彩的“嫌疑”，《红，还是黑？》的制作者想了不少办法，增加娱乐性是区别于老版的最大特点，也是西蒙的长项。

在娱乐圈，他有广泛人脉和资源，找来的都是业界明星，比如利昂娜·刘易斯和皮格茜·洛特等明星的歌舞和综艺表演助阵。不少朋友则是友情客串，第一集中出现的戴维·哈塞尔霍夫和路易斯·沃尔什就是他在达人秀里的评委搭档，并不失时机地植入商业品牌。每集节目的预算是200万英镑，其中包括场租、表演者的出场费和奖金等，被称为英国电视史上单集投资最高的节目之一。

2011年9月3日，周六，第一集在英国独立电视台播出，收视人数为690万，并不算很高，成为当天排名第二的节目，而占据第一位的也是西蒙的选秀节目《X元素》。最终，31岁的建筑工人纳森·哈格曼成为节目的第一名百万富翁，直到最后，他还不敢相信这是真的，100万英镑对谁都不是小数目，足以改变人生。第一季一共有四人幸运地拿到了百万英镑大奖，当然，也有人因为一念之差，遗憾地与近在咫尺的财富失之交臂。

不过，这种对参与者而言没什么智力含量，纯粹撞大运的节目模式自然会招来批评和质疑，不少评论者认为西蒙越来越懒，用钱来愚弄受众。更糟糕的是，第一集节目后爆出中大奖的泥瓦匠哈格曼有犯罪前科，曾经因为私闯民宅和对他人实施暴力袭击被判5年监禁[①]。为避免类似负面内容再次出现，制作公司对后面进入对决的参与者进行背景调查，从中剔除三人。一个打了博彩擦边球的节目要时时小心谨慎，不能授人以柄，让自己处于被动地位。

创意来源

这是电视上的一个游戏节目，也是西蒙自己的电视游戏，据说创意在他脑子里已经酝酿有7年之久，灵感则来自一个真实事件。

2004年4月，单身汉艾希里·雷维尔变卖劳力士表、宝马轿车和房子等所有财产后，打算带着500英镑零花钱和一张大额支票飞往赌城拉斯维加斯，希望在轮盘上试试运气。他喜欢博彩，但之前也就是花20英镑买个彩票玩玩而已，这次行动被家人认为是脑子进了水。

英国天空电视台听说这件事情，决定跟踪记录艾希里的冒险，于是有了三集纪录片《翻倍，还是一无所有》。同样是默多克麾下的《太阳报》也一直跟踪报道，他们还以电话调查的方式采访了不少读者，请大家建议在投注时应该选红色，还是黑色，结果认为红色会带来好运的占了多数。

艾希里的财产变现后加起来也就85000英镑，以拉斯维加斯的标准，算不得什么大数目。但赌场不想让电视机前的观众看到有人在他们那里变得一无所有，同时，这也是一次难得的打广告好机会。下注当天，艾希里在家人、朋

① 实际执行了两年半。

友、摄像机、照相机围观下选择了红色，不出所料，他赢得了17万英镑。很难说是他的运气好，还是因为媒体介入后让赌局结果发生了改变。不过，这部纪录片吸引了众多观众，西蒙就是其中之一，“这在美国成了一个街谈巷议的话题，我也对此着迷。”一个新节目模式在电视大腕的脑子里初现雏形，只是因为后来在英、美等国火爆的各种选秀节目让他无暇顾及，一直无法付诸实施。

有硬伤的模式

而据独立电视台后来透露，与《红，还是黑？》类似的节目模式和样片在艾希里去美国淘金前的2003年就已经出现了。当时的制作公司是同样与西蒙合作《X元素》和《英国有天才》的弗里曼特尔公司，制作人理查德·霍洛威觉得这是个很新奇的创意，“无论怎样，你最终可以赢得百万英镑。”他对节目没能播出有些不解。

最终“夭折”的主要原因是独立电视台当时的娱乐节目总监克劳迪娅·罗森克兰兹觉得这种“无技巧”模式作为娱乐节目有明显硬伤。“我认为观众不会喜欢什么本领也没有，却能赢得一大笔钱的节目。再说了，博彩不是一项旁观者的活动，必须要参与其中体会肾上腺激素猛增的感觉才爽。”克劳迪娅承认自己不喜欢这个博彩创意，作为样片审片人，她向老板给出的建议是“省点钱吧”。

舰队街平面媒体记者出身的克劳迪娅可是英国电视界赫赫有名的人物，她1995年加入独立电视台，负责娱乐节目的委托制作工作，一年的黄金时段娱乐节目量达500小时。其中就有风靡世界的《谁想成为百万富翁？》、《流行之星》和《流行偶像》，还有后来收视率很高的《我是明星，带我离开这里！》、《地狱厨房》、《X元素》、《周六之夜外卖》等。《从肥皂剧之星到超级明星》、《冰上舞蹈》、《英国达人秀》等更是开启了一场从明星到草根全面参与的娱乐盛世。

可以说，克劳迪娅用十年给英国电视娱乐带来了新变化，让节目品质上了一个新台阶。曾经有一项统计，英国2001—2010年收视最佳的十个电视秀中，有四个是克劳迪娅操控制作的。曾经有一段时间，连美国人也盯着克劳迪娅，看看她下一步将关注和推出什么类型的节目。

不仅挑节目的眼光敏锐准确，克劳迪娅发掘、起用、助推的主持人也个个都是英国电视界如雷贯耳的明星：独立电视台金童组合安特和德克、游戏节

《红，还是黑？》节目流程

目之王克里斯·塔兰特、访谈之王迈克尔·帕金森、才艺秀女评委莎伦·奥斯本、娱乐访谈主持人保罗·欧格雷迪、电视大厨戈登·拉姆齐、真人秀《老大哥》主持人达维娜·麦考尔。当然，还有一个人不能忽略，那就是西蒙·考威尔，2010年，他荣获英国电影和电视艺术学会奖时曾感言，没有克劳迪娅的大力扶持，就没有他的今天。

了解了女总监的背景和业绩后，对她当年"毙掉"样片也就不会感到奇怪。克劳迪娅一直为推出风靡全球的成功节目模式《谁想成为百万富翁？》而自豪，对2000年11月20日英国版中产生第一个百万大奖的情景记忆犹新。园艺设计师朱迪斯·凯佩尔凭借博学的英国历史知识胜出，当时全场观众起立长时间鼓掌欢呼的情景至今还激动人心，这是对"知识改变命运"的最好注解。今非昔比，"现在已经简单到凭运气了"，语气中克劳迪娅对越来越浮躁的电视圈不免有些失落。她的想法代表了很大一部分英国观众的心态，从中也能看出不列颠人矜持和保守的一面，这在后来的收视率上也得以反映。

2006年，克劳迪娅离开独立电视台，当年的管理层也发生了很大变动，这给和ITV有着密切合作关系的西蒙带来了机会，有时候一个节目的命运与管理者的眼光和个人喜好有很大关系，这种例子在英国屡见不鲜。西蒙很擅长把以前的节目形态翻新，添加各种新元素，与时俱进，用符合现代人欣赏习惯的手法包装后，重新推出。此前的《美国偶像》、《英国偶像》、《英国达人秀》等成功模式都是这样"鼓捣"出来的，新节目《红，还是黑？》也不例外。

《红，还是黑？》不同于那些就是在中国都不算新鲜的"水上乐园"闯关游戏那样容易复制，现场惊险刺激表演，高水准团队运作，巨额奖金刺激等都是不低的门槛，不是谁都能承担得起的。当然，第一季七集节目1500万英镑的投资也不容忽视。

然而，重金打造的大型节目却似乎没引起英国观众多少兴趣，收视并不理想，除了第一天最高时达到过810万以外，平均都在450万左右波动，最低时甚至只有380万人收看。这与此前西蒙操刀的《英国达人秀》和《X元素》的收视相去甚远，让电视台有些失望。另外，由于带有博彩性质、金额巨大和对选手背景审核不严等问题，还惹出其他麻烦，被媒体和公众盯着，质疑和批评声不断，让电视台和制作公司都有些紧张，有人开始猜测《红，还是黑？》会不会昙花一现。

2011年10月，独立电视台节目负责人彼得·芬彻姆在一次电视节目中接受采访时表示，《红，还是黑？》在节目形态方面需要做很大调整才有可能再次播出。而西蒙也说第二季的准备已经开始，他对节目有信心，甚至想重演之前其他成功节目形态销售世界，看起来作为“庄家”的西蒙更像是在和自己进行一场“豪赌”。

“博彩委员会”的调查

第一季结束后，关于《红，或者黑？》的前景讨论一直没有停止过。到了2012年4月，即使西蒙愿意继续“赌”下去，未来的形式也不容乐观，问题不是出在电视行业内部，而是来自一个和媒体看似不相干的机构——“英国博彩委员会”，起因是这家监管机构计划在《博彩法案》的基础上发布针对广播电视制作者的指导意见，希望他们在节目中涉及博彩环节时引起注意。

“英国博彩委员会”是根据2005年发布的《博彩法案》于2007年成立的机构，负责英国境内的游戏场、投注、宾戈游戏、赌场、老虎机和彩票，以及使用电话、电脑等设施进行的在线赌博等管理①，主要是防范博彩中的犯罪行为，确保公平和透明，保护未成年人和弱势人群免受博彩的伤害和欺诈。2011年，英国文化、媒体和体育部发起了一项调查，目标是一些电视娱乐节目有“美化赌博”倾向，而据说《红，还是黑？》中的大轮盘是引发这次调查的主要起因。

鉴于《红，还是黑？》直接使用了赌具——轮盘，选手“空手套白狼”和设置高额奖金等元素都符合赌博的基本特点，按照规定，这类“无技巧”游戏节目需要持有博彩执照，以现有的节目形态和播出收视情况看，制作公司需要支付6万英镑申请执照，随后每年更新执照的费用是3万。如果电视台或者制作公司无视警告，也不申请执照，节目制作者将有可能面临牢狱之灾。委员会建

---

① 差额投注和国家彩票不在委员会管理范畴中。

布鲁斯·弗赛斯主持的《正确出牌》

议如果节目想在没有执照的情况下继续办，则必须让选手展示出更多赢得大奖的技巧，而不是通过各种手段来“美化”赤裸裸的赌博。

“博彩委员会”解释这样做的目的是因为博彩产业与组织严密的犯罪有关联，所以在英国是一个管控非常严格的行业。他们不希望电视节目误导观众看完节目后还感到不过瘾，进而出门去无节制地赌博，而一些节目因为目前的形态，确实已经涉嫌起到这种作用。

随后，“博彩委员会”约谈了制片人，讨论新一季节目是按照原有形态继续运作，还是需要做一些调整。面对压力，独立电视台提出了各种整改措施，比如去掉演播室大轮盘的形式，相对于之前纯粹依靠运气，新一季要求选手“使用他们的判断力和技巧”，以“更好地掌控自己的命运”。

“博彩委员会”的这一举措也对ITV计划重新推出的经典游戏节目形态《正确出牌》产生影响。这是一个在20世纪80年代很流行的节目，由著名主持人布鲁斯·弗赛斯[1]主持，1980—2003年陆续播出18季255集，节目形态简单说就是靠翻扑克牌来赢取大奖，理论上最高奖金是17600英镑，但只有人获得过9500镑。基于碰运气的相同原因，这个播出很多年，从没有人提出涉嫌赌博的节目如果要复活，也必须在具体环节上做出调整。

① 参见周康梁：《做最牛的主持人：英国电视名主持和他们的节目》，广州：南方日报出版社，2009年，第97页。

《成交，还是不成交》

躺着中枪的《成交，还是不成交》

受到“牵连”的还有第4频道的下午时段播出的《成交，还是不成交》。这个2005年10月31日开播的节目，原版来自荷兰，除了周六，节目一周播6天，全年只有7、8两个月的暑假期间停播，每集45—60分钟，通常在下午非黄金时段吸引400多万观众收看。节目由著名的恩德莫尔公司制作，产生的影响比另一档真人秀《老大哥》还大，版权销售所得也比《老大哥》多。

节目播出第二年的2006年获得业界肯定，曾经先后荣获“皇家电视学会奖”颁发的“年度日间节目奖”、卢塞恩电视节“最佳游戏节目奖”，主持人诺埃尔·埃德蒙兹获当年“英国电影电视艺术学会奖”的“最佳娱乐表现奖”提名，而在“全国电视奖”评选中，节目和主持人也都获得提名。

演播室里设置22只外形一模一样的箱子，里面放着金额不等的现金，从1便士到25万英镑，而年满18岁以上的参与者获得这些奖金也不需要什么技巧，靠本能、直觉和运气猜就行。节目一开始，通过电脑从22名参与者中挑选一位，然后他随机挑选打开除了自己盒子之外的盒子，揭示里面的金额，在一定数量的盒子被打开后，一个神秘人物“银行家”会通过演播室中央的老式电话机打进电话，开价交换参与者手中的盒子，如果参与者拒绝，则游戏继续进行。这是一个心理战和冒险的过程，参与者可能用自己箱子里很少的钱换取“银行家”的大金额，也可能因为判断失误，错失“发财”的机会。

与在英国播出的另外一些带有博彩性质游戏节目相比，《成交，还是不成交》的玩法算是最简单的。制作人理查德·黑格认为回答问题的意义不大，参与者只要回答“成交”还是“不成交”就行了。他还认为正是开了这个“无技巧”参与的先例，其他一些节目也纷纷仿效，不知善于“取长补短”的西蒙在设计《红，还是黑？》时，是否也从中受到启发。美国版《成交，还是不成交》美女开箱的形式也曾一度在中国电视娱乐节目中结合唱歌和游戏元素出现过，但赢取的奖金，最终也是作为公益基金捐赠出去，这当然同样与中国的法律法规和行业规定有关。

英国版《成交，还是不成交》因为一周播出6天，拥有很广的受众群，制作人理查德就表示节目的观众是“所有人，有小孩，有老年人，有很多学生”。风靡全球的《成交，还是不成交》不仅是电视上的一档游戏节目，还引起不少数学家、统计学家、心理学家和经济学家的兴趣，他们进行专题研究，对参与者做调查分析，对节目的结果归类统计，分别制作“银行家”和参与者的攻略，把一个节目上升成为科研项目来对待。

但是被《成交，还是不成交》制作人视为亮点之处恰恰与“博彩委员会”的新规定不符，因为他们认为选手获奖的过程看不出任何技术含量，从一开始，他们就没投入资金，而一旦挑到装有现金的盒子，虽然不知道里面有多少钱，但在接下来的环节中可以通过打开其他盒子进行赌博。

此时《成交，还是不成交》已经播了近2000集，显然这种定性对栏目的打击很大，因为如果没有《红，还是黑？》对管理部门的“刺激”，也许不会有什么问题。他们认为不管法律是怎么定义电视娱乐的，事实是《成交，还是不成交》模式在全世界50多个国家播出，其中一些地区也规定赌博是违法的，但节目照常在电视上播出。制作公司觉得如果英国版突然停播会很奇怪，他们是躺着中枪，同时认为如果《成交，还是不成交》被划为博彩范畴，那对整个电视娱乐行业会产生广泛影响，冲击到任何包含有“幸运”成分的游戏节目。

诺丁汉特伦特大学专门从事博彩研究的马克·格里菲斯博士则倾向于认定《成交，还是不成交》具有博彩性质，多年来，他一直敦促“博彩委员会”关注电视上的此类游戏节目，因为节目持续播出，而且收视很好，逐渐模糊了观众对“游戏”和“博彩”[①]之间的区别。他说：“判断的底线是参与者是否进行了实际意义上的赌博。也许制作人会说节目参与者没有投钱，而一旦参与节目，参与者会获得盒子里一定数额的钱，这可以视为他们参与赌博的‘赌

① 在英文中“博彩”（gambling）和“游戏”（gaming）拼写近似。

资’。”

按照惯例，2011—2012年度的《成交，还是不成交》于2012年8月暑假期间停播，第4频道内部有一种声音是干脆停办得了，这总比为了适应各种严格规定，而改得面目全非好。法律专家的意见是，节目可以推迟至晚间9点“分水岭”时间后播出，不过，如果被定性为博彩，即便是那个时段也不能播出，只好用赛马等节目填补日间空白。而格里菲斯博士认为博彩是成人行为，所以应该放在“分水岭”之后，一旦节目拥有了博彩执照，便能在深夜时段播出。

无论是独立电视台，还是第4频道当然都不会束手就擒，他们的共识是为了控制赌场和非法赌博所制定的规则不适用于电视娱乐节目，“博彩委员会”也无权把手伸到没有危害的电视节目里。一位资深媒体人说：“你可以从广播电视的角度看看，他们已经受到Ofcom在节目编排、广告频率和宣传片内容等各方面的严格管控，为什么还要屈尊于‘博彩委员会’之下呢？”套用中国的话说就是他们认为“婆婆太多”啦。

“博彩委员会”的初衷是从营造良好媒体环境，保护观众利益的角度出发，但如果尺度拿捏不好就有可能让英国很受欢迎的电视游戏节目消失，损害电视娱乐业的发展。两家首当其冲的电视台一边做最坏的准备，琢磨怎么改进节目内容，以适应法规的要求，另一边则积极与“博彩委员会”沟通，寻求按照不同行业规律对这些节目进行个案处理。有意思的是，从始至终，一直没听到英国广电监管部门Ofcom对此事的表态，幕后一定有一场博弈。

有惊无险

2012年4月中旬，也就是“博彩委员会”预计做出决定时，有英国媒体报道，委员会发布消息，暂缓对这几档节目采取措施，也就是说《红，还是黑？》、《成交，还是不成交》和《正确出牌》等节目避免了被停播的风险。“博彩委员会”的发言人表示：“我们一直与相关的‘庄家’协商，显然，关于这个问题下发通知单，不是帮助电视制作公司游戏节目遵守《博彩法案》的最好方式。”

“博彩委员会”的反馈是围绕特定节目形态该如何处理的讨论正在进行中，其中的重点就是如《成交，还是不成交》一类的节目是否需要改变形态。“我们绝对不希望停播这些家庭娱乐节目，但同时又要防范通过电视节目向家庭观众推销博彩的风险，负责任的制作公司应该让家庭娱乐有别于商业博

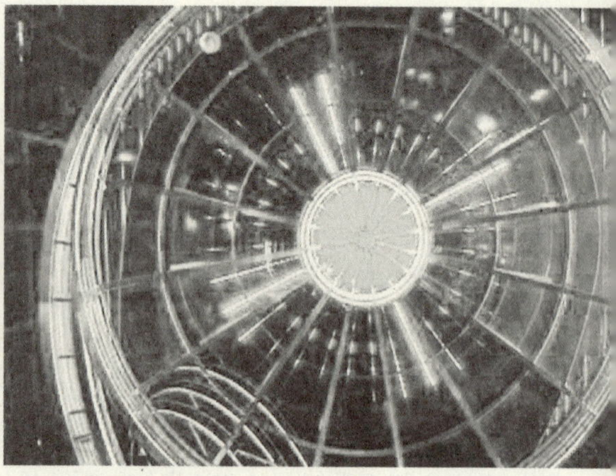

左　主持人与两位竞技表演者　　　右　替换轮盘的新装置

彩。”“博彩委员会”的监管是以对公众负责为出发点，同时也向电视节目制作者们敲响警钟，不能为了收视率和广告收益而忽视媒体应有的社会责任。对此，有人认为“博彩委员会”在博彩规定如何适用于电视节目的问题上，缺乏清晰的指导意见，这会令制作人很难搞清楚怎样构建节目才能避免与法律相冲突。电视业内人士则觉得电视节目制作不是“博彩委员会”应该涉足之处。

2012年8月13日《成交，还是不成交》第8季开播，节目形态未做明显改变。5天后的8月18日，《红，还是黑？》第二季开播，与前一季相同，计划播出七集，持续到9月29日。看起来像是双方达成了妥协，在“博彩委员会”不禁播节目的前提下，《红，还是黑？》对具体环节设置做了调整。替换被认为不妥的元素，增加技术含量，对英国电视人不算什么难题。每集8名从海选中产生的参与者通过六个环节争夺赢取最后头奖的机会，其中，前三轮如前一季那样是红黑两队的绝活、竞技挑战和表演，比如第一集分别为“穿越玻璃墙”、纸牌绝技和唱歌。虽然栏目称参与者要运用他们的判断和观察来预测结果，并通过按键选择红，或者黑，但从屏幕呈现看，凭运气赢取高额奖金的特征并没有太大改观。

前三轮得分最高的四名参与者进入第四轮，第一集中邀请身着黑西服的英国著名脱口秀主持人乔纳森·罗斯[①]和穿红裙子的游戏节目《倒计时》女主持人

① 参见周康梁：《做最牛的主持人2：解码英国经典电视节目》，广州：南方日报出版社，2010年，第171页。

卡罗尔·沃德曼前来助阵，他们玩的是传统游戏“单词拼写”。猜对黑方乔纳森胜出的两名参与者进入“对决”环节，凭借记忆力，猜圆盘上的红黑色块的位置，最终幸运者有机会站在成为百万富翁的门槛前。

作为节目最大的调整，此前具有很强赌博符号性质的巨大轮盘被一个名为“涡流”的玻璃装置替代，此道具类似缩小的碗状自行车赛场，交替缓慢闪烁着红色和黑色，其实就是赌场轮盘的变形，只是不那么明显而已。最后胜出者要做的是使用弹射器亲自把一枚圆球击入碗里，并提前预测当球围绕碗边呈螺旋状环绕下降至碗底，最终落入“结束区”，也就是底部的洞里时，碗是什么颜色。

与第一季的另外一个区别是，如果猜中，参与者能获得最低50万英镑的头奖，如果猜错，这笔钱将与下一轮50万累积作为头奖，如此类推。在9月8日第四集中，一名30岁的木匠获得前三集累积的150万英镑，这可是英国电视历史上最高金额的奖金。理论上第二季奖金七场的总数是350万英镑，到9月29日，历时一个半月的《红，还是黑？》第二季结束，四名参与者“瓜分”了全部350万英镑的奖金。当然，还有另外一种可能性，那就是前面很多集的参与者都不走运，最后一集的参与者也没选对颜色，那么整季发出去的总奖金数将低于350万英镑。

令制作者失望的是，节目收视状况并未因此有所改观，平均在350万人以下，整季最高收视377万甚至没有达到上季最低收视纪录381万，也进一步显示出英国观众对这类只靠砸钱和大场面的节目不感兴趣，英国媒体再一次讨论节目还能不能继续办下去。前后两季高投入的节目收视不佳说明与“博彩委员会”的监管没有必然联系，但第二季削弱博彩成分则明显是在“博彩委员会”压力下实行的，由此也可看出其他行业监管部门对媒体的影响力。

美国　1948年　Du Mont RA103（俗称狗窝）

把这集节目的话题从汽车移植到电视本身也有现实意义，

只靠砸钱、满足于山寨，

而不消化吸收核心和精华，不创新，

那么无论是汽车，还是电视，永远都只有被人家调侃的份儿。

Exemplary Programme Making
电视示范课

2012年1月29日，BBC娱乐节目《超级动力》（*Top Gear*）[①]开播第18季，2月5日第二集后20分钟的内容是关于中国汽车。此后不久，这段视频便在中国各网站流传开来，很多观众带着不同眼光和心情看到了一个英国人眼中，我们既熟悉，又陌生的中国汽车产业。

如果说，以前中国电视媒体引进英国电视模式后，节目质量和效果总会有所下降，甚至面目全非，往往被归因于国情不同，没有可比性，那么这次一个英国电视团队制作中国题材，就能很明显地看出到底是客观原因，还是水平和能力确实有差距。除了因为文化背景不同，主持人特有的表达方式和某些观点，以及受到时间容量限制不可能面面俱到以外，从专业角度看，这个小专题有很多值得中国电视人学习之处。

前期认真调研是英国电视不可或缺的重要环节，承担着为节目收集、整理和分析信息的功能，虽然是不远万里来到中国制作节目，但观众会发现他们对中国汽车业的状况并不陌生，

① 参见周康梁：《做最牛的主持人：英国电视名主持和他们的节目》，广州：南方日报出版社，2009年，第160页。

可以想象这需要做大量工作。节目中简洁的背景介绍和快节奏的画面剪辑，从人力和畜力，再到造成交通拥堵，成为城市顽疾的过程勾勒出快速发展的中国汽车产业轮廓。中英数据对比手段的运用，让英国本土观众对中国汽车工业的发展状况有形象了解，“每2.3秒就有一台汽车销售”的描述更是精确地展现了一种令世人惊叹的速度感。

主持人杰里米·克拉克逊在北京街头展示的从墨镜、夹克、皮包、电子产品到餐饮企业的“山寨现象”，是中国观众再熟悉不过的了，这些看似不相干的东西为后面的“山寨汽车”做了形象生动的铺垫，“用事实说话”，我想每一个置身“山寨大国”的观众都不能说这是英国人戴着有色眼镜来看我们吧。

见识和操控过无数世界名车、豪车的主持人杰里米和詹姆斯·梅，不仅语言犀利，还有着敏锐的双眼，那些改头换面的轿车自然逃不过他们的“毒舌”。国外车型中国版本加长轴距，提供更大的后排空间，汽车内饰豪华，设施齐全，为了充面子，翻译得词不达意的英文使用说明书，降低标准的安全碰撞测试，针对不同国家和地区的检测标准，使用不同质量的配置等种种中国汽车存在的问题从英国专业人士嘴里说出来，不能不让人汗颜。

节目中一共出现了从乡村三轮车到豪华轿车在内的22款中国汽车，大多不幸成了主持人的调侃对象。而这些被无情“修理”的机动车，如果换到中国电视台的汽车节目里一定是被各种溢美之辞包围，英国人做的是在不失专业性的同时，以汽车为载体的娱乐节目，而我们播出的是以销售汽车为目的的软广告。

专题片选取了北京很有特点的艺术园区作为主要拍摄场地，用大幅国旗当背景是很多西方中国题材电视节目中必用的符号，固定板块汽车测试夸张地采用了一个会中国功夫的“神秘试车手”，让一些观众觉得是丑化和概念化了中国人的形象，但所有这些手段的运用正是《超级动力》与众不同之处，不仅针对中国车辆，就是那些世界顶尖的豪车也没少遭到他们的冷嘲热讽。

其实，看过第18季开始前播出的印度特别节目，我们就知道，《超级动力》的中国专题要“温柔”与“平和”得多。带有老顽童特质的杰里米像那个看见皇帝没有穿衣服的小孩一样说出对中国汽车发展的看法，刺耳中不乏夸张，以他的风格，那已经是“口下留情”了，但听惯了套话、好话的中国观众一时还真不适应。

对于这个节目，大家在表达感慨、开心、愤怒等情绪之时，不妨想想杰里米提出的问题：中国人用了五年时间从很低起点造出了还不错的车子，未来五年又会怎样呢？英国人把《超级动力》当成娱乐节目看，而我更愿意把这个中

节目录制地点选择在北京798艺术区， 主持人杰里米和詹姆斯在熟悉要评价的中国汽车

国专题看成是通过汽车对中国社会某个现象的透视。以前写了不少关于《超级动力》如何在全世界广受欢迎的文章，而这次通过一个中国人熟悉的环境和题材，让我更加理解了节目嬉笑怒骂背后的价值。看过节目的观众也许会明白，为什么同样题材，远道而来的英国人却做得比我们更生动、直接、有趣和好看，对节目在中国也有众多追捧者就不会感到奇怪了。

口无遮拦是杰里米的标签，也是很多观众喜欢《超级动力》的重要原因之一，就在2011年12月初，摄制组到北京拍摄这个小专题前几天，他又捅了一个娄子。

2011年11月30日，英国爆发30多年来规模最大的罢工，以抗议政府的养老金改革计划。罢工由全英教师工会、公共和商业服务工会等20多个工会联合组织，参与者包括教师、政府工作人员、警察、边检人员、法院人员、机场工作人员、环卫工人等，波及英国十多座主要城市举行超过1000场游行示威。估计全英范围内有超过200万人参与此次24小时罢工行动，自然，各地学校、医院、政府机构、入境边检等公营部门的服务停滞或受严重影响。

当天晚上，杰里米在BBC1频道的晚间娱乐节目中抱怨因罢工导致公共交通等受到影响，然后评论说示威者应该被“处决”。这引起了轩然大波，遭到大量观众投诉，也引来监管部门的调查。

罢工的对立一方，政府首脑卡梅伦首相在第二天接受采访时也表示“很明显，这样说太傻了”。在文化、媒体和体育部特别委员会召集的会议上，一位议

《超级动力》三位特点鲜明的主持人

员指责这名年薪120万英镑的主持人简直是“令人难以忍受”，因为他曾经多次奚落包括前首相戈登·布朗在内的政要，对抗禁烟禁令，质疑全球变暖带来的影响等。但是“BBC信托会”主席彭定康却站在杰里米一边，称赞他是BBC的“财富”，他主持的《超级动力》则是“英国最主要的文化出口产品之一”。

时任BBC总裁的马克·汤普森也表示不打算处罚杰里米的“轻率评论”，因为他认为只要是完整看过节目，而不是只读文稿片段的人都很清楚，“杰里米·克拉克逊的评论绝对是个玩笑，况且，作为一个极端的标志，也有不少观众很喜欢杰里米，这些需要平衡处理”。确实，2008年1月，有人甚至搞了一次网上签名，提议杰里米去竞选首相，到活动截止时，还真有近5万人签名赞成。

每一季高品质的《超级动力》都拥有极高收视率，2009和2010年，它是BBC在世界各地销售最好的五档节目之一，其中很重要的因素是观众期待看到心直口快、风趣幽默的杰里米。现在，杰里米的作用已经不局限于《超级动力》，他甚至成为BBC节目的符号之一，从保持节目多样性，到具体的经济利益等多方面考虑，BBC不轻易处理他也就不难理解了。

“Top Gear”本是汽车术语，意思为“高速挡”，很多人喜欢汽车是因为它带来的速度感，但很少人有机会真正去体验驾车时风驰电掣的刺激感受。不过没关系，坐在家里，打开电视，英国广播公司的《超级动力》将带你进入“高速挡”，过一把飙车瘾。这个节目不以介绍汽车实用技术和信息为主，而是提供赏心悦目的画面、精巧的创意和惊心动魄的冒险。有评论说，如果没看过《超级动力》，甚至没有听说过它的话，你就不能算是一名真正的汽车爱好者，由此可见它在业界的地位。

《超级动力》之所以能成为世界上被盗版侵权播出最多的电视娱乐节目，自然有过人之处，这往往是别人难以模仿和超越的。节目在硬件上的投资自不必说，不仅可以看到法拉利Enzo、保时捷卡雷拉GT、帕格尼Zonda等世界最顶级跑车，还能见到福特福克斯的平民车、三菱Evo、斯巴鲁翼豹的赛车、陆虎发现者、沃尔沃XC90的越野车等各种类别各种档次的汽车，说是汽车盛宴一点也不夸张。特别是那些平日要小心伺候，被普通人仰视的名车、豪车，在节目中却遭到主持人们的肆意“蹂躏”，没有足够资金和硬件支持，是无法做到的。

用“好马需要好骑手”来形容节目的主持人再恰当不过。如果说翻版这档节目，只要有足够资金便能把那些价格不菲的机动车拿来作为道具使用的话，那么给节目真正赋予灵魂和个性的三位主持人则是无法复制和很难模仿的。

特立独行、身材魁梧的杰里米·克拉克逊是主持人团队的核心，他固执、傲慢、诙谐、快人快语、口无遮拦，在不少人眼中甚至是“举止粗鲁”，没少给东家BBC惹麻烦。但就是这个小时候不好好学习，长大后“误入”新闻界，并自嘲为“垃圾记者”的人，却因为1988年参加一次新车发布仪式，结识BBC制片人，进入电视圈，让一个办了11年的汽车资讯节目变脸成了轻松幽默的娱乐节目，收视率几年间从几十万上升到了600万—700万。他直率和有趣的风格给节目打上了深深的个人印记，观众甚至把节目名称改为《杰里米·克拉克逊的超级动力》。

作为一档“疯狂”汽车节目的主持人不能只会动嘴，更要能身体力行地展示汽车带来的惊险刺激，另外两位主持人理查德·哈蒙德和詹姆斯·梅也毫不逊色。理查德曾经有过一次载入史册的冒险经历：2006年9月20日，他驾驶一辆用飞机发动机作为动力的赛车挑战极限，最高速度达595公里/小时[①]，不幸发生事故，脑部严重受伤。比理查德大六岁的詹姆斯在追求速度方面也一点不含糊，甚至亲自体验超音速飞行感受和参加宇航员的飞行训练。与其说三位个性张扬的驾驶高手是在做节目，不如说是真性情的男人帮与观众分享自己的喜好与激情，他们把汽车开得风驰电掣，让节目充满动感，牢牢抓住观众的眼球。

2011年，中国某电视台正版引进了《超级动力》的版权，直译为《最高挡》。但与那些遍地开花的山寨达人秀、约会秀在中国屏幕上营造的“繁荣”不同，这档节目并没引起多大动静，与其他引进节目相比“低调”很多，甚至没多久就悄无声息地停播了。

相比于其他英国电视节目，很多中国粉丝是通过网络收看原版《超级动力》的，习惯了眼花缭乱的世界名车和杰里米富有张力、激情和幽默的表现，看了中国版之后，他们评论最多的不是针对硬件投入的不到位，而是对主持人

---

① 370mph，另一种说法是314mph，505 km/h。

观众褒贬不一的“中国功夫版”试车手Stig

们的挑剔，正如一位观众评价的那样：他们和BBC那三位根本不是一个星球的。有的节目是靠创意和形态制胜，《超级动力》则名副其实地得益于主持人的魅力和作用。

缺乏力度和锐度，没有观点和态度，画面缺少动力和速度营造的血脉贲张，展示的车辆不足以吊起观众胃口和吸引眼球，少了嬉笑怒骂，原版节目的所有特点都衰减或者消失。虽然《超级动力》中国专题只有20分钟，但它不仅给在中国的“兄弟”，也给其他山寨节目上了一堂如何做好电视节目的示范课。

无论观众是汽车爱好者，还是电视人，或许都能从节目中找到属于自己的感悟，而把这集节目的话题从汽车移植到电视本身也有现实意义，只靠砸钱、满足于山寨，而不消化吸收核心和精华，不创新，那么无论是汽车，还是电视，永远都只有被人家调侃的份儿。

中国电视近几年开始大规模学习、引进、山寨英国电视模式，但是经过实践检验，在英国历史悠久的益智游戏节目，我们由于缺乏相应的文化传统和习惯，热闹一阵之后便昙花一现；才艺选秀节目，在低层次的节目模式上，我们趋之若鹜，照猫画虎能学个貌似，一旦有点难度的模式便望而却步；而像《超级动力》这样既需要技术含量、硬件支持和高额资金投入，更需要主持人强烈个人魅力和不同风格的节目，我们便捉襟见肘。

《超级动力》影响力巨大，在那家电视台正式引进之前早就已经进入中国电视人的视野，但这样一个好节目模式为什么没有出现像其他娱乐、选秀节目一样的山寨潮呢？不仅中国人没法学，就连其他国家也没见弄出像样的版本。道理很简单，《超级动力》有“门槛”，就算看了也学不到位，无论是硬件，还是软件，这些就是很难复制的核心竞争力，也是目前保护节目模式版权不受肆意侵犯的最好方式。

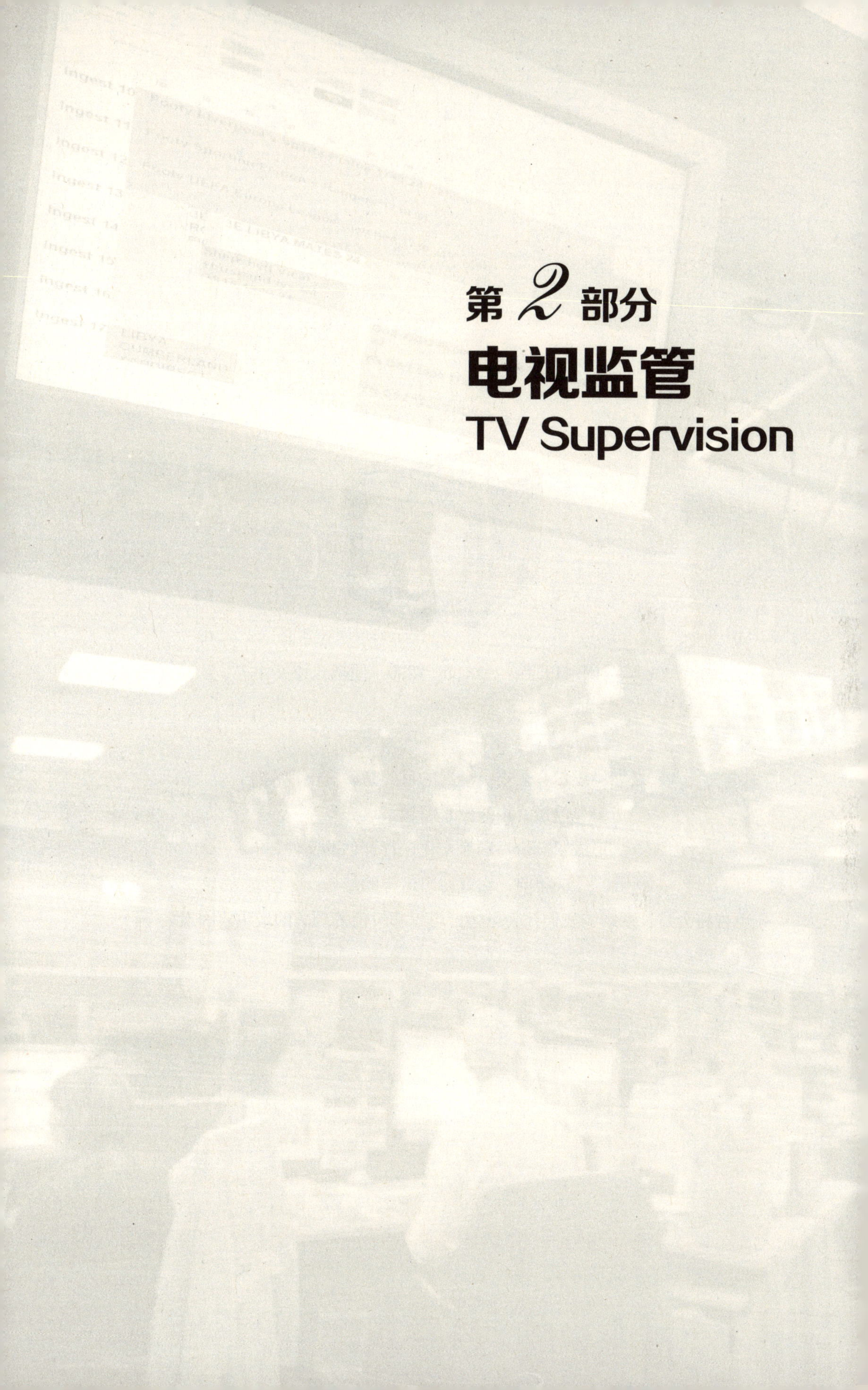

第2部分

电视监管

TV Supervision

英国　1954年　Murphy V230　便携式12英寸

设立“皮尔金顿委员会”的目的是研究电视发展，

但最终报告似乎超越了这一点，

形成了一份对国家文化进行评估的文件，

50年前，它就得出这样的结论：

电视将会是长期影响我们社会道德、思想和价值等观念的最重要因素之一。

Government Influence in the First Era of TV
英国电视的政府干预

1955年9月22日诞生的商业性质独立电视台给英国观众带来一股清新的气息，他们大量引进美国模式和风格的游戏、综艺和体育等电视节目，并且推出“电视广告”这一令观众感到新奇也很赚钱的新事物。

但到20世纪50年代末，黄金时段ITV的节目只有12%的节目可以归入传统定义上的“严肃电视”，在他们看来，观众喜欢什么，就播什么，“给观众想要的”成为赢得高收视率和高利润的正当理由。这被认为是独立电视逐渐远离传统文化的表现，原因之一是因为开播以后，电视公司面临高额的运营成本，造成资金流动困难问题，所以收视率成为生存的关键，电视节目要尽量争取观众。当然，在观众中影响力逐渐增强的同时，也招来中产阶级和上层社会的关注，担心商业介入媒体对英国文化会产生不利影响。

其实，为了应对将要开播的商业电视可能出现的“美国化”倾向，1954年版的《电视法案》在批准开办商业电视的同时，也制定了“必须保证一定比例的英国原创和表演的记录节目，以及其他事务”的规定。从那以后相当一段时间，英国电视上的非英国素材没超过14%，由此可见，对电视内容进行数

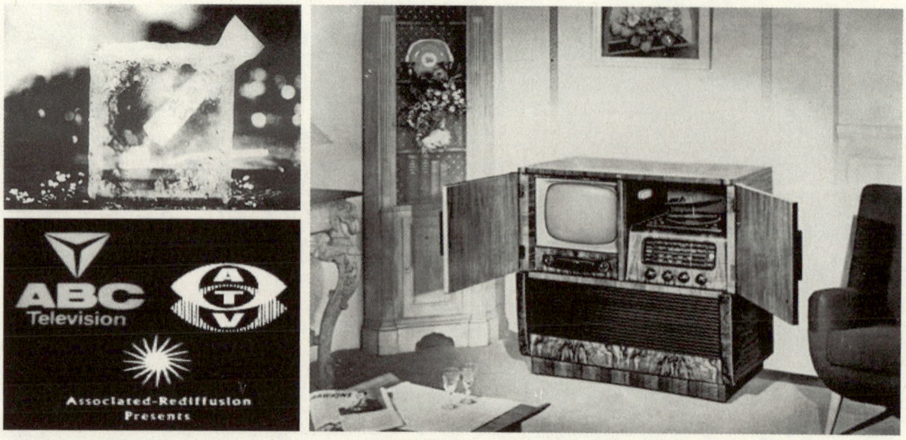

左上　英国第一个商业广告　　　左下　ITV最初的几家节目提供商标志
右　20世纪50年代英国家庭的“娱乐中心”：电视机、收音机和唱机组合

量限制，早在50多年前就已经是英国电视监管的手段之一。即便如此，仅仅开播一年多以后，就有超过75%的人选择收看独立电视频道，并逐渐成为英国人晚间娱乐的首选。而BBC的观众人数明显减少，据1957年统计，当年他们的观众数量下降了28%，这让一直处于垄断地位的“老大”倍感压力。

坚持此前的风格和运行方式，收视率将进一步下降，会让自己赖以生存的执照费政策的合理性受到质疑，如果与商业电视展开正面竞争，效仿他们“美国风格”的节目，则又会违背公共服务初衷，有损自己的形象，BBC处于两难境地。这种状况有些类似当今中国电视面对的局面，是任由商业化泛滥，还是恪守媒体应有的社会责任，英国人用实践得来了经验和教训。

压力迫使BBC认真地考虑公众的需求，1960年上任的总裁休·格林开始领导BBC创新，用通俗和快节奏的节目与商业电视竞争。他鼓励各个层面的节目，对新闻时事节目、情景剧、系列剧和政治讽刺秀进行高额投资，开办著名的时事脱口秀类讽刺节目《上周就是那样》和深夜谈话节目《夜线》；创办文化节目《地平线》和《文明》；推出新的情景喜剧，如《相伴到死》、《爸爸的军队》、《斯戴普托和儿子》和《情爱漫游》，以轻松幽默的风格受到观众欢迎；《福尔赛世家》、《星期三戏剧》等进一步巩固了BBC在电视剧方面的优势，其中很多节目至今还占据着英国电视晚间黄金时段。

格林任期刚好覆盖20世纪60年代，被认为是BBC历史上最有成就的领导人之一。在他的领导下，BBC一改此前保守老套、不思进取、死气沉沉的形象，改革和创新的效果逐渐显现出来。

BBC第七任总裁休·格林（1960—1969年在任）

就在格林上任的同一年，因为商业电视带来的问题，英国政府成立调查委员会，对未来英国广播电视的发展进行评估和提出建议，任命玻璃制造商、英国产业联盟主席和英格兰银行主管威廉·皮尔金顿为主席，该机构也就被称为“皮尔金顿委员会”。成员来自社会各界，有工会领导、大学部长和教师、演员、企业董事长、法律和技术专家、中学校长、技术专家、家庭主妇、足球运动员、戏剧制作人和实业家等，他们关注的焦点是商业电视的过分盈利和文化标准的降低。

1962年6月1日，带有倾向性的“皮尔金顿委员会”，经过两年调查和讨论后发布报告。不出所料，报告对商业性质的独立电视提出批评，指出他们的节目琐碎、粗制滥造、索然无味和平庸，只选择范围狭窄的内容，尤其是在黄金时间减少严肃节目的播出数量，进而把它们放到收视率很低的时段，在造成受众欣赏品位下降方面负有不可推卸的责任。

报告认为赢得最大数量观众并不是评判广播电视服务优劣唯一和最重要的标准，委员会建议主管部门“独立广播电视管理局”对下属商业电视台的节目进行更多约束，“谴责或者在必要时处罚那些平庸和缺乏创新的节目”。当初设立“皮尔金顿委员会”的目的是研究电视发展，但最终报告似乎超越了这一点，形成了一份对国家文化进行评估的文件。50年前，它就得出这样的结论：电视将会是长期影响我们社会道德、思想和价值等观念的最重要因素之一。

在格林的带领下，BBC与商业电视竞争带来的变化是，当“皮尔金顿委员

独立电视开播后，吸引了很多观众

会”发布报告那年，它的观众人数已经回升到与独立电视台平分秋色的水平，报告赞扬了BBC的专业性和在公共服务方面的责任，并奖励性地把英国第三个电视频道分配给BBC，这就是欧洲的第一个彩色频道——BBC2。

报告提交后，“独立广播电视管理局”的权力扩大，不仅控制内容，还规定数量，要求所属地方电视网审查黄金时段的节目安排，要有三分之一“非虚构的严肃节目”放在每周适当的黄金时段集中播放。这保证了新闻时事节目不受其他类型节目影响。据统计，1965年，“严肃节目”的比例上升为36%，此后一直保持稳定。另外“独立广播电视管理局”还要求商业电视频道争取在美国模式化节目之外增加更多变化来刺激高文化素质观众的口味，限制廉价美国电视节目的进口数量，以及这类节目的重播率，让商业电视节目多样性成为可能。

于是独立电视台开办著名晚间新闻时事节目《十点新闻》，增加文化节目《节拍》，还有和BBC对应的纪录片、电视剧，以及时事和调查节目《本周》、《世界在行动》等，这也标志着商业电视完成了自己的第一个发展阶段。

虽然因为受到时代局限，“皮尔金顿报告”有些家长式作风，也有人批评其运用行政手段来分配资源和对电视进行干预，过分强调媒体产品“纯正”的重要性，把“品质”和“商业”放在对立面，低估了观众对电视节目的判断力，在推崇“严肃”节目的同时，贬低流行和娱乐节目，但这份报告的宗旨是关注“以大众表达形式出现的商业剥削”。

这就是英国电视发展第一阶段的政府干预，试图建立一套判断和制作

“好”广播电视节目的标准，同时也推动BBC变成一个“更具冒险风格的组织”，而独立电视业因为更多的利润，更加自信。从短期看，是在媒体的商业化和提供高质量公共服务的问题上做出了有益探索和实践，立竿见影。长远看，则对英国公共电视格局的形成起到至关重要的作用，格林称其为“当今世界广播电视领域最重要的研究成果”。今天的独立电视台正是因为当年那次“宏观调控”而形成了独特风格，作为一家商业电视机构，它33%的内容是按照“公共服务广电”原则制作和播出的，节目品质很高，涉及内容广。与以BBC为主的英国电视媒体形成积极的竞争关系，甚至被誉为“人民的频道”。

重温这段历史时，商业和公众利益、道德水准下滑和高质量广播电视等概念总让人有似曾相识之感。由于社会发展水平和媒体发育程度滞后，中国电视现在面临的从管理、体制到具体节目内容等问题早在30—50年前的英国就曾经经历过，而且不列颠人也已经进行了充分的讨论和实践，成效显而易见。

但当中国电视碰到几乎同样的问题，并面对广电总局《关于进一步加强电视上星综合频道节目管理的意见》时，还是不可避免地陷入重复争论，比如在有的人看来“政府应当关注的是公共事务。娱乐是老百姓的个人领域，是个人事务。政府怎么能管老百姓的娱乐呢？政府‘越位’了”，还有类似观点认为“‘过度娱乐’又算什么罪名呢？……所谓‘过度娱乐’，不正是人们物质生活提高的表现吗？”

这些观点看似没错，老百姓怎么娱乐当然是私人的事情，比如到歌厅唱卡拉OK，你只要不吸食毒品、不聚众赌博、不卖淫嫖娼、不噪声扰民，即便醉生梦死，也不会有人限制。笔者对上述强烈反对管理意见的人是怎么定义“公共事务”不得而知，也不能苟同“物质生活好了，就要过度娱乐的观点”，但有一点很清楚，电视频道是一种带有垄断性质的公共资产，不是谁都能获得的，如果几十个覆盖近14亿人口的电视频道播出的内容都不算“公共事务”，那么还有什么算是公共事务？电视媒体占用公共资源，却不为更广泛的观众提供多样化节目，反而无节制、低层面地莺歌燕舞，这不是人们生活提高的表现，而是媒体的自娱自乐，与个人娱乐显然不是一回事。

任何国家对媒体都有管控，问题不在于该不该管，而是怎么管，之所以有很多人用片面的态度否定一项带有合理性质和成分的行业管理规定，更大程度是源自公众长期积攒的对中国政府部门行政能力的质疑和不信任，进而反映在一个具体机构的实际工作中。显而易见的是，在一系列政策出台过程中，公众

踌躇满志的BBC首任总裁约翰·瑞斯（1927—1938年在任）

争论的焦点也来自行业管理部门自身工作的不到位，比如相关法律的缺失，具体规定有局限性，决策过程的公开透明程度不够，缺乏充分翔实的数据支持，都难免令人质疑和诟病。

虽然广电总局传媒管理司有关人士表示“广电总局推出相关管理办法是为了纠正部分电视节目过于追求收视率和广告收入、过于娱乐化的倾向”，但监管部门在政策设计合理性、权威性、稳定性和科学性方面还有待提高。一个明显的事实是，因为政策设置有“漏洞”可钻，“限娱令”出台半年多后，很多卫视扎堆制作和播出唱歌选秀类节目，加上各种打着科教、生活服务等旗号的娱乐节目，播出时间甚至延伸到午夜12点之后，电视屏幕上的娱乐节目总量非但没有减少，反而增多，从中不难看出行业惯性和利益驱动力之强。如果为了弥补黄金时段损失的广告收益和收视率，大家都跑到非黄金时段“开辟”新战场，推出更多综艺节目，显然有违广电总局制定政策的初衷。

关于收视率，50多年前，英国的电视监管者们就明白“收视率不是评判节目质量的唯一标准”，可以说，今天的中国电视人也深受其扰，当下中国电视的状况也与此有直接关系，然而还是有学者说：“只要节目收视率高，就说明这是受众所喜闻乐见的，形式雷同与否并不重要。”在山寨文化泛滥的国家，有人说出这样的话，一点不令人惊讶，这位“痴迷”娱乐节目的教授可能忽略了这些“雷同”并不是来自大家的心有灵犀和“创新”，而是互相抄袭的结果。

20世纪60年代，英国电视站在十字路口，为了打破BBC对电视的垄断和狭义的精英主义文化政策，英国政府引入竞争机制，批准开办商业电视台。ITV的兴起，在激发BBC创造力的同时，也引发商业电视发展走向的思考和讨论，政府发挥了关键作用，英国在公共广播和商业广播之间寻找平衡。如果没有英国政府及时对商业电视出现的种种问题进行干预和管理，鼓励BBC更加有活力，确保商业电视成为公共服务体系的一个组成部分，也许我们就看不到今天BBC和ITV相互竞争，共同发展，英国电视异彩纷呈，在世界上独树一帜的局面了。

早在80多年前，BBC第一任总裁约翰·瑞斯（1889—1971）就提出娱乐不能作为唯一目的，广播有责任在最大限度上给尽可能多的家庭带去人类所有的知识、努力和成就中最优秀的部分；倡导高尚的道德风尚，避免低俗；广播应该引导公众的品位，而不是去迁就他们的趣味。也就是说，把广电传播作为促进社会文明进程，提高公众素质和文化，体现国家和民族形象，设置公众议程，弘扬传统价值观，最大限度地满足广大受众需求的一个重要途径，这就是广播电视为“公共服务”的核心理念。

像很多行业一样，中国电视拥有世界最多的观众，占有世界最多的电视频道，也生产着世界最多的电视节目，数量占优势了，但质量如何？从观众的角度看，如何既满足那些希望回避现实问题，喜欢轻松娱乐和八卦节目的观众，同时也想办法鼓励人们培养高雅的欣赏口味是公共电视和商业电视都要考虑的问题。面对的状况相似并不等于我们会走相同道路，因为不同体制下的监管和干预，各具特色的社会文化自然会产生不同的结果，“皮尔金顿报告”对英国广播电视发展起到了至关重要的作用，中国电视会有自己的“皮尔金顿委员会”吗？

法国　1949　Sonora “The Sphinx”　410线

玛丽·怀特豪斯去世已经十多年了，
但英国人没有停止反思，
看着日新月异的媒体，
有人问“玛丽用了40多年时间反对电视屏幕的低俗化，
我们接受她的忠告了吗？”

Cleaning Up TV
“净化”电视

2011年底，中国国家广电总局连续出台的管理规定引起社会广泛关注，争论焦点之一就是电视娱乐是否与现在社会风气不佳，道德水准下降有关。其实，媒体和道德的关系是个老话题，早在20世纪20年代，英国广播公司成立之前，人们就曾经热烈讨论过大众传媒对英国道德价值观和政治生活将会产生什么影响。以BBC首任总裁约翰·瑞斯为代表的很多政治家、评论家和知识分子把当时的电影产业、通俗报纸等视为垃圾和庸俗的东西，主要原因是它们“只想取悦受众”，为了迎合公众的口味而提供廉价的娱乐产品。

到了50年代，商业电视出现前后，这种争论一直没停止过。其中，有一个人不能不提及，她就是社会活动家玛丽·怀特豪斯夫人（1910—2001），这位在英国家喻户晓的女人用了半辈子与媒体“较劲”，致力于“净化”英国电视屏幕，以避免媒体对社会，特别是孩子的不良影响。

1910年出生的玛丽在43岁以前是一名教艺术的老师和家庭主妇。1953年，当她带大3个孩子后，重新找了一份教书的新工作，教授艺术和性教育课程。在学校里，她发现不少学生做游戏时模仿性行为，孩子们告诉她这是从电视上学来的。校园

左　玛丽·怀特豪斯　　右　1964年1月，“净化电视”运动会议地点——伯明翰市政厅

里出现的道德问题令玛丽震惊，她开始关注英国媒体上道德标准下滑的现象，特别是以公共服务为宗旨的BBC，作为一名教师，玛丽觉得电视正在潜移默化地影响家庭、社会凝聚力和挑战基督教传统价值观，出现越来越多脏话、暴力、不雅和亵渎宗教的内容。

1963年，玛丽第一次给时任英国广播公司总裁的休·格林写信，希望能和他见面，但因为格林不在英国，他的下属约见了玛丽，当时玛丽觉得这位信仰天主教的主管认真听取了她的意见，并表示理解。遗憾的是，随后几个月，电视屏幕上并没有发生任何变化，这让玛丽很失望。

于是，1964年1月，玛丽和朋友发起了“净化电视”运动，5月4日，他们在伯明翰市政厅公开集会，抗议电视上出现的“猥亵浪潮”，玛丽在演讲中说：“上周四，我们一家从下午6点35分开始看电视，那是我看过的时间最长的低俗节目，…… 如果暴力展示在电视屏幕上成为常态，它将会变成滋生暴力社会的助手。”第二天《泰晤士报》是这样评论集会的：“约2000名‘净化BBC电视’运动支持者参加，还有很多人站着旁听，会上呼吁得到女王和亲王的支持。在市政厅的历史上，也许从没有一个这样毫不起眼的组织能举行如此成功的会议。”

从此以后，这位典型英国妇女打扮，保持仁慈且坚定的微笑，戴着老式宽框眼镜的女人走进了不列颠公众的视野，成为一个标志。她的知名度甚至比很多政府部门的大臣还高，“净化电视”也成为她的“第二职业”，一干就是一辈子。

从《上周就是那样》的图片中可以看出节目的风格

“净化电视”运动攻击的主要目标是BBC。

20世纪60年代的英国社会正处在政治动荡和变革时期，以《冷眼》杂志为代表的讽刺文化兴起，那时顺从被视为过时，叛逆的披头士甲壳虫乐队开始流行。媒体方面，新兴的商业电视引人注目，以“美国模式”的节目受到欢迎，而BBC则显得呆板和老套，面临着来自商业电视的巨大冲击。当时的英国广播电视整体开始思考如何真实全面地反映多元社会，用批判的眼光看待世界，针砭时弊。1960—1969年担任英国广播公司总裁的休·格林重塑了BBC的价值观，体现出富有活力和更具时代感的形象，把关注点从创始人约翰·瑞斯倡导的中产阶级价值和对传统权势的言听计从转移到反映普罗大众的社会生活。

格林认为，电视人有责任记录社会的变迁、机遇和挑战。同时，竞争也迫使他们采取有争议的高风险策略，放低姿态制作了一批形式各异，满足不同受众需求的节目，让这个英国电视曾经的垄断者在竞争中赢回不少失地。当然，在宽松，甚至是叛逆的时代背景下，各种节目和题材也不可避免地涉足了一些过去没有接触过的领域，比如关于堕胎、单亲家庭和性，很多都与基督教教义相冲突，也偏离了英国传统中产阶级的价值观，向传统发起“挑战”。

在一次演讲中，格林认为BBC不是中立的、不带偏见的和公正的，这既反映出当时BBC在自身定位上发生的动摇，也导致媒体呈现上出现不少问题。比如，1962年11月24日开播的时政讽刺节目《上周就是那样》就具有突破性和示范效应，创办初期确定的攻击目标直指政府和权贵，其中就有首相哈罗德·麦克米伦、内政大臣亨利·布鲁克，以及英国日渐式微的国际地位，他们还拿王室、

20世纪60年代，一家人围坐看电视是典型的英国家庭场景

教堂、政治和英国生活中的刻板、教条和八卦开玩笑。

还有就是1963年发生的一桩著名的政治丑闻——“普罗富莫事件”，时任陆军大臣的约翰·普罗富莫和歌舞演员克莉丝汀·基勒发生的一段婚外情闹得沸沸扬扬，被媒体引申，自然也给诸如《上周就是那样》的节目提供了不少“越界”谈资。

这些都是玛丽的运动希望“净化”的内容。1965年，“全国观众和听众协会”成立，该组织指责格林是最应该为“以20世纪60和70年代为代表的道德堕落”负责任的人，她敦促BBC鼓励和保持宗教信仰，并且重新把这些带回到人们的生活中。

因为觉得玛丽太过极端，格林一直拒绝会见她和协会成员，他认为有很多人应该为这个国家的道德水准下滑负责，而不是他一个人。在1965年的一次演讲中，格林争辩说玛丽对开放的广播电视政策进行批评将有可能带来审查制度，对媒体是很危险的，这将会让艺术家和作家们不再敢于冒险，限制他们的创造性。但是，1969年格林的离职可以说与玛丽发起的“净化电视”运动有直接关系，因为不少保守党的议员赞同和支持玛丽的观点。他当时制定的很多发展策略随着离职而中止，此后BBC的管理者也很少步其后尘，格林对BBC的革新就此终结。

此后，“净化电视”运动的范围从电视到电影，从讽刺节目到时事节目，从BBC到ITV。除此以外，玛丽还以个人名义提起多项诉讼，比如1977年起诉《同性恋新闻》的编辑丹尼斯·莱蒙，因为这本杂志发表了一首罗马百夫长在

左　玛丽获得爵位　　　右　玛丽发表讲话，后面的牌子上写着“让孩子远离淫秽和暴力录像”

十字架前向基督表示性爱的诗歌，她认为亵渎了神灵；还有1982年，起诉国家剧院的导演米切尔·波格达诺夫，因为他在戏剧《英伦之恋》中设计了同性恋强奸的表演。

玛丽于1980年获得爵位，这是对她社会工作的肯定。撒切尔夫人执政时代，玛丽在议会有了更多支持者，先后通过多项法律，比如1978年防止向青少年介绍色情内容的《保护儿童法案》，1981年防止商店橱窗和杂志封面出现色情画面的《不道德行为陈列法案》，还有1984年的《音像制品法案》需要对录像出租附加分级管理等。

8年后，在时任英国首相的撒切尔夫人支持下，政府设立了广播电视标准委员会，由玛丽担任第一任主席。有媒体用“玛丽赢了”来评价这一成果，公众的声音终于得到重视。该机构主要负责处理因为电视台或者电台不公正行为引起的投诉案件，任何公民在听到或者看到某个广播、电视节目后，如果涉及暴力、色情、不良语言，或者其他有关节目的品位等问题都可以向委员会投诉。

在40多年“第二职业”的工作中，玛丽与电视可能带来危害的性和暴力内容斗争，经历了不同时期，跨越多位首相任期，特别是在20世纪那个“放纵”的社会背景下，她的行动遭到来自四面八方的攻击，学生诅咒，知识分子鄙视，讽刺作家挖苦，极端人士向她投掷催泪弹、砸蛋糕，甚至发出死亡威胁，“老对手”BBC也曾经有四年之久“封杀”她，还在节目中对她进行嘲讽，就连一些温和派也觉得她的观点过于天真和保守。

在一些人眼中，玛丽是基督教传统价值观的护卫者，而在另一些人看来，

玛丽的“净化电视”运动还在以新的形式开展着

她是一个“多管闲事”的人。然而不得不承认，正如“广播标准委员会”首任主席里斯·莫格说的，对这样一位面对嘲讽却坚持不懈，致力于守护英国道德的女人，“玛丽的努力赢得对手们的尊重”，大多数人对她心怀敬意。1994年，玛丽退休，随后住进了养老院，但80多岁高龄的她还是对BBC“不依不饶”，在自传体书中，她解释作为一名家庭主妇，她并不反对性，而是反对在媒体上公开展示这些内容。2001年11月23日，玛丽去世，终年91岁。

玛丽去世后，日臻成熟的BBC这样评价：“玛丽迫使广播电视人修正自己的工作，由于她的坚持，英国媒体总是保持警惕，不敢掉以轻心。因为有了她，BBC的节目才更有生机和活力，我们会永远铭记她。” 2008年BBC还把玛丽与格林当年的斗争拍摄成文献纪录片。“独立电视委员会”的负责人帕特里西亚·豪吉森也说玛丽提醒媒体人士需要听取和考虑来自各方面的意见。

担任过BBC、ITV和第4频道管理者的迈克·格雷迪也曾经与玛丽有过分歧和争论，虽然迈克觉得她的观点有些不食人间烟火，但仍不得不承认玛丽很机智、雄辩、有勇气，是一位非常真诚的社会活动家。哲学家玛丽·沃诺克评价玛丽是那么认真和坚定，在BBC和ITV发展的重要时期起了很好作用。就连一份经常遭到玛丽抨击的性爱杂志也很矫情地表示了哀悼之情，“她的逝去令人悲痛，我们都怀念她”。也许没有了玛丽的“监督”，他们会觉得少了点什么。

也有人帮她总结一生的工作策略，学者理查德·霍加特认为玛丽关注的焦点是性、脏话和暴力，如果把这个顺序反过来，她的工作将会更加有效。有记者写道：玛丽·怀特豪斯是一位标志性人物，她的很多抗议都是合理的，甚至是有预见性的，比如抨击“儿童色情文学”的行动，在今天就得到了广泛支持。

特定时代背景下，格林当时的政策带领BBC应对商业电视冲击，走出困境，为BBC赢得一个新频道，奠定了以后的发展基础。而玛丽从维护社会风气角度出发，进行了不懈抗争，虽然有极端和理想化之处，但让媒体始终处于监督之下，特别是后来组建了“广播电视标准委员会”，对控制广播电视的质量起了关键作用，这个机构也成为今天英国广电和通讯监管部门Ofcom[①]的前身之一。

玛丽生前最后一次接受采访时说：我的愿望是，无论什么时候看电视，如果那是一个你喜欢的好节目，或者你觉得是不负责任的糟糕节目，都可以记录下来，让你的意见能被听到。玛丽去世那年，她创立的“全国观众和听众委员会”更名为“Mediawatch—uk”，继续监督英国媒体，该组织的网页上清晰地列出从监管部门Ofcom到各个电视频道的投诉联络方式，宗旨是督促媒体树立良好的价值观，帮助听众和观众有效地发表他们对于节目的意见和看法。

中国电视虽然没有明显出现如玛丽反对的那些暴力和色情内容，但在商业竞争环境下，仍然存在不少问题。比如，为了收视率不是打仗就是打架的电视剧，在历史和家庭背景的掩盖下，上演的却是暴力；大量虚构的穿越在“娱乐”观众的同时，也让真实历史面目全非，日益模糊；谍战剧把很多阴谋诡计变成了英雄事迹，大家褒奖，混淆是非；黄金时段不合时宜的医疗广告等，电视屏幕上随处可见的堕胎、流产、性病广告让人们，特别是年轻人用一种很草率随意的态度对待性行为和自己的身体，带来社会、健康和伦理等问题。只有收视率被重视，而观众的意见却并没有得到真正的倾听。

玛丽·怀特豪斯去世已经十多年了，但英国人没有停止反思，看着日新月异的媒体，有人问“玛丽用了40多年时间反对电视屏幕的低俗化，我们接受她的忠告了吗？”这句话似乎不只是问英国电视的。

① 见下章“倾听公众的声音”。

巴西　1959年　Philco—B129

监管部门公布所有投诉数据，
不仅让被投诉媒体处于公众监督之下，
也让自身的工作公开透明，
保证程序的合理，以及结果的公正，
给投诉者和被投诉者都有一个明白的交代。

Listening to the voice of the public
倾听公众的声音

中国电视上，特别是民生新闻节目都设有热线电话，这本来是方便观众提供新闻线索的，但媒体往往要承担超越自身职责范围之外的工作，变成社会问题投诉机构，取代120、110、119，甚至应该由政府行业部门管的事情，很多人碰到问题第一时间想到的也是电视台的热线电话。这反映媒体在受众中的影响力，也折射出不少政府部门行政能力的缺位。

不过，曾经有观众问我，如果我对电视台播出的节目不满意，应该向谁投诉呢？

这确实是个问题！

通常说，电视台网页公布的电子邮箱和政府部门网页上的电子邮箱一样，基本是形同虚设，不会有专人查收处理；直接拨打上级主管部门电话，也总是兜了一圈后又回到具体节目部门；找其他媒体更不靠谱，大家都是同行，谁也不想得罪谁；当然，如果有某位高级别官员不满意某个节目，甚至是某个片段和细节，那么电视台的处理会异常神速。

电视作为公共媒体，听取观众意见很重要，但现在对这种反馈的呈现很单一，那就是收视率调查，而且还不是为观众服务的，而是电视台排座次，拉广告的帮手，甚至因为涉及

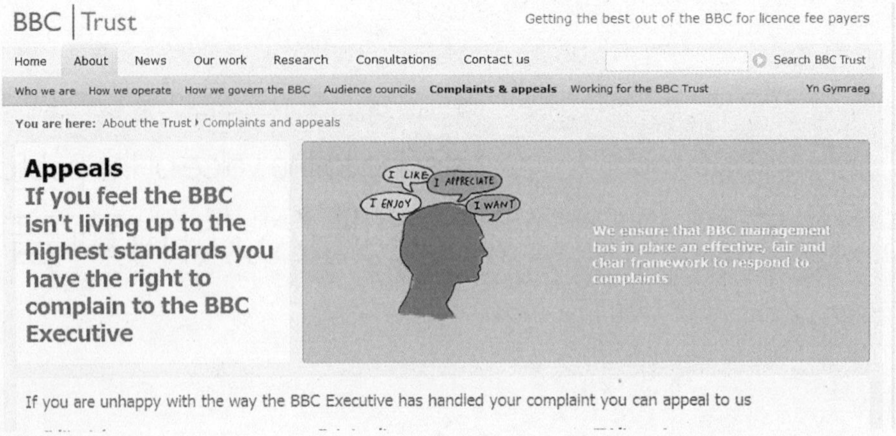

BBC网站的投诉界面

利益，频曝数据作假等丑闻。观众的意见没有固定渠道表达，他们的收视需求“被代表”也就不足为奇了。

完善的监管体系、媒体基于伦理和职业诉求的行业自律，以及来自受众的监督是媒体健康发展的几个要素。在英国的电视新闻和时事节目里，鲜有直接公布热线电话的，更没有拨打热线可以抽奖“送大礼”或用“奖金”“贿赂”观众的手段。与此相反的是，从监管部门Ofcom到具体电视台都设有完善的投诉机制和联络方式，保证观众的声音能在不同层面得以直接反映。

如果观众对BBC播出的节目有意见，可以在节目播出30天内通过三个渠道投诉，即登录网站链接，拨打观众服务电话，按照详细地址投递邮件。“通过收集观众投诉，我们可以更好地监督和报道公共事务，并进一步提高节目和服务质量。”以公共服务为宗旨的BBC用这种态度对待观众的意见，媒体监督社会，但也要接受社会的监督。

“如果你认为BBC没有达到最高标准，有权向BBC管理机构投诉。我们确定面对投诉，BBC的管理已经有一个有效、公平和清晰的框架。”在他们的页面上，投诉版块不难找到，观众可以按照自己的问题分类取得投诉部门和相关负责人的联系方式，项目涉及节目、管理、技术和服务等，分为几个部分。“编辑原则”主要针对节目内容；“公平交易”涉及BBC的商业行为和与市场互动中发生的问题；“电视收看许可”是关于电视执照费征收方面的事务；“政党选举”，顾名思义，几年一度的选举往往因为政治倾向等问题会被不同阵营的观众投诉；“数码转换”是解决工程技术方面的问题；最后还有一项是“综合投

通讯办公厅大楼

诉”，也就是当问题在之前的机构都“搞不定”时，可以到这里进一步反映情况，但是，无论哪种途径都需要经过三个步骤：

第一，投诉之后会怎样？BBC会在10个工作日里回复，如果调查发现节目确实存在问题，他们会道歉，并且采取行动，避免再次发生。如果观众对这样的回应不满意，可以再次联系，说明原因，要求得到进一步解释，这个期限是20天内。

第二，如果观众对第二次回复还是不满意，媒体就希望他们在20天里给出具体建议。如果涉及特殊情况，观众认为节目内容违反了BBC自己制定的编辑原则，“编辑投诉部门”将会对此展开独立调查，裁决观众的较真是否合乎情理，如果确定的话，BBC会采取相应措施。

第三，如果观众还是坚持己见，在从第二个步骤得到答复后20天内，他们可以要求BBC最高部门“BBC信托会”考虑反对之前的处理结果。此时，观众需要给这个部门写信，并且提供所有详细投诉材料。12名理事组成的“观众委员会”既保证BBC的独立性，同时也维护支付执照费观众的利益。

“我们的目的就是认真对待每一个投诉，并且让处理投诉的人员以同样态度做出相应回复。”这看起来似乎有点没完没了，但在制度和程序上完善总比把观众当皮球踢来踢去要好，如果电视媒体连接受观众监督的姿态都没有，作为“服务行业”又怎么能指望他们提高服务质量和水平呢？

BBC会把公众投诉集中的重大问题定期以公告的形式发布在网站上，并通报处理结果。例如2011年9月他们就收到18000个投诉，问题从少数观众认为某个

英国广播电视两大监管机构

节目中的某些方面违反了编辑原则到引起强烈反响的节目内容都有。其中9月28日的新闻时事节目《新闻之夜》，关于欧盟债务危机的讨论时，一名嘉宾对另外一名嘉宾表现得很粗鲁，引起观众的反感。还有一些观众对真人秀节目《大厨》播出时段改到白天表示不满。另外就是“9·11”纪念日直播，当现场开始诵读遇难者名单时，评论员还在喋喋不休地讲话，观众觉得这是对逝者的不敬。

除了集中通报回应以外，BBC还有即时的回复意见。比如2011年11月12日，年度名人才艺秀节目《舞动奇迹》中，69岁的资深评委莱恩·古德曼在评论另外一位来自澳大利亚的双性恋评委克雷格·霍伍德时，用了“愚蠢小苏打”[①]的措辞，因为“sod”一词在英文中可以引申为多种贬义，致使观众浮想联翩，最终BBC收到600多个投诉。BBC对此的回复是：“《舞动奇迹》是一档直播节目，没有脚本，属于即兴评论，随后莱恩马上就道歉了。在直播电视秀，评委间的交流有时是为了活跃气氛，但我们还是很感谢一些观众发现莱恩的评论有不妥和出人意料之处。”

除了直接与电视台联系，表达自己的不满以外，观众也可以向英国广电通讯产业监管机构Ofcom投诉。Ofcom 是“Office of Communications”（通信办公厅）的缩写，2003年12月29日，根据《2002年通信办公厅法案》设立，取代此前的“广播标准委员会”、“独立电视委员会”、“电信办公室”、“广播管

① silly little sod。

理局”和“广播通信代理局”，成为最高电信管理机构。

它既不是政府机构，也不是民间组织，直接对议会专门委员会负责，而不必对内阁或政府部长负责。财务上，Ofcom只接受国家审计办公室的审计和监督，独立于政治之外、高度透明并具有延续性。涉及广播电视的主要职责范围是咨询、受理节目投诉和颁发运营许可证，通过一个能够存在竞争的管理体系，提升消费者的利益。

英国的《广播电视法案》是广电节目的标准和规范，所有由此机构颁发执照的广电媒体都必须遵守，这个法案主要宗旨是保护儿童免受不适宜内容影响，保护观众不受暴力和攻击性内容刺激，保证报道不偏不倚和准确，维护公平和隐私等。在Ofcom网站能找到通往各个广电机构投诉的链接，也有直接向监管部门反映问题的通道，整个英国有60多个频道接受Ofcom的监管①。观众在这里同样可以很清楚地找到自己投诉的类型和受理机构，投诉一经调查属实，严重的将会对媒体课以高额罚款，此类例子屡见不鲜。

2008年5月8日，Ofcom发出通告，对独立电视台罚款567.5万英镑，作为对他们在很受欢迎的娱乐节目中滥用语音服务系统和欺骗观众行为的惩罚。这也是Ofcom自2003年成立以来做出的最高金额罚款。

据调查显示，英国著名电视主持组合安东尼和德克兰旗下公司制作的节目在2003年1月和2006年10月涉嫌欺骗观众、为了利益操纵节目，具体表现有：在宣布投票系统关闭前私下就已经产生决赛选手；重新组合决赛选手的位置，这意味着一些参与节目的选手失去公平竞争的机会；按照电视播出效果的需要，在直播中，把决赛选手放在他们认为合适的位置出现；事先就确定好一份名单，这些人往往能成为最终获胜者。

独立电视台和制作公司从观众投票资费中得到数额可观的利益，但却造成观众近800万英镑的经济损失，这些有违公平竞赛原则和媒体道德的行为也严重影响了媒体的形象和公信力。此类事情已经不是第一次发生，2007年，Ofcom就对独立电视台的早间节目欺骗观众的行为罚款200万英镑，然而在收视率和商业利益的驱动下，ITV屡次再犯。

在Ofcom的监督下，作为英国公共广播旗帜的BBC也没能幸免。2008年7月，它旗下的8个广播和电视节目，也因为在播出中“用伪造的获胜者”欺骗观众，对受众进行“故意的、不公平的误导”而被罚款40万英镑，这也是BBC有史以来

① 关于BBC报道是否公正、准确和涉及商业问题之外的投诉主要由“BBC信托会”自行处理。

杰里米·克拉克逊在《1频道秀》中评论大罢工

受到的最高金额罚款。BBC自己的监督机构认为这种破坏规定的做法是“严重的、蓄意的，个别节目则是屡次发生”。而对于用观众支付的执照费去交罚款他们表示很痛心。

作为对观众的回应，BBC采取了一系列行动，希望重新建立起观众和听众对他们的信任。其中就包括对19000多名员工进行培训，对运作游戏类节目的制作者进行指导，同时制定更严格的管理规定。由此可见，在一个良好的监管体系下，来自社会和观众的监督不仅是维护自身权益，也能帮助媒体及时修正错误和不足。

每年年底，Ofcom都会公布全年观众投诉前100位的情况，数量从十多个到两千多，分为节目、制作单位、播出时间、投诉人数、投诉内容简介等明细，涉及BBC、ITV、第4频道、第5频道、天空电视台等英国主要电视媒体，投诉内容包括主持人、嘉宾、评委、评论员等的不当言辞和欠妥的节目内容等，让人一目了然。

2011年被投诉数量名列前三的节目分别是在年头和年尾播出的，排名第一的是第5频道12月6日的一档谈话节目，主持人马修·莱特对发生在苏格兰的一起16岁少年被谋杀事件发表评论，其中他学着侦探系列剧《塔格特》中人物的苏格兰口音和口头禅说了句“有另外的凶手”。这句话看似没什么问题，但因为马修是用开玩笑的口吻说的，与引起社会关注的恶性案件显得格格不入，虽然随后他就公开道歉，但还是招来2200多次投诉。

《冰上舞蹈》是独立电视台一档年度名人娱乐节目，在2月6日的一场直播中，个性鲜明、言辞犀利的评委詹森·加德纳对参赛者和教练的评论引起观众不满，被投诉784次，名列“投诉排行榜”第二位。

位居第三的是以口无遮拦著称的汽车节目主持人杰里米·克拉克逊[①]，他每年都会因为各种言论引起社会关注，遭到投诉。2011年也不例外，11月30日，在做客BBC晚间娱乐节目《1频道秀》时，嘲讽和奚落当时正在举行的全国大罢工，说罢工者应该“被枪杀，希望当着亲人的面将他们处死”。随后，Ofcom收到736个投诉，他的“上级”——“BBC信托会”接到的投诉更是超过31000个，大有跃居“排行榜”第二的趋势，就连英国首相卡梅伦也批评他的言辞不当。

Ofcom为此展开调查，以判断克拉克逊的言论是否违反《广播电视法案》，相关规定要求“广播电视从业者必须确保可能引起争议的内容在上下文语境中是合理的”，监管机构表示会在适当时候公布调查结果。

从这个细节也可以看出，虽然受到众多非议，甚至政府高级官员也加入批评行列，但如何处罚，还要依据法律条文，以理服人。2012年2月20日，Ofcom发表声明称杰里米的言论虽然有“潜在攻击性”，但并没有违反广播法案的条文，未造成严重后果，放在语境中也没什么大问题。就此，关于杰里米言论的调查告一段落。监管部门公布所有投诉数据，不仅让被投诉媒体处于公众监督之下，也让自身的工作公开透明，保证程序的合理，以及结果的公正，都给投诉者和被投诉者一个明白的交代。

这些在大人的世界里被设置得很繁琐的投诉过程，或者根本没人理会的事情，到了孩子眼中似乎并不难解决，“我不明白为什么大人觉得这很困难，其实很简单。只要在遥控器上另外设置一个红色按键，如果当看到一些在电视上不适合出现的内容时，你就可以按下它，告诉制作者你不喜欢这个节目。如果很多人按了这个键，那么节目就会被自动停播。”这是一名十岁孩子在接受电视节目收视调查时的“奇思妙想”，用手中的遥控器发出自己的声音，在互动电视已经成为现实的今天确实“很简单”，就看媒体和监管部门愿不愿意做了。

---

① 参见周康梁：《做最牛的主持人：英国电视名主持和他们的节目》，广州：南方日报出版社，2009年，第147页。

德国　1953年　Rembrandt　FE852D

衡量电视节目能不能播，什么时候播，
总需要有参照物作为标准，
节目观点立场、制作水准、形态主题、受众分类等都可以，
但如果要从中选择一个适用性最广，
也最容易被全社会接受的标准，
那么“保护未成年人”可能是最为合适，适用性最广，也最少引起争议的。

Watershed for Children
电视“分水岭”

2011年曾经无意中看到某省级卫视周末晚间娱乐节目中，有一支“娃娃合唱团”，成员都是五六岁的儿童，特别是小女孩们衣着暴露，浓妆艳抹，学着大人搔首弄姿，唱着自己可能都不明白是啥意思的情歌，在这档节目中充当伴唱和领唱的角色，当时确实吃惊不小。

中国各级电视台全天时段播出涉及“少儿不宜”的内容和广告举不胜举，而这个针对大人的娱乐节目中用孩子作为“调味剂”的例子则比较典型，在制作者的心中估计就没有保护未成年人的概念，反而可能为此“创意”自得，小演员们的家长或许也心甘情愿地觉得孩子以这种方式上镜露脸很开心。

这让我想起多年前担任一个儿童节目主持人比赛评委的经历，当时一名漂亮的六岁小女孩上场，披着染成黄色的大波浪头发，涂着大红唇彩和妖艳的眼影，身穿吊带露脐装和超短裙，脚踏小高跟鞋。我问是谁给她装扮的，孩子很老练地拿着话筒说是她妈妈。我又问：“你喜欢这样的装束吗？”小姑娘毫不犹豫地回答“喜欢”。最终评委们不约而同地给另一名素颜、穿着连衣裙校服的初中生打了高分，不仅是因为她的才艺和能力，更是对符合年龄和身份的得体装扮给予肯定。孩子

的趣味很多时候是来自大人们的态度，而媒体在其中扮演着重要角色。充斥着“越界”内容的电视因为画面的直观和形象，对父母和孩子的影响潜移默化，甚至让他们习以为常。涉世未深的孩子分不清楚还情有可原，连家长也不当回事情那就很麻烦了。虽然口头上总说孩子是祖国的未来，但至少媒体在某些方面对此的认识还不到位。

与我们形成强烈反差的是，英国在保护未成年方面可以说是远远超出。比如没有监护人许可，你不能随便拍摄孩子的影像，轻则会遭人白眼，重则会被要求删除。而在媒体上与孩子有关的规定就更多了，其中一项就是关于电视节目播出时段的“分水岭”制度。

“分水岭”是水文学概念，被引用到电视中指的是划分适合全体家庭成员收看的内容与只适合成年人观看节目的分界线，成年人内容主要包括直白展现两性关系、暴力、恐怖、裸露、毒品、粗口，或者相关暗示。电视“分水岭”不仅适用于节目，在一些国家也规范广告，当然，因为国情和生活规律不同，时间也不一样，同时付费频道和公共频道在实行上会区别对待。英国的Ofcom官方定义是“不适合儿童的电视节目不能播出的时间段”，区间在凌晨5点30分至晚上9点之间，跨度长达15.5小时，约占全天时间的65%。

英国是世界上第一个实现电视节目日常播出的国家，在电视对未成年人影响的研究方面也走在世界同行的前面，“分水岭”概念的产生要追溯到20世纪50年代。当时电视对人们日常生活逐渐产生影响，尤其是对青少年的影响引起社会广泛关注，意见不一。一方认为电视拓展了未成年人的视野，增长知识，激发他们的学习兴趣；另一方则觉得看电视占据了未成年人的睡眠时间，损害视力，让孩子们变得消沉，对学习不感兴趣，更重要的是受到电视节目内容的影响，一些人的社会行为变得具有攻击性。

1954年，伦敦政治经济学院的希尔德·西梅尔维特教授获得“纳菲尔德基金会”的资助，开展一项名为“电视和未成年人”的研究项目，考察电视在不同时间、不同收视情境下，对未成年人生活各个方面所产生的影响，并希望找到背后的一些基本原则，其中还涉及稍晚些出现的商业性质独立电视“新现象”。这个关于未成年人的课题是电视历史上最早，也是规模最大的电视效果研究项目，希尔德教授因此成为了英国电视研究的开创者。

正式报告《电视与未成年人》于1958年出版，它关注三种主要“效果”：第一是“取代式效果”，即未成年人花在看电视上的时间比例，也就是说收看电视占用了其他活动时间，自然也就“取代”了其他行为；第二是“节目内容的影响效果”，关注的是电视内容对未成年人的知识、在学校的行为和人生价值观的影响；第三是“电视对家庭生活的影响”和“电视对未成年人交往和情感的影响”。

调查在英国四座城市的家长、老师和4500名未成年人中进行，在电视和智力、年龄、性别社会阶层及个人特征等方面有一些成果，结论是电视对未成年人的影响中有很多变量需要考虑。不过，其中有一个规律，那就是当时很少有孩子在晚上9点后还看电视，但9点前家长无法控制他们收看节目的内容。

因此，报告建议电视制作人能采取行动承担责任，做好节目内容的平衡，特别是要当心暴力内容，避免晚间9点前集中播出犯罪题材的节目。同时提出解决办法，即把不适合孩子观看的节目移到9点之后，这就是为什么英国确定9点为电视内容播出“分水岭”的最初由来。

第二年，英国广播公司联合“独立电视管理局”，任命梅·奥康纳担任一个委员会的主席，在西梅尔维特项目基础上，再起草一份研究报告，并提出建议。1960年，《孩子们与电视节目》发布，前言中BBC和ITV两家电视机构表示同一时间的电视观众是多样的，儿童只是其中一部分，他们不觉得晚间9点以前自然播出的所有电视节目都是适合孩子收视需求的。

于是，奥康纳报告提出晚间6—9点应被视为家庭观看时间，“独立电视管理局”的“儿童委员会”也指出电视制作公司应该考虑这一时段观众中有大量孩子，要有家庭意识，提供高品质的节目适应不同需求。无论是“独立电视管理局”，还是奥康纳的报告，都认为需要一份正式法案。

1964年，不同类型电视节目播出时间的“分水岭”正式在新颁布的《电视

法案》中得以明确，那就是把可能会对未成年人造成伤害的所有节目移到晚间9点以后至凌晨5点30分以前。这一规定主要针对的是当时出现的商业电视，BBC因为属于公共服务电视，节目不受此时间划分制约，但它有英国女王亲自签署的《皇家宪章》明确其目标、宗旨和职责，从另外的角度规范电视节目品质，起到异曲同工的作用。进入20世纪80年代，BBC也正式承诺他们会遵守“分水岭”的规定。

从理论上讲，只要是过了9点，播出节目内容就放宽限制了，但在节目编排时，还是需要设置缓冲时段，这由各个频道自己酌情安排和考虑。另外，规定也有一些灵活性，如果节目是出于教育目的则不受“分水岭”限制，比如观众可能看到未经剪辑的婴儿出生镜头，或者内容涉及性健康话题，给出一些明确的建议和指导等，都不算违规。

Ofcom前身之一的“独立电视委员会”曾经负责商业电视的执照颁发和监管，出台过一部节目法案，在“分水岭”基础上，规定所有在晚间9—10点的节目也必须适合家庭观看。这个“缓冲”，让商业电视受到更大限制，1997年8月，ITV就曾经提出过希望能延后一个小时，因为他们有一个知名的半小时新闻时事节目《十点新闻》[①]，意味着最早开始播适合成年人观看的节目要在晚上10点30分以后，这显然有些晚，会流失不少观众。而当时有线电视和卫星电视频道的界限则是在晚间8点，ITV觉得不公平。

① 参见周康梁：《做最牛的主持人：英国电视名主持和他们的节目》，广州：南方日报出版社，2009年，第29页。

另外，一些很细致的条文也起到了限制作用，比如当时的计划中出于公众健康的考虑，规定“除非有强有力的理由，否则电视里不能出现吸烟的场面”[①]，致使ITV不能在9点前播放诸如电影《卡萨布兰卡》这样的内容，因为剧中汉弗莱·博加特抽烟，这让他们很懊恼，ITV的发言人就曾经批评“独立电视委员会走得太远了！”由此可见，任何限制性政策和条文出台，一定会损害到某些机构的利益，有人反对是很正常的，关键要看是否符合受众的利益和具有合理性。

进入新千年后，时代发展、新文化和新媒体崛起和商业化的影响对电视节目不可避免地产生影响，电视频道对内容的把控似乎有所放松，白天时段以展示情感纠纷为主的“吵架”节目、晚间娱乐秀中的情色内容等屡见不鲜，让晚间9点这道无形“堤坝”逐渐形同虚设。

2011年6月，由未成年人保护组织“母亲联盟”发布的《贝利报告》中就提及类似现象，报告称经过调研后发现，广播电视似乎是在与家长们“作对”，不少家长表示很失望，因为现在媒体对曾经备受信赖的电视“分水岭”的控制好像明显比以前松得多，有人甚至怀疑这条控制播出内容的“线”是否还存在。但很多广播电视行业的从业者认为“分水岭”只对小学生有作用，孩子一旦大了便能自己选择节目，进而有比较成熟的心态对待后“分水岭”时段的“重口味”内容。

《贝利报告》显然不同意类似观点，“如果综艺秀里突出一名以很露骨的性感表演著称的流行音乐艺人，家长们是不能接受的，虽然拥有执照，但这家媒体面临被投诉的可能性还是很大”。广播电视应该把播出可接受内容放在第一位，这也是他们的责任，而不要等观众投诉了以后才做出反应。

对电视“分水岭”起到补充作用的还有节目内容分级制度，新的等级于2012年1月实行，这让“不适于未成年人”的节目划分进一步清晰。根据不同节目的情况，要求分级标志间隙出现在屏幕的左上角，或者右上角。

具体划分和符号是这样的：

- Y：粉红圈 7岁以下儿童
- 8：紫色圈 8—9岁儿童
- U：绿色圈 适合所有年龄
- P：蓝色圈 家长指导级

---

① 中国广电总局在2010年出台类似规定。

- 14：黄色圈 14—15岁少年
- R：橙黄色 16—17岁限制级
- A：红色圈 18岁以上成年人

同时，监管部门Ofcom也有明文规定所有广电媒体为了保护18岁以下未成年人，要注意对节目中出现的“少儿不宜”画面、歌词等进行遮挡和剪辑，特别是对晚间9点前涉及性的“重口味”内容更要格外小心。总体而言，英国电视人在保护未成年观众方面的意识很强。2008年，著名音乐人安德鲁·韦伯复排以查尔斯·狄更斯的名著《奥利弗·特维斯特》为基础创作的音乐剧《奥利弗》，他与BBC合作推出主题真人选秀节目，挑选剧中女主角南希的扮演者，同时还要找3名年龄在9—12岁之间的小演员饰演奥利弗。

节目中，孩子们演唱的全是剧中曲目，或者是一些耳熟能详的青少年歌曲，充满童趣和天真。和成年选手的淘汰赛不一样，所有“奥利弗”都自始至终参加了全部节目。BBC表示节目中关于男孩们的“最大兴趣点”不是把他们放到投票环节中，他们不开放公众投票是基于未成年人保护原则，主持人诺顿说把孩子置于公众投票的压力下“会让人感到不舒服”。而之所以要选择3名小演员扮演“奥利弗·特维斯特”也是因为英国的《儿童劳动法》对孩子参与工作的时间有严格限制。

“我们希望所有的男孩能够从这次活动中积累更多经验，通过一系列训练学到更多的音乐剧知识。”保护小选手，让他们增长见识和利用儿童当卖点唱情歌吸引眼球，看起来是不同的境界。

中国广电总局《关于进一步加强电视上星综合频道节目管理的意见》出台后，围绕电视该怎样娱乐、节目内容的高雅与低俗等问题引起了社会的广泛关注。与“分水岭”制度初衷不一样的是，中国的“限娱令”是在娱乐节目的数量和时长上做文章，而不是从受众人群分类上考虑，这也导致了娱乐节目数量没有明显变化，反而拓展到以前的非黄金时段，延长了电视“娱乐”时间。

衡量电视节目能不能播，什么时候播，总需要有参照物作为标准，节目观点立场、制作水准、形态主题、受众分类等都可以，但如果要从中选择一个适用性最广，也最容易被全社会接受的标准，那么以保护未成年为初衷的“分水岭”可能是最为合适，适用性最广，也最少引起争议的，这也是目前世界很多国家在划分电视节目播出时经常采用的一种方式。各个阶层、不同观点，包括那些被“限制”的媒体对此应该不会提出太大质疑和异议，哪怕有人心里不满，但他们也不会愿意背上见利忘义，损害一个国家未来的“黑锅”。而且，有了明确划分之后，只要电视机构播出的节目符合规定就不应该再追加其他限制，或者延长限制时间，让不少节目失去生存空间。

2011年11月16日9点40分左右，甘肃省庆阳正宁县榆林子镇一辆翻斗运煤货车与当地幼儿园接送车迎面相撞，造成20人死亡。如果说这是一起意外事故的话，那么中国还有多少孩子上不起学，有多少学生吃不起饭，有多少家长担心交通问题，教育资源怎么才能公平，高考指挥棒下的应试教育又该何去何从……在这些问题没有解决之前，去谈论什么样的电视节目不适合孩子观看似乎有些矫情和过于较真，因为会有人说：中国孩子哪有时间看电视，晚上都在忙着写作业，有的地方连电灯和电视都还没有，这不是瞎操心嘛！

在青少年成长的问题上，我们面对的问题似乎很多，涉及很多部门，需要一件件落实，无论是校车、应试、午餐、学费，还是电视节目，电视媒体不能因为别的领域没做好而放弃自己的责任。

毕竟，还有什么事情比国家的未来更重要的吗？

美国　1949年　Raytheon Belmont M1101　12英寸

“我们既不能把孩子包在棉絮里，
也不能简单地承认现实，
接受现状，
我们必须在放任自流的商业化和性别化面前踩下刹车。”

Letting Children be Children
让孩子回归孩子

在英国广播电视历史上，当出现问题时，政府会根据具体情况，成立专项委员会，研究和提出改进措施，并预测未来的发展趋势，有时候也出台一些有针对性的政策。可以说无论结果如何，每次这样的研究都对英国电视产生过不同程度的影响。

1974年4月成立的“安南广播电视未来委员会”，重点考察BBC的角色、新技术运用和节目标准等。1977年2月，报告公布，建议继续维持执照费作为公共服务广播电视的资金来源，增设第四个独立电视频道，强调广播电视多样性，成立广播电视投诉委员会，对地方广播实行私有化，广电应该独立于政治干预之外，增加独立制作的节目数量，等等。

20世纪80年代进入信息时代，当时的撒切尔政府组建了一个“信息工程顾问团”，研究内容包括新技术宽带电缆和有线电视的发展前景。1985年成立的“皮科克委员会”推翻了政府打算取缔执照费作为BBC资金来源，用广告费代替的设想，但不再认同广播电视最好以公共服务为基础进行组织的看法。1999年成立的“执照费评审委员会”，研究除了接受执照费以外，扩大公共服务资金的筹措方式，考察保持BBC在公共服务

《贝利报告》封面

和商业之间的均衡等。

如果说涉及重大问题时，政府运用的是自上而下的方式进行政策性研究，那么媒体在运作中碰到的一些与具体项目相关的内容则往往采用自下而上的方式，反复论证的过程常常是基于来自民间的声音，而文化冲突和道德水准下降是推动变革的主要因素之一。

比如20世纪60年代由玛丽·怀特豪斯夫人发起的“净化电视”运动，历经30多年，最终促使政府设立机构，颁布法令；2005年1月，BBC2频道播出一个涉及宗教题材的节目，因为内容被认为充满脏话和亵渎基督教而遭到55000多个投诉和来自基督教组织的抗议；2007年，英国圣公会总议会发表声明称当时很流行的真人秀节目《名人老大哥》和BBC微型时事讽刺喜剧《小小英国人》“正在腐蚀道德标准”，批评广电媒体“为了公共娱乐而不顾羞耻”，呼吁对因为性或者暴力影像造成的行为影响展开研究。

2010年12月6日，受“儿童和家庭大臣”萨拉·蒂瑟委托，“母亲联盟”执行官雷吉·贝利领导了一个针对媒体影响下产生的儿童性别化和商业化现象为主题的研究项目，并于2011年6月6日发布《让孩子回归孩子：童年商业化和性别化独立评论报告》。

在历时半年的调研中，1000名家长在线提供证据，1025名5—16岁孩子的家长和520名7—16岁的青少年接受面对面采访，70名家长参加定性研究，120个组织和商业机构提交书面证据，超过40个组织和专家与贝利举行单独会谈。项目组成员听取家长们对孩子正面临问题的担心，对包围孩子、日益增加的性文化很不开心，但又无能为力。作为证据，他们提供自己发现的表现性内容的视频、充斥性画面的户外广告和电视里随处可见的性内容。

报告中，贝利呼吁家长们重视相关媒体产业存在的问题，敦促商业机构和媒体把公共内容与过度商业化的内容区分开来，终止日益增长和放任自流地包围孩子们的“性墙纸”。《贝利报告》[①]希望反映家长的担心，并给予他们支持，让商家和广播电视媒体知道问题的严重性，帮助孩子们了解他们面对的潜在危险，最终让家庭重新掌握孩子成长的主动权，也让孩子回归孩子。

报告重点包括以下内容：

●为家长们设立网站，让他们对节目、广告、商业产品或者服务的投诉容易些。

●设立音乐电视视频的年龄限制，防止孩子购买有表现性内容的视频产品，对广电媒体播出超越界限的内容进行规范和指导。

●遮盖报刊货架上报纸和杂志封面的性感图像，避免孩子直接看到。

●让家长们能容易地拦截互联网上的成人和有年龄限制的内容，在购买时，给每一位消费者提供选择，在他们的家用互联网、手提电脑或者手机上，决定是否需要成人内容。

●零售商提供适合孩子年龄的服装，零售业应签署“英国零售行业协会”新的指导原则，检查和监察孩子服装的设计、采购、陈列和营销，还有加工和服务环节。

●在大量孩子经过的场合，限制包含性内容影像的户外广告，比如学校、幼儿园和游乐场附近。

●电视“前分水岭时段”的规定里，涉及哪些内容适合孩子观看的部分，在整体受众群中，重视家长们的意见。

●禁止雇佣16岁以下孩子作为品牌代言人和进入P2P互动营销市场，提高家长防范针对孩子的广告和市场技巧的意识。

报告指出现在社会已经充斥越来越多关于性的影像和内容，比如商场里印

---

① 因为负责人是贝利，按照惯例，报告也被称为《贝利报告》。

超市里的杂志封面很多都是被性感女郎占据

有“粗口”的T恤衫，这就像在他们的生活中贴了一面情色墙纸，家长们觉得孩子无处可逃，他们的世界也失去纯净的空间。近几年，不断有中国的演艺明星和电视台女主持人穿印着不雅英文服装出镜，而自己还浑然不知的事情发生。虽说他们是成年人，但可见此类问题确实存在于我们的生活中。

贝利希望赋予家长更多权力，让他们在监控孩子成长环境方面能够更容易些，给他们鼓励和信心。制定政策者、商家和广电媒体应该与家长更多沟通，只是在观众投诉后才采取行动是不够的，大家共同努力让英国成为一个家庭和睦的地方。

报告中很多具有操作性的建议是针对商家和政策制定者的，作为回应，“英国零售商协会”和《贝利报告》同一天发布了新的指导方针，协会负责人简·贝维斯表示：“在这个日益复杂的世界里，考虑孩子和家庭的需要很重要，我们很高兴与贝利和他的团队一同努力，他们已经发现了很多真实存在、具有挑战性的问题，并且揭穿了不少假象，家长在带孩子购物消费时会更放心。”贝利把这视为产业积极主动回应公众感受的一个很好行动，他希望所有零售商都签署这份文件，共同遵守其中的规定。

英国广告监管机构“广告标准局”的首席执行官盖伊·帕克说：“保护未成年人，让他们远离伤害或者不适宜的广告是我们的首要任务之一。为了做好这项工作，我们需要得到家长和孩子们的反馈意见，《贝利报告》对广告的建议会增强家长们的信心，让他们知道自己的声音是能被听到的。”

作为广播电视政策的主要制定机构，Ofcom当然也同样支持这一举动。曾经

贝利在首相官邸和卡梅伦、“儿童和家庭大臣”萨拉·蒂瑟在一起

担任“BBC信托会”的副主任，现在负责Ofcom规划和管理工作的克里斯·伍拉得表示：“保护未成年人是Ofcom最重要的职责之一，欢迎贝利在这个具有重大意义的领域发表意见，我们会继续关注家长们的意见，强化与此相关的广播电视标准。”

报告还建议政府监督具体内容的执行，“儿童和家庭大臣”萨拉说：“政府不会干预家庭生活，但家长们希望得到更多支持，以应对迅速变化的技术和商业世界，贝利的报告支了招，也让他们看到政府的支持。撰写报告过程中，贝利得到广电媒体、零售商和广告业的帮助，我期待着大家共同努力落实报告中的提议。”“文化、通讯和创意产业”大臣埃德·维兹表示他们知道很多家长担心孩子通过电视和网络上的广告、音乐电视形式暴露在过于成人化的节目下，对贝利在政策制定者和产业之间搭建起沟通的桥梁表示欢迎。

报告也得到首相卡梅伦的支持，他在给贝利的信中评价这是“朝着保护未成年人和让英国家庭更加和睦迈出巨大一步，我非常赞成你的核心内容，如你所说，我们既不能把孩子包在棉絮里，也不能轻易地承认现实，接受现状，我们必须在放任自流的商业化和性别化面前踩下刹车”。

2011年10月，在唐宁街官邸，卡梅伦和政府官员召集会议，邀请零售商、广告公司、广播电视负责人、杂志编辑、视频游戏开发商、音乐制作人、互联网、通讯公司和政策制定者参加，商讨具体执行措施，要求加强行业自律。“英国零售商协会”组建专家顾问小组，并且宣布不少知名商业和零售企业，比如George、Next、玛莎百货、塞恩斯伯里和特斯科超市等都已经签署了新的

流行歌星蕾哈娜、麦当在MTV中的镜头，被认为“少儿不宜”

指导方针，承诺使用的面料、裁剪款式和设计会考虑未成年人特点，宣传语和影像必须适合未成年人的年龄，同时不能有不良的关联、联系、暗示、诋毁和政治倾向等内容。另外，减少学校附近含有涉及性内容图像的广告，遮挡超市里花花绿绿的“成人杂志”封面等。

虽然，英国有一套比较完整的受众投诉体系，但针对保护未成年人这一特殊领域，卡梅伦还是强调需要开设一个界面简洁，使用方便的网站，当家长们觉得广播电视里播出的节目、广告和提供的服务不适合他们的孩子时，可以在此投诉和反映。

自贝利的报告发布后，卡梅伦给各行业的“整改”时间是一年半，如果效果不明显，也不排除此后出台法案的可能性。对于“重灾区”——音乐电视，Ofcom在2011年就曾经警告过流行歌手蕾哈娜MTV中“性奴役、性支配和性虐待”的内容，并且不允许其在“分水岭”前播出，监管机构认为这些场景“如果被孩子模仿会存在潜在的危险后果”。《贝利报告》发布半年多后，卡梅伦再次提及整治问题，因为他对音乐行业在面对《贝利报告》时的反应感到“很失望”，觉得靠自律估计是不行了。英国1984版和2010版的《音像制品法案》均未规定音乐电视需要分级，对未成年人从网上下载音乐电视内容也无法律限制，而且音乐电视和其他一些频道中涉及性内容的节目在网上播放也没有晚间9点“分水岭”限制。

贝利同时表示家长确实很担心音乐电视对他们孩子的行为造成影响，但又往往是干着急没办法，很多节目实在是太露骨，进而再次呼吁音乐家们参与到他的“让孩子回归孩子”活动中。贝利强调：“这与干涉艺术自由没关系，简单说就是如果视频不按照年龄分级，家长和孩子一起看电视时，突然出现他们不期望看见的东西，那会有多震惊啊。”不过，尽管政府、民间组织和电视监管机构都从各自角度提出了建议，但行业里不少大人物还是对音乐电视分级持抵触态度。

2012年4月，卡梅伦宣布为了保护未成年人，政府开始考虑按照电影分级制度给那些看起来“猥亵、淫秽”的音乐电视进行认证。按照草案，网站如果有这类视频，将被要求设置年龄验证系统，此前该体系已经在阻止青少年网络赌博中发挥了作用，而如果分级系统开始实施，蕾哈娜、碧昂斯、麦当娜等流行音乐明星会受到影响。为此，卡梅伦于5月再次召集影视产业的管理者到唐宁街开会讨论，他希望大佬们能自觉采取行动，而如果再达不到目的，政府将出台法律法规。

从专门立项研究和报告发布后引起的社会关注，还有各行业的应对，再到针对重点行业的“定点关照”，可以看出英国在保护未成年人方面的重视程度，整个过程历时两年多。如果今后需要立法，那还会有更多研究报告、数据分析和质询作为支持，既然是意义重大的问题，自然应该认真谨慎对待。

而我们在面对类似问题时，监管部门往往流于空泛和概念化，更谈不上多部门同步协调，曾经掀起的反媒体“低俗化”，既缺乏细化标准，也没有界定具体的收视人群，简单一刀切，不利于媒体内容的多元化表达和受众的差异化需求。要知道，不同受众对同样内容的反应程度可能截然不同，不能一概而论，这样的政策和规定出台后引起争议和诟病也就不足为奇了。媒体作为社会的一扇窗口，折射出方方面面，当整个社会出现问题时，光整治媒体，效果是有限的，所以我们看到英国人在保护未成年人时，是“综合治理”，涉及多个部门和行业，在最大限度和范围里减小危害。

首相卡梅伦的话似乎很能体现这种宗旨：“这样做不是出于国家操控，而是一个社会本来就应有的责任。”

美国　1950　Philco　50—701　7英寸

监管部门出台一项对广播电视行业会产生重大影响的法律法规，
不是仅凭某个节目造成的不良影响，
也不以观众的投诉多少为依据，
更不用模糊的道德判断，
而是经过社会、官方和专业机构等多层面的意见收集、调查、整理和分析，
整个过程体现出应有的程序和理性。

Ofcom New Guidance

Ofcom“限俗令”

2011年9月17日，湖南卫视的《快乐女声》在争议、喧闹中结束，同时因为运作中出现超时等违规现象，下一年度将停办这一选秀赛事的消息也得到证实。不久后，就在中国电视人为一个未经正式确定的“限娱令”观望、揣测、焦虑和不安时，9月30日，英国负责广播电视和电讯产业监管的机构Ofcom也对一档娱乐选秀节目的内容展开调查。

被Ofcom调查的节目是与《快乐女声》同类型的知名才艺秀《X元素》，起因是2010年12月11日半决赛阶段，助演嘉宾蕾哈娜和克里斯蒂娜·阿奎莱拉因为表演、服装、演唱等过度性感，引起观众不满，大量投诉涌向Ofcom。

监管部门出台一项对广播电视行业会产生重大影响的法律法规不是仅凭某个节目造成的不良影响，也不以观众的投诉多少为依据，更不用模糊的道德判断，而是经过社会、官方和专业机构等多层面的意见收集、调查、整理和分析，整个过程体现出应有的程序和理性，这也是民主在具体行业的体现。

其实，《X元素》只是社会关注度比较高的典型案例，在《贝利报告》2011年6月公布后，Ofcom发言人表示保护孩子是其最重要职责之一，因此他们欢迎贝利对这一具有重要意义领域的关注。“正如报告中提到的那样，我们会继续关注家长们的意见，强化保护未成年人的广播电视标准工作，并严格执行。”

随后3个月，Ofcom召集广播电视媒体的人员举行了一系列会议，对一些前“分水岭”时段播出的，被认为不适合孩子观看的内容进行案例分析，于9月30日公布名为《保护18岁以下未成年人：电视和音乐视频分水岭观察》的指导原则，并同时发布研究报告作为支持材料，与2011年2月28日颁布的新《广播电视法案》第一节“保护18岁以下未成年人”配套使用，主要对电视节目中出现的不利于保护未成年人的现象进行详细规范和说明，提醒广电负责人们在晚间9点左右的电视和音乐节目安排要格外小心。

“我们会加强与保护未成年人相关的广播电视标准，继续关注家长们的意见。”Ofcom的发言人说。至此，一个关于保护未成年人的行动完成了从《贝利报告》的民间调研、监管部门支持到出台具体规范的过程。

指导原则中列举了2011年关注度比较高，投诉数量较多的节目内容和典型案例，涉及“全家人收看的节目”、“预告片”、“肥皂剧”和“后分水岭时段节目内容经过编辑后提供给前分水岭时段的观众”等，其中就包括《X元素》2010年12月11日的那场半决赛表演，清晰地解释了它们违反什么具体原则，给广播电视从业者在具体操作中提供参考。

前“分水岭”时段被定义为“家庭秀”时间，未成年观众是电视媒体的主要目标受众之一，所以无论是直播，还是提前录制都要考虑这个因素，确保整个时段里的节目适合全家人收看。节目预告片作为广告的一种特殊形式，本身要追求出其不意和声画刺激，但“分水岭”之后播出节目的预告片如果在21点前播出，就须确保要适合这个分隔点之前的收视群体观看。

在这次受众分析中，肥皂剧被关注的程度很高，因为其不仅在晚间时段播出，白天也有重播，所以孩子们很容易看到。有14%的受访家长对其中涉及的暴力、性内容和粗话等感到担心，所以指导原则提醒电视媒体考虑是否安排含有这些内容的节目在“分水岭”前，或者刚刚过了晚间9点后马上播出。当然，如果有的节目一定要放在晚间9点前播出，则必须经过删减和重新编辑。另外，还对音乐电视中与性有关的影像、服装、歌词、舞蹈、暴力镜头和危险行为等做出详细规定。

作为对指导原则的补充，Ofcom每月定期发布通报，详细列出涉嫌违规节目的频道和频率、节目名称和介绍、违规内容文字记录、时间（精确到年月日时

报纸刊登的演出截图放大了表演中的细节，增加了观众对节目的反感

分，包括重播详细时间）、观众投诉情况总结、播出媒体的反馈和解释、《广播法案》对应具体条文和调查结果，结论分为违规和不违规两种。

蕾哈娜和克里斯蒂娜的表演出现在《X元素》第七季半决赛现场，晋级投票结果揭晓前两位流行明星助演。蕾哈娜于20点32分演唱她的最新歌曲《我的名字是什么》，其间她脱掉外面的长袍，露出无带抹胸和高腰短裤。20点47分，克里斯蒂娜演唱她出演电影的插曲，与8名装扮暴露的女郎大秀性感舞蹈。

《X元素》是一档很受欢迎的流行选秀节目，Ofcom的收视统计显示，第七季首播时未成年观众约有105万，占总观众总数的7%。第二天上午9点30分的重播，也有5万青少年观众收看，占总收视人数的5.7%。但是节目播出后，陆续收到2868个投诉，认为对于晚间9点“分水岭”前的节目而言，舞蹈、服装和歌曲基调无疑都过于直白地展现了关于性的内容，一些人认为《X元素》是个“家庭秀”，但两名歌手的表演并不适合孩子观看。值得注意的是，其中约2000个投诉是第二天报纸上对此事发表评论和刊登图片后收到的，这些图片因为拍摄角度和瞬间定格与电视播出画面有很大不同，放大了视觉冲击力，让读者觉得电视节目的感觉也是一样的，导致投诉。

针对观众的意见，Ofcom认为判断其是否违规的相关条文是《广播电视法案》第一章第3款和第二章第3款，分别是“必须通过适当的节目播出计划来保护儿童，让他们远离不适合观看的内容”和“在适用通常可接受的标准时，广播电视制作者必须确保可能造成伤害的内容在节目情景中是合适的……”。

制作单位有向观众解释的义务，同时也享有辩驳的权利。他们认为《X元素》适合年龄大一些的孩子观看，岁数小的应该在家长同意的情况下收看，被投诉的内容没有比之前播出的《X元素》口味更重。他们尊重歌手基于流行文化的表演风格，不觉得其中有出格的歌词、暴露或者不恰当的细节。至于观众对克里斯蒂娜表演中带有舞娘性质的舞蹈，制作者认为在商业电视中很正常，一些收视率同样很高的节目，比如《保罗·欧格雷迪秀》[①]和《英国达人秀》中都出现过，所以持保留意见。

Ofcom也针对被投诉内容做了详细分析，他们定义电视播出画面中蕾哈娜的表演属于含蓄的性感，她和伴舞的服装都完全遮盖了臀部。虽然有一些扭动胯部的动作，但因为转播时使用的是距离比较远的全景和中景，展示所有舞者同台画面，导播的切换频率也很高，不至于突出某些被认为有嫌疑的细节，特写镜头也是从正面拍摄她的头和肩膀。因此，Ofcom裁决蕾哈娜的表演没有超出前“分水岭”时段对内容的要求，符合《广播电视法案》第一章第3款规定。

而在克里斯蒂娜的演唱中，穿吊带低胸短裙、网眼袜、紧身裤，这些都是典型舞娘秀装扮，Ofcom注意到舞蹈编排确实也是基于舞娘表演的舞蹈和服装，这是一种综合了调情、喜剧、舞蹈和脱衣舞等形式的综艺秀。前半段演出中，克里斯蒂娜和伴舞女郎坐在椅子上，面朝观众分开大腿、踢腿、俯身晃动臀部，动作间充满了性暗示，这在前“分水岭”时段的确不常见，比蕾哈娜的表演尺度更大，确实存在潜在问题。但从整体表演看，Ofcom认为镜头切换很快，运用了大量全景和远景，没有产生累积效应。

Ofcom的结论是这两个遭到投诉的表演都没有违反规定，不过，监管机构还是要求制作公司充分考虑观众中未成年人的比例。虽然不是每个观众都同意Ofcom的裁决，但我们至少可以从这个案例的处理过程中清晰地看到引起争议的具体电视节目内容，双方的观点，阐述分析判断过程和适用条文，以及最终意见。

在制定新指导原则的几个月里，Ofcom要求制作公司参与会议，讨论并且承诺在前“分水岭”时段提供适合未成年人观看的内容，这也就是为什么当提及新指导原则时，总会用《X元素》案例作为典型的原因。

其他节目制作机构可以从详细的分析中总结别人“触线”的原因，当面对类似情况时该如何处理，比如什么时候出特写，什么时候切全景，以削弱“不

① 独立电视台和第4频道于2004年至2009年间播出的一档晚间娱乐谈话节目，现在演变成Paul O'Grady Live。

蕾哈娜、克里斯蒂娜和伴舞演员典型的舞娘秀装扮和表演

合适”内容对视觉的刺激。也就是说平时我们看到的令人眼花缭乱的娱乐秀，镜头运用和切换是经过精心考虑和设计，不仅要突出主题，体现美感，还要规避风险，英国电视人和监管机构在这些方面的认真和仔细是我们远远不及的。

作为支持指导原则的研究报告——《家长和青少年对前“分水岭”时段电视节目的意见和关注点调查》则以过去一年为区间，分别给出了对家长和12—17岁青少年调查的结果，展现不同群体对用“分水岭”划分节目内容的态度。

从1054名家长的调查中发现，他们对自己孩子收看电视内容的关注度为31%，比2009年调查时的36%有所下降。在关于“分水岭”时间选择和节目内容规定一项中，77%的家长觉得晚间9点的界限合适，73%的认为对节目的控制是正确的。

调查还发现，58%的家长并不在乎孩子21点前看什么，24%表示“相当在乎”，只有9%的父母说他们“非常重视”。肥皂剧和电影以14%名列内容关注度并列首位，随后是真实电视（12%）和音乐电视（11%）。21%提到裸露和性的内容，五分之一担心暴力，而六分之一的家长不喜欢粗俗语言。

对768名青少年的调查显示，23%的孩子觉得在晚上9点以前的电视节目中看到过令自己觉得不舒服的内容，7%是露骨的性内容，粗俗语言和暴力各占4%，涉及节目类型依次是电影（7%）、肥皂剧（6%）、真实电视（5%）和音乐电视（4%），看来现在“见多识广”的孩子们对节目的“耐受力”比家长还强，这是他们自身随着时代发展成熟的表现，还是在媒体“越界”内容潜移默化影响下的结果。

让电视在晚间9点以前适合全家人收看是英国电视内容监管的重点

在英国广播电视的管理中，仅就一个关于保护未成年人的问题，无论是民间报告、官方支持，还是监管机构的调查，都有翔实和公开的数据、图表、分析、案例和解释，这有利于媒体从业者理解和执行规定，虽然不是每个人都对此感兴趣，但监管政策出台要经得起质疑和时间考验。其实，类似政策出台，公开透明的文件和程序就是不可或缺的，也容易得到全社会认同。

我的一位英国同事因为研究世界电视媒体运营情况，需要收集一些基础数据作分析和比较，比如中国国家电视台的发展策略、某种节目类型的经费预算、国际频道在世界各地的受众情况等。因为BBC等英国电视媒体的年度报告、财务状况等相关数据都是公开的，很容易通过各种途径查找，所以她觉得涉及中国广播电视的基本信息应该也不难找到，但最终发现，无论是中文还是英文，都没有，给研究留下遗憾。

当我们的监管还在就事论事，让从业者凭感觉，通过概念化的描述揣测意图，造成执行上的无所适从时，英国人对广播电视的监控已经形成制度化。有法可依，提供调研数据支持，配合具体案例让执行者明白尺度的界限，及时解决，尽量避免类似违规反复出现。

如果按照中国流行的说法，Ofcom的指导原则可以形象化地称为“限俗令”，其监管范围之广、内容之翔实、分类之详细、频率之高都是中国广播电视监管所不及的。从这个角度看，英国人的“限俗令”比我们俗称的“限广令”、“限娱令”对广播电视的管理更严格、效率更高，观众看到的电视节目却没有因为监管而失去光彩，变得死气沉沉。

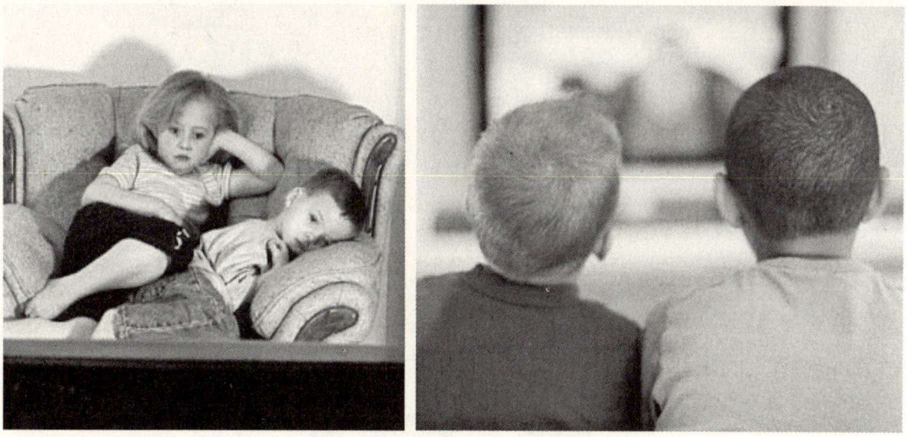

未成年人是电视很主要的收视人群

对电视节目内容的放任自流不意味着屏幕上就能“百花齐放”，严格监管也未必带来行业萧条，关键在于怎么科学合理地监管和指导。从媒体和观众多个角度考虑问题，最终目的是有利于媒体行业发展，观众能享受到适合他们的精神产品。

美国　1950年　Emerson 648　10英寸

无论是电视剧中不能插播广告，
还是单位时间里对广告时长的限制，
早在半个多世纪前，
英国人在制定关于广告的政策时就已经考虑到，
并做了颇具前瞻性的规定，
塑造了“英国特色”的商业电视模式，
包括行业自律在内的很多原则至今还发挥着作用。

Self-Regulation within a Co-Regulatory Framework
联合监管下的广告自律

就在国家广电总局下发《关于进一步加强电视上星综合频道节目管理的意见》后没多久，2011年10月11日和11月28日，又先后下发《关于进一步加强广播电视广告播出管理的通知》和相关补充规定，对电视剧中插广告做出规范。这个被媒体俗称为“限广令”的规定出台后，一边是电视观众的叫好，因为他们不用在“广告中间看电视剧”了，另一边则是电视台的叫苦不迭，广告是电视媒体目前无法替代的重要经济来源。其实，媒体、广告、受众之间的关系并不是中国独有的现象，如何在广告和观众间找到平衡，也是伴随电视媒体发展的老话题。

众所周知，英国提供公共服务的电视平台上，除了BBC以外的商业电视频道都有商业广告，英国电视对中国国有广播电视的借鉴意义在于，它是公共服务电视和商业电视并存的体系，与中国电视既强调宣传、喉舌和服务功能，又要以意识形态为导向，还要参与市场竞争的特点在某种程度上有相似之处。独立电视台、第4频道和第5频道在以商业电视为经营目标的同时，还要承担与BBC一样的公共服务职能，在55年的发展和实践中，英国对电视商业广告的监管已经积累了很多经验，

威廉·贝弗里奇爵士（1879—1963）

制定有详细规范。

说到英国电视广告，就不能不提对英国电视业的发展产生深远影响的《贝弗里奇报告》。20世纪50年代以前的英国广播公司被认为官僚作风严重、唯我独尊、自鸣得意、效率低下，并且是不可替代的。1949年，工党政府成立了一个委员会，由享有“福利国家之父”称号的威廉·贝弗里奇爵士担任主席，对当时的广播电视状况进行调查和分析，并且对未来发展给出建议。

1951年1月《贝弗里奇报告》公布，对BBC的组织结构提出严厉批评，称它过于保守，缺少对公众的报道，但是报告认为如果将英国广播电视商业化，情况只会更糟，于是反对在电视中引进广告。虽然同为委员会的成员，然而，保守党的下院议员赛尔温·劳埃德不同意这个报告的主要观点，他另外提交了自己的少数派报告，希望结束BBC的垄断，并且将广告作为资助英国广播电视业发展的途径之一。同一年，保守党击败工党，重新执政，但并没有采纳《贝弗里奇报告》的建议，反而是劳埃德的报告成为了商业电视推动者们的主要依据。

这一时期，电视在英国受众中的影响力逐渐增加，引进商业电视模式呼声渐高。特别是1953年6月2日，BBC对英国女王伊丽莎白二世加冕仪式的转播极大地激发了英国人对电视的兴趣，加上美国电视“赞助制度”的成功，促使制造商不断向政府施加压力，试图打破BBC对电视这个“新媒体”的垄断。

反对意见主要集中在商业电视会带来广告，进而破坏英国广播电视的传统。“如果英国的广播电视和广告联合，国家的声望将受损，也会失去外国人对我们的尊重”，“如果允许啤酒、药片等做宣传，我们就准备好做小商小贩

们的天堂吧”，各种声音此起彼伏。

不过，《贝弗里奇报告》还是对后来英国商业广播电视体制的形成产生了很大影响。第一，如果做广告，主张应该是定点播出，而不是直接赞助节目，这样可以减少广告商对节目内容的影响；第二，提倡推行广播电视服务的区域化和去中心化，把BBC的垄断权向地方分散。

经过激烈辩论，1953年11月，一份打破英国广播公司垄断的草案还是提交到议会。一年后的7月30日，英国国会下院以291票对265票的优势通过提案，英国第一个《电视法案》出台，它结束了BBC的垄断，电视广告也伴随着商业电视的兴起而出现。值得注意的是，法案采纳了《贝弗里奇报告》的两点建议：禁止节目与广告商，或者他们的产品直接挂钩；广告不能涉及宗教和政治。对广告时间也做了描述性限制：广告时间总量不能损害节目应有的娱乐、教育和信息价值。

为了监管第一个商业电视机构独立电视台，1954年8月4日，英国成立“独立电视管理局”[①]，《电视法案》授权其监管广告。1955年1月，管理局又成立“广告咨询委员会”，具体执行法案中的规定，确保有误导的广告不能播出。它最重要的任务是在商业电视开播前拟定一系列广告管理细则，这么短的时间确实困难很大。1955年6月2日，英国首部《电视广告准则》公布，作为日后相关法规的“总则”，文件开头这样写道：“所有广告必须合法、端正、诚信、

① 这个部门是仿照英国广播公司董事会的架构建立，后来演变成“独立广播电视管理局”、“独立电视委员会”，现并入Ofcom。

真实。”此标准至今仍然沿用。

准则规定了禁止做电视广告的范围，比如借贷、预言、婚介、戒烟戒酒产品和疗法等，当然，推介烟酒产品的广告也是不可以的。令人不解的是，对于体育博彩等带有赌博性质的内容却没有做出明确规定。两个附录分别是关于广告的分类顺序和医疗，对广告中包含误导、诽谤、褒扬、保证、竞争和涉及儿童节目等细节都有提及和规范。

同时，对即将开播的商业频道播放广告的时间做了限制，每小时不能超过6分钟，并且必须是在节目之间播放，不得插播。其实，当时这个数字的确定没有统计和收视研究的理论支持，制定者只是认为10%的比例对广告商和节目制作公司应该足够，但有人批评时间可能过长，没有考虑观众的感受。从这些关于内容和时间的规定中可以看出，在商业电视开播前，英国人预见到将要出现的广告会带来的问题，并已经考虑对广告如何实施监管，在起步时就避免了英国商业电视朝着美国商业电视的模式发展。

1955年9月22日，星期四，晚上7点15分，ITV开播。45分钟庆祝首播的正式宴会直播后，英国人第一次看到了电视商业广告，这是一条34秒的吉布斯牙膏黑白广告，画面中出现一只冻在冰块里的牙膏，四个镜头并配有解说词。画面曝光过度，节奏缓慢，特别是白人中产阶级的腔调，慢条斯理地描述和现在的广告不能同日而语，看起来就像是活动的报纸广告，新兴的英国电视缺乏经验，最初借鉴的是报纸和杂志广告模式。

第二天的《曼彻斯特卫报》上记者伯纳德·莱文评论：“我看到的东西既没让我感到堕落，也不觉得振奋，总而言之，广告无伤大雅，我已经忘了牙膏的名字。”而独立电视台的批评者则认为电视商业广告太美国化，英国观众不希望他们的节目被广告打断，还是BBC的模式好。其实，观众对于广告的态度，直到今天也没有发生太大改变。

商业电视开播后，“6分钟规定”在操作中有了变通的办法，那就是6分钟可以平均到全天播出时间中，每小时最长广告时间可以达到8分钟。制作公司还想出了不少其他办法，比如以《购物者指南》和《广告杂志》等软广告形式出现，主持人在商铺或者厨房的背景前给观众推介各种商品。其中，1957—1963年独立电视台播出的《吉姆的小旅店》很受欢迎，节目以公共场所为场景，由一系列固定人物介绍和讨论各种产品，这被认为是一个带有情景剧性质的娱乐节目，时间不算在6分钟广告时段里，模糊了广告和节目之间的界限。然而，从当时广告受欢迎的程度看，这种“新鲜事物”不仅是商业电视的一个符号，是媒体的资金来源，也被观众视为流行景象。

此后英国对广播电视广告的监管经历了多次变迁，目前对广告的监管可以用“一个总管，三个部门，一站式服务”来形容。与英国广电行业直接对应的政府行政部门是文化、媒体和体育部，但是它并不直接实施行政管理，也不参与广告政策、法规的制定，这些职能是由几个部门分工合作完成。英国广播电视广告监管有一个显著特点，那就是建立在“自律”的基础上，最终目的是保护消费者的利益和为广告商营造公平竞争的环境。

自律的理念在英国媒体有着悠久历史，可以追溯到19世纪80年代。第一部关于广告的法案1925年由“广告俱乐部协会”发布，1926年又成立“广告协会”，它的“广告调查部”开始系统地对媒体广告进行监管，调查广告中被认为违规的情况，并且采取补救措施。

1961年，英国第一部《广告实践委员会法案》颁布。1962年，“广告标准局”成立，这是一个负责执行《广告法案》的独立部门。此后，英国广告的运作都要遵循《广告实践委员会法案》，因为广播电视广告的特殊性和影响力。在此基础上，2004年还衍生出《广播电视广告实践委员会法案》，它也继承了1955年制定的《电视广告法案》和后来Ofcom制定的《电视和广播广告法案》中的主要内容，2010年9月1日，公布了最新版本。

2004年11月，“广告标准局”开始承担起监督英国广播电视广告的责任，此前“非广播电视类”广告的政策制定和监管归“广告标准局”和“广告实践委员会”负责，而广播电视广告的管理则是由Ofcom负责。但其毕竟不是专业广告管理机构，按照2003年的《广播法案》，要求Ofcom加强法规的操作性，所以从2004年11月以后，它与“广告标准局”建立起了对广播电视广告的联合监管制度，对象就是Ofcom颁发执照的广播电视媒体。所有Ofcom颁发执照的广播电视媒体都受这个自律体系的监控，监管者拥有取消、修改或者重新编排、预先审核广告的权力。

这也是英国第一次在广播电视广告监管方面实现了单一管理，“一站式”体系给受众和广告商都带来了好处。广告行业承担整个监管体系的运转费用，由“广告标准局”下属机构征收；观众对广告的投诉和广告商的处理都只需要面对一个机构，比以前简单很多；因为涉及多个媒体，不管是针对广播，还是电视广告的投诉，最终决定都是由一个部门做出，裁决上尽量避免了不同机构尺度不一造成的偏颇。

因为大量广播电视广告在播出前需要预先登记，所以2008年分别成立“广

ASA

CAP broadcast CLEARCAST

播广告审查中心”和“Clearcast”机构对应广播和电视的广告备案和咨询。

2008年，在Ofcom公布的《电视广告和电话购物管理规定》中对电视广告的时长、频率和限制做出规定，商业电视台执行的广告时间标准是平均7分钟/小时，因为这种规定会导致大量广告集中在晚间黄金时段播出，所以，加了限制性规定，即最多可以到12分钟/小时，但在18—23点间只能是8分钟/小时。

自从20世纪60年代后，广播电视的自律体系随着社会和媒体的变化而变化，但无论怎么发展，初衷未改，那就是广告不能误导、伤害，或者冒犯受众，同时也要维护商家和消费者双方的利益。

从专业角度看，广告是一个载体，电视台通过广告把观众“卖给”广告商，按说市场经济环境下的电视观众已经理解和习惯了广告的存在，他们其实并不排斥广告，编排得当、制作精良的广告不仅可以带来实用信息，还能提供不同的娱乐和欣赏价值。作为一名电视观众，如果广告本身的制作水准和创意太差，就算监管部门在广告时间、间隔、频率等方面有严格规定和限制，广告也是不招人喜欢的东西。所以严格监管、行业自律和提升广告观赏性，带来的是商家和观众的共赢，当然还有电视媒体本身。

但是，现在中国一些电视台依靠自办节目收视率高、内容独家的优势，用节目“绑架”观众，“搭配”广告，间隔之短、时间之长、频率之高、随意性之强令人咋舌。如果说，为了吊观众的胃口，在精彩情节处插播广告，还可以理解，那么常常打着“广告以后更精彩”的提示，一轮广告后却继续在片尾字幕上覆盖广告，则已经失去了媒体的基本诚信，幸好现在通过“限广令”已经有所改观。凡事要有个度，过了就讨人厌，更不要说那些假冒伪劣、明星虚假代言、有悖伦理道德的劣质广告充斥电视屏幕引发其他社会问题。

有人说因为“限娱令”，没有娱乐节目看的电视观众被“逼”到网络上去，而“限广令”因为“压缩”了广告时段，可能会将商家也“挤”到网上去。其实，在这些规定没有出台前的很长一段时间，不少电视观众早就因为不堪忍受无节制的电视广告，最终选择在网上看视频，不仅没有插播广告，“非线性”的自由选择余地也更大。

2012年1月，《〈广播电视广告播出管理办法〉的补充规定》正式开始实施，电视剧中的插播广告消失了，但是作为“弥补”，屏幕四周出现的字幕条等广告变形反而影响了观看效果，前后广告时长增加，大有换汤不换药的感觉。新规定刚实施十天，为了应对广告时间只是换地方播出，总量并没有减少的情况，国家广电总局又追加规定，广电总局发言人称取消电视剧中间插播广告的政策得到了有效执行，但有的电视台每集电视剧前后或者两集电视剧之间的广告时间偏长。“每小时商业广告不超过12分钟，其中19—21点的商业广告总量不超过18分钟。”

短短十天，让我们看到了在电视监管方面暴露的问题：第一，政策出台前考虑不够缜密，留有很明显漏洞，在其他监管措施中也存在类似问题；第二，媒体广告体系中没有自律的传统，只要监管部门的规定有空子可钻，无论是在剧中，还是在前后，过量广告对于电视节目的损伤就仍然存在。

而无论是电视剧中不能插播广告，还是单位时间里对广告时长的限制，早在半个多世纪前，英国人在制定关于广告的政策时就已经考虑到，并做出颇具前瞻性的规定，塑造了“英国特色”的商业电视模式，包括行业自律在内的很多原则至今还发挥着作用。

第 3 部分

电视文化

TV Culture

美国 1948年 Temple 7英寸

在新媒体环境下，

当创意产业的具体部门仍然执着于著作权法，

电视模式发展商已经找到了另外可行的办法。

那就是操作诀窍的形式化、品牌本土化和形成社会网络的规范化，

共同构成电视模式开发策略的强有力组合。

To Buy, or Not to Buy?
买，还是不买？

2011年9月26日，意大利法官加布里埃勒·马斯科罗在罗马法庭一审判决BBC商业机构“BBC全球公司”起诉前总理西尔维奥·贝卢斯科尼麾下的媒体集团梅迪亚赛特①侵权案胜诉，不允许第5频道一档名为《起舞吧》的节目播出，因为其与竞争对手意大利公共广播公司②的《与星共舞》③很雷同，而该节目是经过BBC授权的意大利版本，当时已经制作播出六年，收视率很高。作为意大利公共广播公司的主要竞争对手，梅迪亚赛特需要类似的节目与之抗衡。

《与星共舞》是BBC一档结合传统文化和时尚元素的名人才艺真人秀节目，也是近年一个很成功的电视模式，通过“BBC全球公司”销售到40多个国家和地区，全球观众超过2.5亿人，法国、澳大利亚和美国版都曾名列所有频道收视排行首

---

① 梅迪亚赛特集团是意大利最大的商业广播机构，成立于20世纪70年代。

② RAI（Radiotelevisione italiana S.p.A.，简称Rai S.p.A.）是意大利国有公共服务广播公司，隶属于经济发展部。RAI也是意大利最大的电视公司，它的竞争对手是三家私有电视公司，分别为Mediaset，Telecom Italia Media和Sky Italia。

③ *Danzando con le stelle*，英文是*Dancing with the stars*。

左　BBC《认真来跳舞》
下右　梅迪亚赛特《起舞吧》
上中　《为梦想舞蹈》
上右　意大利版《与星共舞》

位，美国版高峰时段有2759万人收看[①]。英国版名为《认真来跳舞》，从2004年7月第一季开始至2012年已经播出10季和特别节日共150多集，作为年度节目拥有很高收视率。同时因为节目载体是世界通行的“国际标准舞”，既是艺术，也是体育竞技项目，基本没有文化障碍，从节目形式到内容都很适于复制和推广。节目的基本特征是：1. 由名人和职业舞者组成搭档参加每周淘汰的舞蹈比赛；2. 每对选手依次表演，并且由一个评审团评判；3. 每周有一对选手被淘汰；4. 每集前有上周节目的回顾；5. 观众可以参与投票，他们的选票与评委的投票相结合。

梅迪亚赛特和制作公司称《起舞吧》是以墨西哥的真人才艺秀《为梦想舞蹈》[②]为基础制作的，而墨西哥那档节目的原型正是BBC的《与星共舞》，但未经过版权授权使用，他们用心怀梦想的普通人替代了名人。从略显繁琐的关系中可以看出，电视节目模式的乱象是个世界性的问题，抄来抄去最后撞车了。

因为有法院判决，梅迪亚赛特不得不先暂时撤下还没首播的《起舞吧》。他们认为这是电视史上第一次出现对一个还未播出节目的剽窃指控，集团副董事长、贝卢斯科尼的儿子皮尔也说这是个全新节目，两档节目最大的区别就在于《起舞吧》中名人的搭档是普通人，而《与星共舞》中名人的合作者是职业

① 2010年版的《吉尼斯世界纪录》中，把《与星共舞》命名为“最成功的电视秀”，但是《谁想成为百万富翁？》、《老大哥》、《最薄弱的环节》、《幸存者》等节目在世界各地的版本比《认真来跳舞》多，这个称号算是《吉尼斯世界纪录》的一家之言。

② Bailando por un Sueño ，英文是Dancing for a dream，在南美洲很流行，有多个版本。

舞者。另外，之所以觉得BBC的节目模式不应被保护是因为这些元素广泛运用于各种娱乐节目，很常见。“从没有一种特殊的节目类型是只在一个电视频道中播出，自从电视诞生以来，主要的娱乐节目形式就是建立在唱歌、跳舞和喜剧等元素上，并且形成特点，被观众识别。”该节目的制作方荷兰恩德莫尔公司也表示《起舞吧》是原创作品，他们将上诉。BBC发言人称他们“不会改变立场，在意大利为保护《与星共舞》模式免受侵犯的法律行动将继续下去”。

两家电视媒体关于节目模式的争议让我想起几年前去英国知名节目制作公司——弗里曼特尔媒体公司走访时的经历，当时公司负责人和中国同行见面，介绍业务时展示了一张小纸条，并讲述一个小故事：某天西蒙·考威尔去找这位负责人谈节目创意，不巧他正在开会，于是西蒙就把想法写在小纸片上交给他，后来创意变成了在独立电视台播出的选秀节目《X元素》，进而成为风靡世界的节目模式。因为充满传奇色彩，这位负责人一直保留着小纸条。

而在谈及此类节目模式时，他提及当时在中国很火爆的一档同类选秀节目，因为动静太大，自然英国人也就知道了，他用了一个很不好听的词来形容中国电视人的抄袭做法，甚至一度打起了国际官司。不过他马上表示，因为知道了创意和模式的重要性，那家捞到了“第一桶金”的电视台已经和他们展开了正常合作。两个小故事也许是要告诉当时去英国“取经”的中国电视人创意的重要性，还有就是与正规电视模式合作的必要性。

现在的中国电视和当时相比已经发生了很大变化，看到别人从外国电视模式里得到好处，大家纷纷加入了购买、复制和抄袭的行列，往往一档节目有多个中国模仿者，正版和盗版并存。各种模式代理公司和制作公司四处推介节目，信息越来越灵，动作越来越快，翻版节目登场与原版节目首播之间的间隔也越来越短。有限的节目模式资源在中国巨大的电视市场需求面前显得杯水车薪，版权问题也日渐突出，跨国官司也时有耳闻。最终，各方争论的核心一定聚焦在电视节目模式是否属于知识产权，是否应该受到法律保护，而同样的问题早在30年前就困扰着英国电视人。

电视模式版权诉讼第一案：法律不保护“点子”

英国电视发展比中国早几十年，自然因为电视模式侵权的争议问题也出现较早。电视节目模式诉讼的最早案例发生在1979年，英国家喻户晓的电视主持人休吉·格林向新西兰高等法院起诉，称新西兰广播公司1975—1978年播出的

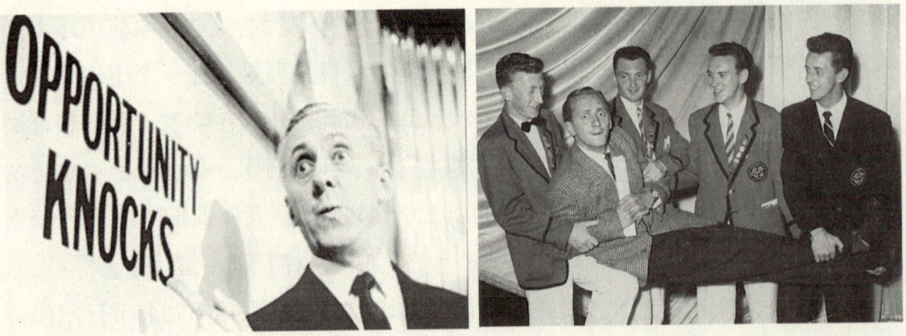

《机会来敲门》主持人休吉·格林和明星嘉宾在一起

一档电视节目复制了他研发的娱乐秀《机会来敲门》。

休吉·格林1920年2月2日出生于伦敦，从小就有表演天赋，14岁成为BBC广播节目里的小明星，并且有一个以自己为主角的儿童巡回音乐剧《休吉·格林和他的伙伴们》，15岁主演了第一部惊险片《海军见习军官伊斯》，二战中参加过空军，后来涉足航空贸易。

进入媒体的格林主持过很多广播和电视娱乐节目，在众多给观众带去快乐的秀中，最成功的要算自1949年起在BBC、ITV等媒体的广播和电视里播出的才艺秀《机会来敲门》。这是一档为有天赋的业余爱好者或者不知名的表演者提供展示机会的节目，也是格林逐渐发展完善起来的，有不少创新。比如获胜者不是由现场评审团决定，而是把权利交给广播和电视机前的观众，大家通过明信片投票，为了保证公平，格林还要求投票者要亲笔书写。评选结果在第二周的节目中公布，这种形式后来发展为电话投票，以增强时效性。现场观众的反应则通过一个“掌声测量机”的装置量化，虽然不影响最终投票结果，但增加现场的互动性和趣味性。

时至今日，《机会来敲门》的节目创意和其中的元素都还能在各种娱乐、综艺和游戏节目中看到，近年最为人熟知的就要算《英国达人秀》了①，它可以说是《机会来敲门》的改进版，由此可见格林创意的持久生命力，不过这并没给他带来多少收益和好处。在1979年的诉讼中，格林提出新西兰抄袭者剽窃了《机会来敲门》的模式、结构和包装的主要内容，包括节目名称、格林作为主持人个性化的口号和使用“掌声测量器”衡量演播室观众的反应程度等，因此主张自己拥有这个游戏节目“文本和引人注目模式”的著作权。

① 参见周康梁：《做最牛的主持人2：解码英国经典电视节目》，广州：南方日报出版社，2010年，第156页。

然而，新西兰最高法院认为一直在变化中的节目模式元素缺乏引人注目的作品应有的确定性和独特性，于1983年驳回格林的诉讼。于是，他又向英国枢密院提交诉状，但1989年再次遭到驳回，理由是格林无法提供节目模式的书面文本，也不能展示模式中使用的元素比别的节目更多，故法院不能把他的节目概念视为“引人注目”的作品加以版权保护。

判决中有这样的表述：“引人注目的作品必须具有足够的个体能够执行。”法院认为格林提交的模式细节和证据太少，而那时很多其他节目中的设置和环节远比《机会来敲门》多，格林更多是强调发现人才的总体想法，但著作权法是不保护此类全部或者部分创意的。另外，格林也无法展示英国版《机会来敲门》节目模式在新西兰有任何知名度和声誉，或者被告因为在新西兰播出同名节目对格林造成了怎样的经济损害。

两次裁决都是基于英美法系的法律。英国1988年的《著作权、设计和专利法案》中规定，著作权和版权存在于原创的文学、戏剧、音乐和艺术作品中，这些文学、戏剧和音乐作品又必须是通过一种恒定不变的形式表现出来。文学作品的定义还可以延伸到时间纪年索引、商业目录、街道指南和足球装备清单等，此类东西要展现的是足够的技巧、可供评价和劳动付出。

早在1916年，法官皮特森就指出著作权关注的是保护“思想的表达”，而不是“原创的想法”，著作权和版权不要求这种“表达”必须是独创，只要不是从别的作品抄袭过来就可以。法官举了一个例子，即只要不是抄袭他人的作品，那么任何人都能写一个“恐怖故事”，但“恐怖故事”这个概念是不受保护的。这次判决也给以判例为主要依据的英美法系之后面对类似诉讼时留下了“不好”的范例，即不认可“模式版权”，电视节目模式只是一个点子，而点子是不被著作权法保护的。

最终格林的诉讼历经十年后失败，当时他年近七旬，早远离了媒体界，独自居住在伦敦贝克街的公寓里，为打官司耗费25万英镑，是笔不小的费用，这让他后来的日子过得并不宽裕。格林一生喜好抽烟斗、喝酒，最终于1997年5月3日死于肺癌，如果当年的官司胜诉，也许他的晚年会是另外一种结局。

格林的遗产留给了情人克里斯蒂娜·沙普尔斯，她是《机会来敲门》音乐导演的遗孀。在格林的墓碑上，克里斯蒂娜刻上了这样一段话：“你是创造《机会来敲门》的明星，你永远不会被遗忘。”格林确实没有被忘记，因为至今探讨关于电视节目模式版权问题时，一定会提到他这起具有里程碑意义的诉讼，现在维护节目模式版权的不少做法就是基于当年导致他败诉的原因。

电视节目模式的形成

电视模式有很多不同定义，可以理解为由不同部分组成的系统化过程，包括节目元素复制、要素重组、电视产业、节目创意、特殊改编等，这是对电视模式的整体描述；也可以把一些单独节目中的重要元素挑出来放到另外一个节目中，重新形成一个不同的节目，这是从模式形成的角度定义，有点像是化学反应过程，各种元素运用得好能产生1+1＞2的效果；还有是从模式推广角度理解，即模式是国际电视市场交易的主要内容，因为创意已经是成熟和经过实践证明，属于低风险和高收益的“投资”，最大限度上适合不同国家、地区受众的口味，经过适当本土化就能在某一个市场播出，具有很明显的工业化、标准化、快餐化的特点。

与学术和法律定义不同的是，在电视界的日常工作中，“模式”是每天都会碰到、再普通不过的工作术语，要进一步了解什么是电视“模式”，不妨从节目创意和制作过程说起，观众看到的只是呈现在电视屏幕上的最终节目，而从研发者构思的节目概念到观众看到的节目之间有一段很长的过程。

欧美电视节目的研发，归纳起来要经历四个主要阶段：第一阶段，构思一个基础的“节目创意”，即通常说的“点子”。第二阶段，形成一份“书面模式”报告，也就是进一步完善创意，细化方案，包括设想节目中可能使用到的灯光、舞美、布景、道具、音乐等，报告可长可短，可详可略，总之作用就是为接下来开始的节目制作提供操作指导，这份文件的精简版也可用于日后模式推广介绍和节目销售谈判。

第三阶段便是开始节目制作并着手商业推广。因为有了这个环节，具体的“节目模式”也就形成了。此阶段主要是将各种设想通过具体手段实现，最终体现在样片里，让一个想法从书面文字变成看得见的节目，同时为后续录制储备各种资源。此时“节目模式”的特点就呈现出来了，它是由很多不同元素组合，一些来自“书面模式”，比如节目规则、名称、拍摄地等，另外一些则来自具体制作过程中，比如音乐、场景设计、电脑程序、参与者和主持人特征等，所有这些组成节目的框架和类型。

最后一阶段是节目播出。一个已经形成模式化的节目在传播中有两种方式：一种是研发者负责录制节目，然后销售成片给电视台播出；另一种是销售节目模式，进行本地化改造，以适应不同地区受众的需要。

从20世纪90年代开始，欧美电视市场竞争日趋激烈，电视媒体越来越需要拿来就能播、播了就有收视率的节目，而电视模式正好提供了解决方案。虽然电视模式包含的节目种类很多，但流行和热门的通常都是游戏、智力竞猜、真人秀和娱乐秀等模式。这些模式中包含营销策略、具有消费能力的目标受众、贴近观众的环节设置、电话短信投票的资费收入、像工业化的流水线生产和品牌拓展等内容，为电视台节省原创时间，降低研发成本，提高制作效率，增加广告效益。

电视模式大腕的“擦边球”

以前，对电视模式的概念不是很清楚，也没意识到它是电视产业里很重要的一部分，正是因为格林的诉讼，从20世纪90年代起，人们开始关注电视节目模式保护问题，从业界到法律界对“模式版权”的认识也随着电视模式的发展和很多节目的“全球化”而改变。然而，由于法律界定模糊和各国法律之间的差异，可以说电视模式保护从一开始就很混乱，也很不乐观，从格林诉讼案算起，就一直没有得到很好解决，大家各说各有理，也造成了一些在业内享有声誉的节目研发商和制作公司既要维护自身节目模式权益，又不可避免地去“借鉴”别人的模式。

比如因为频频推出成功新模式而备受瞩目的英国电视人西蒙·考威尔的选秀节目《X元素》就是直接来自他曾经担任评委的《流行偶像》[①]，在他的新节目里往往也能看到其他经典节目的影子，或者说是很多常用元素，所以现在这些公司提起自己的节目被侵权时，多少也会有些“气不壮”，西蒙就曾因为涉嫌抄袭别人的作品被告上法庭。

2005年7月，西蒙和美国广播公司宣布将推出新真人秀节目《百万美元的点子》，顾名思义，这是为发明人和企业家们比拼创意设置的舞台，最终获胜者能得到100万美元奖励。参与者通过公开海选，介绍自己的商业创意和发明，九名决赛选手每人会获得5万美元作为项目启动资金。节目采用西蒙特有的“偶像

---

① 《流行偶像》是由西蒙·富勒创意的，聘请了包括西蒙·考威尔在内的四位评委，选拔年轻的优秀流行歌手。节目2001年10月6日首播第一季，但是在2003年第二季结束后，独立电视台对今后的合作不置可否。原来是因为考威尔希望自己另外做一个叫《X元素》的新节目，当然，形式其实与《流行偶像》区别不大。于是，2005年，西蒙·富勒起诉《X元素》抄袭了自己的节目模式，最终双方庭外和解。

美国广播公司《美国梦想家》片头

模式”，即三位评委组成的评审团逐渐淘汰参赛者，剩下三人，最终由观众投票决定的优胜者会获得资金和资源的支持，帮助他的创意变成现实。节目中的评委之一是英国成功企业家彼得·琼斯，他在英国也参与过此类节目，制作团队则是打造《美国偶像》的弗里曼特尔北美公司的原班人马。

类似节目类型当时很流行，中国一些电视台也曾经制作、播出过。就在西蒙发布消息一个月后，美国罗林娱乐公司在洛杉矶的法院起诉他们“偷”了自己的节目，并且要求赔偿。这家公司从2001年起制作的同名节目《百万美元的点子》在美国125家电视台播出，内容同样是发明者和企业家向专家提交创意，每周胜出者会获得价值5万美元的资助用于进一步完善计划，而最终获胜者会得到100万美元奖励。

2004年初，“罗林版”《百万美元的点子》的制作者珍·戈尔登和托德·沃克找到美国广播公司的执行副总裁安德里亚·旺，寻求合作。按照珍和托德的说法，一开始安德里亚表现出很浓厚的兴趣，于是他们给她寄去了一个包裹，里面包括节目录影带、其他材料和一份保密协议，但此后便石沉大海，资料也没有返还。所以当看到ABC宣布新节目计划时，两人感到很诧异，他们的律师表示“这从头到尾都是珍和托德付出四年倾注心血之作”。起诉书上写道：模仿也许是恭维的最诚恳形式，但以彻头彻尾抄袭的形式模仿则根本不是奉承，而是对知识产权的盗窃行为。

托德对此感到很气愤：“这是对我们节目难以置信的讽刺，节目要做的是推广、保护和奖励小地方美国人的独创性，而节目本身却成了合伙盗窃和贪婪的牺牲品。你的创意被盗用了，这对每一个发明人和企业家都是最糟糕的噩梦，傲慢自大的西蒙和ABC不可理喻，你能想象偷一个创意甚至连名字都不换的吗？”确实，从西蒙和ABC公布的新节目名称看，他们只是在原来的节目名称Million Dollar Idea前加了一个介词“the”。

面对质疑，西蒙的发言人马克思·克利福德称：“两者有很大不同，这是原创想法。‘The Million Dollar Idea’只不过是个临时名称，对两者的相似性我很惊讶。”他说新想法是来自彼得·琼斯，ABC对他参与的《龙穴》很有兴趣，最终是彼得、西蒙和ABC合作形成的这个节目形态。克利福德还搬出了护身符：“每次一档新节目诞生，都会有人说‘那是我的点子’。”而ABC和弗里曼特尔公司则没有对此发表评论。因为节目名称和内容的“相似”和此前就合作事宜进行过接触，而且“罗林娱乐公司”的节目在前等证据和巧合都很难让ABC新节目的来路不让人产生怀疑，也不是用“点子”不受保护能说得过去的。

2006年3月16日美国东部时间晚上8点，ABC给节目换了新名字《美国发明家》，开始播出第一季，不过，这个西蒙涉足的节目并没像他的其他节目那样大红大紫，而是在播出两季19集后便销声匿迹了。

电视模式版权保护的困境

我们总说电视节目“内容为王”，指的是节目内容为电视媒体最主要的手段，同时作为“软件”的节目也是媒体“硬件”存在的基础。模式带来的好处对有钱的和没钱的电视媒体都具有很强诱惑力，一些有钱也有道德底线的媒体可以支付大笔费用购买版权。近十年来，优秀电视娱乐节目模式在世界范围受到欢迎，由此带动的模式版权交易也呈现上升趋势，每年以10%以上的速度递增。

按照“电视模式制作人产业联盟”2004年的统计，全球电视模式贸易额超过24亿欧元，2007年，英国提供了世界近一半的电视模式，《谁想成为百万富翁？》、《流行偶像》、《X元素》、《英国达人秀》、《我是名人……带我离开这儿！》、《学徒》、《认真来跳舞》和《冰上舞蹈》等节目几乎遍及世界主要地区，获得商业上的巨大成功。据2007年的一项预测，全球电视发行市场会从2006年的1600亿美元增加到2011年的2500亿美元。

对于那些没钱、不讲规矩，但又想获得好处的电视台而言，盗版和侵权是目前最简便的方式。所以现在无论是电视台，还是节目制作人都在四处寻找不错的模式，加上获得信息很方便，只要对原型做简单改动，免费使用也不容易受到惩罚。总之，盗用的门槛太低，自然“何乐而不为”。

电视模式属于知识产权下的一个具体类型，通常在电视制作人、分销商和广电媒体之间买卖，但要保护它却并不容易。因为抄袭时有发生，拿来就用，当然不会向原版节目版权拥有人支付一分钱。这也是电视模式在版权法中的“独特”之处，任何制作人都可以免费去制作看起来很相似的游戏、真人秀和才艺秀节目，一位专门研究英国电视模式的学者曾经这样说：“如果没有版权存在，至少从法律角度看，节目模式的商业价值就是零。”

对“模式版权”的保护难点更在于其法律定位上，现在通常所说的“著作权”或者“版权”防范的是对实际存在并经过证明的创造性工作进行直接抄袭的行为，而不用于保护一个“大概的想法”和“概念”。也就是说目前著作权法对节目模式的保护主要基于两个基本原则：第一，著作权只保护原创；第二，著作权不保护“点子”，但是保护在“物质形态”中的这些点子具体呈现的内容。虽然在一些情况下，已经模式化电视秀中的一些元素，一定程度上会受到版权保护，而且尽管在过去20多年里，通过判例法也做过一些实践，朝着法律上承认这类版权的方向有所改变，但目前“模式版权”还未纳入英国法律的范围。

这种状况至今没有本质改变，不过英国法院在不时碰到的诸如动漫电视模式诉讼中还是有所松动，因为他们发现当一个电视模式原创者不能拥有节目背后那个看不见“点子”的著作权时，系统地和明显地对版权作品进行收集，然后重新“组装”成另一个模式化的电视产品，这也许真的会从整体上对“模式版权”造成损害。

2002年1月，美国卡斯塔威制作公司状告英国电视媒体剽窃，说英国人未经许可就把他们的真人秀节目《幸存者》移植成了《我是名人……带我离开这儿！》。《幸存者》是1992年由英国电视制作人查理·帕森斯创意的真人秀节目，在哥伦比亚公司播出，16—20名参赛者被封闭在一个特定的自然环境中，分为2—4组进行比赛，通过人为设置的环节逐渐淘汰，最终胜出者获得100万美元的奖励。

节目中有美丽的自然风光，俊男靓女的参与，妙趣横生的比赛，人与人、人与自然的斗智斗勇，勾心斗角的淘汰，大奖的刺激和获胜者的悬念等，具备所有真人秀节目元素，成为一个成功电视节目模式被世界各地的电视台争相引进和复制，各种版本不计其数。

《我是名人……带我离开这儿！》则是英国独立电视台2002年制作播出的

一档以明星为主的真人秀节目，地点也是选在户外的热带雨林等地，用各种令人恶心的环节挑战名人们的忍耐力，拿名人开涮，看他们失去光环后是什么样的。这个节目模式在7个国家有经过授权的版本播出。在制片人纳塔卡·兹纳克看来，两个节目有很大不同，比如报名参加《幸存者》的是普通人，突出的是参与者之间的争斗，而《我是名人……带我离开这儿！》顾名思义，是以名人为主，他们挑战的是自己，而不是其他人。

其实，《幸存者》也是从瑞典一档获得巨大成功的节目演变而来，面对诉讼，英国人反驳说《我是名人……带我离开这儿！》的想法是公司经理彼得·戴维在马来西亚婆罗洲拍摄另外一部纪录片《死亡之地》时想出来的。制作人纳塔卡则认为所有节目都是从其他节目中受到启发，如何组合各类元素才是最关键的，节目好看是首位。

最终美国法院以创意本身不存在著作权而判定英国人不侵权。在法官看来，如果一个电视节目只是单纯复制了“大概的想法”，是不能被认定为侵犯著作权的，比如《我是名人……带我离开这儿！》和《名人爱情岛》看起来很相似，因为经过重新加工，呈现出来的节目有很大不同，这就不能认定为是侵犯版权行为。但电视业界的抄袭者很少会傻到一点不改地照搬原来的模式，换个场景、加点其他元素等等都可以让两者看起来有所不同，从而逃避版权争议。

明眼人都能看出是怎么回事儿，但法律却不讲感觉，而是需要证据，恰恰他们规定的证据又是不容易证明的，这就给抄袭者留下了空间。值得注意的是，美国法院指出从总体上看，在特定情况和条件下，美国法律还是有可能承认电视节目“模式版权”的。

《老大哥》“不败”的奥秘

荷兰作为世界上另外一个电视模式的主要“产地”，有很多节目通过英国电视台“加工和转手”后遍布世界。他们的法院已经认可了电视模式是拥有著作权的作品，前提是此类模式必须要有系统文件和证据，在一些案例中，荷兰法院发现拥有一系列文件证明和可辨别节目元素的节目模式确实是被其他节目侵权了。

《老大哥》是荷兰恩德莫尔制作公司的一档节目，通过把一群人封闭在一个空间内，用无处不在的摄像机拍下他们共同生活中发生的矛盾和冲突，以真人秀方式播出，满足观众窥视的心理，一经播出就受到广泛关注，拥有极高收视率，该模式也销售到世界很多国家，而《老大哥》分别作为被告和原告经历的两次官司对理解目前电视模式保护现状是很好的案例。

1999年3月，《幸存者》制作人查理·帕森斯在荷兰的代理公司状告恩德莫尔制作公司制作的真人秀节目《老大哥》抄袭了“幸存者模式”，涉嫌侵权。卡斯塔威制作公司称因为拥有12个独特元素，《幸存者》是一部拥有著作权的作品，而《老大哥》是侵权复制品。2000年6月，原告的主张被驳回。同月，荷兰上诉法院维持原判。法院的结论是：“一个节目模式由不受保护的元素组成……如果所有要素都被复制，那么毫无疑问这是侵犯了著作权。而如果只是一个不受保护的要素被复制，情况也很清楚：在这个案例中不涉及侵权。”接着，原告又上诉到荷兰高级法院，但得到的结果仍然是维持上诉法院的判决，他们肯定“幸存者模式”是拥有著作权的作品，但同时“老大哥模式”不是侵权的抄袭品。

《老大哥》作为被告没有输官司，而作为原告却赢了诉讼。巴西一家电视台在没有获得版权许可的情况下照抄了《老大哥》，被恩德莫尔制作公司告上法庭，最终因为持有各种节目操作文件和节目特征证据，原告获得侵权损害赔偿。这被看成是电视模式版权保护的一个成功范例。

巴西的电视机构SBT[①]曾经与恩德莫尔就引进节目版权进行过谈判，为此荷兰公司提供了《老大哥》节目模式的很多资料，但后来SBT决定不买，而是自己制作了一档名为《艺术家之家》[②]的节目，其实就是换了个名字的《老大哥》。于是恩德莫尔和其在巴西的代理人将SBT告上法庭，要求对方停止侵权，并且赔偿损失。被告SBT辩称真实节目秀不只是一个创意，而“模式圣经”也只是“一本描述方法和程序的简单手册，把人们封闭在一个地方，并且观察他们的创意也并不新鲜，比如英国作家乔治·奥威尔的作品《1984》[③]就是这个主题……”。

但法庭听取了专家的学术观点：“就运用在商业电视媒体而言，电视节目模式是一个很宽泛的概念，它不仅包括节目的核心概念，而且还包括大量的技术、艺术、经济、商业等信息，所以电视节目模式不只是一个节目点子，它比

① Sistema Brasileiro de Televisão (Brazilian Television System).
② *Casa Dos Artistas*，英文名是*the Artist's House*。
③ 电视真人秀《老大哥》的创意和节目名称就来自这部书中的情节。

一个点子包含的东西更多。”法庭认为“老大哥模式”享有巴西著作权法的保护，而巴西也是伯恩公约[①]的签约国。

“《老大哥》不只是在限定时间里，把人们封闭在一所房子里窥视，这是一档经过深思熟虑的节目，有开头、中间和结尾，并伴有一丝不苟的说明，不仅有人们在某一段时间生活的氛围，而且还有安置摄像机的位置。此模式由很多细节组成，比如使用在参与者身上携带24小时开通的麦克风、节目中音乐的风格、参与者与外界联系的形式设计、他们的活动、与其他人的交往等。通过每天的节目，有趣的声画吸引了众多观众，通过互联网，带动一系列商业开发。从这些角度看，《老大哥》都是一个具有独特风格的节目模式。”

法官没有给侵权者留情面：“两个节目间有着非常多的相似点，不是出于偶然，而是对《老大哥》的恶劣伪装和粗鲁抄袭。”最终，法院判定SBT赔偿恩德莫尔40万美元，支付给节目模式版权巴西持有人则高达100万美元。

按照《老大哥》制作人的说法，节目元素大家共有，就看怎么组合，那么他们在应对《幸存者》时胜诉就是因为进行了重新构架，让其成为一档新节目。而在起诉SBT时，《老大哥》仍然胜诉，则说明如果媒体全盘抄袭，那会面临很大风险。从中得到的“教训”是如果你的创造性实在太差，以至于“不得不”抄袭别人的节目，那么请不要复制一个版权作品的绝大部分，甚至是原样照搬。无论法律怎样，那些贪婪地见什么抄什么，全然放弃媒体应有创新能力和基本道德底线的机构，会遭到同行鄙视，不值得尊重。

应对侵权的解决方案

美国、德国和英国作为欧美三个主要电视市场，也曾经出现过同一个真人秀模式，三个版本的混乱状况，即英国的*Wife Swap*（《换妻》），美国的*Trading Spouses*（《交换配偶》）和德国的*Frauentausch*（德语的《换妻》）。这种引进、复制、抄袭模式的风潮从欧美国家慢慢遍及全球，巴西、俄罗斯、印度和中国等国家逐渐加入这一行列，中国更是在进入新千年后，特别是2008年后，各电视台大规模复制节目模式，不仅拷贝国外的节目，也抄袭本国其他电视台的创意。

英美等电视发达国家从20世纪90年代开始逐渐重视这个问题的最主要动力

① 国际间最早和最重要的著作权公约。

是因为电视模式授权使用成了一项重要贸易资源。在研发和原创者眼中抄袭就是对节目版权的“盗窃”行为，而巨大的市场空间和法律缺位两者间的差距实在是太大。从某种程度上讲，缺乏法律明确界定和有效保护是电视模式著作权诉讼日益增多，抄袭现象泛滥的主要原因，由此引发的问题也一直困扰着节目模式开发商和法庭。那么，该如何保护电视节目模式，创意研发这些模式的公司和制作人又该采用什么机制在国际贸易中保护自己的权益，打击剽窃或盗用模式行为呢？

尽管目前对“模式版权”的属性问题，各国在法律上还没有明确、统一定位，但电视创意产业已经清楚地意识到电视模式的价值，需要用像商品一样的授权许可来对待这些广受欢迎的模式。因此，当一个人脑子里冒出新电视节目模式和新创意，同时又想通过授权使用获得利益，那么在把创意告诉制作公司或者电视台前，他们必须想清楚如何保护此类模式中那些法律认定的潜在资产的所有权。

鉴于目前著作权法不保护“点子”，所以别说：“是我想出这个很棒的关于减肥的真人秀节目创意！”著作权法只有当此想法变成一个“实质形态”的节目时才有可能介入。所以面对法官需要这样表述：“是我想出这个很棒的关于减肥的真人秀节目创意！这是十页描述节目的提纲，其中有很多详细的思考和不断完善的节目操作草稿。”

目前，英国法律不保护“点子”，但在1988年《著作权、设计和专利法案》第五节中还是有一些适用保护的条文，比如所有实际制作出来的电视节目都被保护；如果节目（或者节目模式）名称和（或）标志是原创的、独特的和可以用图示标明的，就拥有商标权；文本、布景道具设计、舞台设计、灯光设计和原创音乐都拥有著作权，并且得到保护。

基于这些条文，现在的通常做法是节目模式研发者给每一个新电视模式制作和保留一套文件证据，包括为节目品牌化商标注册、撰写“制作指南”、绘制装置和布景设计图、写作节目板块脚本、编排主持人在节目中使用的个性化口号和常用到的口头语、备份节目的音乐和音效，以及所有与节目相关的内容。这也就是为什么现在优秀节目模式都有“操作指南”、“葵花宝典”和“制作圣经”之类的东西，一方面是为了便于购买版权者复制而不走样，保留节目精髓，同时也是为了形成固定文件等资料后，一旦出现诉讼，这些文件和证据将会令创意者在模式保护时占据有利位置，并且从中获得应有的利益，让模式优势变成模式财富。

现在，电视节目模式开发商和制作人销售节目的“诀窍”就是我们常说的“买模式，送宝典”，因为很多节目幕后运作不是通过看节目和“扒带子”能完全了解的。手册往往包括很多操作细节，比如怎样寻找参赛者和组织观众参与，以及一些特殊的制作元素。因为如何运作是保证质量的关键，所以“葵花宝典”一般都带有保密协议和特许使用权，还会有专门派来的人员协助和监督具体执行。

除此以外，那些在电视模式创新、销售、授权等方面占据市场主要位置的开发商，在国际上推广自己的节目模式时，还会采用其他办法。比如，做好节目模式的品牌管理，让复制不那么容易。和其他商业运作一样，进行相关商标的注册、品牌本土化和通过推广扩展品牌，建立分销网络和国际生产基地以利于拓展市场和对那些侵权者采取惩罚和报复手段。这种反击包括不给侵权者提供其他节目，并且在业内圈子里和模式交易市场中散布其负面影响，让大家敬而远之，促进规范化市场的形成。

系统研究电视模式问题的英国伯恩茅斯大学知识产权政策和管理中心教授是这样总结的：“在新媒体环境下，当创意产业的具体部门仍然执着于著作权法，电视模式发展商已经找到了另外可行的办法。那就是操作诀窍的形式化、品牌本土化和形成社会网络的规范化，共同构成电视模式开发策略的强有力组合。”这也就是说，在法律对模式保护不确定的情况下，催生了业界去发展其他策略和通过商业导向的保护机制，最终目的都是不因缺乏法律保护而放弃培育迅速发展的模式交易市场。

面对盗版行为，甚至连英国最大的电视模式创造者之一的BBC都拒绝提出有效保护创造者权益建议，他们认为：“当前的法律已经提供了适当保护，更多限定将会制造障碍。”这些都显示在当前情况下，解决方案比法律限制更受那些在寻求保护和开发国际模式市场之间游走的业界人士欢迎。

“山寨”不是长久之计

缺乏保护当然不会导致新节目模式的生产萎缩，很多法律界人士组成了律师联盟，一直试图改变这种现状，而且也有一些成功案例，他们认为对节目模式进行保护会促进竞争和鼓励更多原创。然而，无论是对节目中的核心元素进行保护，还是现在研发者们采用的形成文件和证据、品牌、口碑等方式，在当下“中国特色”电视无序竞争，管理不规范和不到位的情况下，似乎对侵犯版权的问题都不会有太大触动。

当一些中国电视人听说关于模式的“点子”不受著作权法保护时，不出意外地很兴奋，觉得可以“玩命用了！”当然，如果不想追求原汁原味，从操作角度看，并不是所有节目模式都有让人捉摸不透的“机密”。相反的是，很多元素触类旁通，只要认真细心地吃透一个，做其他节目就会有很大进步和提升。但现在的状况是，当一个好的电视模式出来后，大家蜂拥而上，即便可以打“擦边球”，也要看谁抄得更“巧妙”。也就是“借用”成功节目模式中的元素，然后添加自己的内容，其实还是离不开最基本的创新能力。还有就是你可以抄，别人也可以抄，一段时间里大家扎堆的效果一定不会好，这样的例子在中国电视屏幕上屡见不鲜。

长期抄袭别人模式的结果就是现在中国不少电视台创新和制作能力匮乏的问题已经凸显，很大原因是不重视节目自主研发，没有配套机制，缺乏专业人员所致。天马行空想点子不需要什么成本，但后续的“书面模式”报告撰写，进而投资样片拍摄，如果管理者没有眼光、魄力和提供必要的资金支持，则行不通，所以我们常常听到电视人总是抱怨自己有好点子，但没办法实施。另一方面，很多电视台开始转而与制作公司合作，这一方面对独立制作公司的发展是个促进，但无疑对电视台自身的研发生产力量又是进一步削弱。

而且，无论谁来制作，很多细节不到位，都会让好创意大打折扣，比如灯光毫无章法，只满足于炫得晃眼；音乐找首现成的曲子凑合用即可；舞美基本靠满台的大屏幕包围；道具则是现成的有什么就用什么；主持人从服装到风格不经过设计和包装，也很少考虑合不合适，漂亮、脸熟就可以……这样不仅好的节目模式会被抄走形，自己改造也是为了不同而不同，胡乱加些元素进去，反而不伦不类。

现在，虽然中国各家电视台各自都有“定位”，但往往只是为了定位而定位，也就是说很多所谓的定位只是一句口号，几个频道包装短片而已，流于形式，生硬地拉开各频道的差距，而不是通过具体节目体现出“定位”。所以我们看到的是在不同定位下播着同样的电视剧和娱乐节目，能真正体现定位的电视频道少而又少。

只要是新节目模式，甭管与频道定位相不相符，就在最短时间内上，像撞大运一样。如果好了就朝“死里消费”，如果不好，义无反顾抛弃之，转而克隆其他新节目模式。要出政绩的媒体领导，只注重短期效应，至于媒体在业内和社会上的声誉并没有多少人在乎。缺乏有效的监管和规范，大家都这么干，谁也不比谁纯洁，在收视率的指挥下，有广告收益和收视排名才是“硬道理”。

增强核心竞争力：电视模式版权保护的最高境界

2011年9月一审判决后，梅迪亚赛特的第5频道并没有停播《起舞吧》，他们对节目形态做了一些改动，但播了几集后收视效果不佳，于是才停下来，但法庭上的较量一直在继续。11月上旬，法院再次开庭，法官对比了《起舞吧》和意大利公共广播公司的《与星共舞》诸多细节后认为，两个节目在结构、叙述和流程操作上没有呈现出明显区别，反而是在很多方面极其相似，进而得出《起舞吧》剽窃成立的结论。

2012年2月22日，“BBC全球公司”诉梅迪亚赛特的案子有了终审结果，法庭上提出一个评判节目的概念——新奇，它不是基于著作权法，并且是“非物质的”。他们认为在版权保护中，判断一个模式是否新颖，只需要回答一个问题，那就是节目是否把所有具有一定水准和有限的元素创造性地组合在一起，法庭发现原告BBC的节目模式符合这个标准。基于此前细致对比的结论，意大利法院判决被告败诉，要求梅迪亚赛特集团的第5频道停播，处以50万欧元罚金，并且在四家报纸上刊登消息。这个判决无疑在电视模式版权保护方面有突破性意义。

其实，在扯了很多生涩、无趣和复杂的法律问题，分析了电视模式版权保护现状和对策之后，有一个原则是永远不会改变的，那就是电视模式要拥有别人无法复制的核心竞争力。比如，BBC的娱乐节目《超级动力》被称为“世界上被盗版播出最多的电视节目”，按说这么好的节目一定会有人“打主意”，然后因为节目制作的门槛高、对主持人个性和能力要求很特殊等条件不容易达到，所以即便让你看见，也抄不走。

中外电视业界有一种观点，“可以免费，干吗还出钱呀”。这也是当下中国很多电视决策者纠结的问题，涉及法律、道德、行规、经济、竞争、自我创新等诸多问题，或许也是中国电视发展特殊阶段的特殊现象。如果一直抱着钻空子、打擦边球、捡个漏的心态，那么我们永远就只能一窝蜂地抄袭技术含量相对较低的相亲节目、草根联欢的平民选秀、大同小异的水上游戏和“访贫问苦”的励志真人秀。

买，还是不买？不单单是钱的问题。

俄国　1934年　Pioneer　TM3

在经济学家眼中，
电视媒体重新发现了老年观众与大的经济背景之间的关系，
年轻人在经济危机时的失业率影响了他们的购买力，
而老年人有积累一生的财富，
受经济因素的影响和冲击相对较小，
无论是广告商，还是收视率都不能忽视这个群体。

Doing More for Older Viewers
给父母们做电视

2011年8月，一年一度的爱丁堡国际电视节期间，BBC1频道总监丹尼·科恩宣布下一年度会播出更多自然历史类节目，之所以这样做的原因之一是为了老年观众，因为他们是此类节目的主要收视人群。相对于互联网时代的新潮、方便、快捷和互动，电视算是“老媒体”了，与之相对应的观众也呈现老化的趋势，丹尼透露英国电视观众的平均年龄是50岁以上，BBC应该以他们为目标受众，提供更多节目。

2012年开年头四周的首部重点纪录片名为《生存竞争》，讲述世界各地的动物在它们刚出生几天至几周内，为了生存而与严酷环境抗争的故事。动用纪实、动画、微距相结合的手段，用拟人化的手法表现动物是BBC节目的特长，观众可以看到明尼苏达州黑熊和它们的幼崽、马达加斯加小环尾狐猴和肯尼亚马赛马拉国家公园里的幼年猎豹，当然也包括人类从孕育到出生的过程。

每周有80%的英国人会收看BBC1频道的节目，而几乎每个频道都有很多年轻人的内容，科恩说：“我们要迎合年轻人的口味，但也要重视其他观众的反馈，兼顾所有年龄受众的需求。”这位总监曾经因为把BBC3频道成功改造成了一个针对青

BBC1频道总监丹尼·科恩

年观众的频道而受到重视，这也成为他入主BBC1频道的资本，很多人希望看到他在更广泛的领域施展才能。为了给老年观众提供更多他们喜欢的节目，丹尼表示BBC1频道需要不断创新和更多尝试，新一年里观众看到的节目内容和题材会更宽泛。

其实，此前很长一段时间，BBC一直被批评忽略老年人的需求。2009年10月英国著名老年月刊《传奇》杂志公布了一项调查，在9441名50岁以上的受访者中，74%的人认为电视节目是向年轻观众倾斜，有4/5的人觉得他们感兴趣的内容和题材被节目制作人忽视。当时BBC1频道的大量节目都是以年轻人为目标观众，另外，BBC有针对年轻人的3频道，却没有50岁以上观众的专门频道。所以有人抱怨英国广播公司“不喜欢老人”，这种偏见来自于现在的电视人自己就是年轻人。

2010年11月公布的一份统计研究报告也显示英国人中，55岁以上的老年人，只有1/6对电视节目满意，其他人都认为当时的节目赶不上十年前的好看，15%的受访者甚至考虑过不再交电视执照费。很多老年人对电视上充斥的真人秀节目很有意见，数据调查期间，刚好有几个收视不错的名人和才艺真人秀节目播出，比如独立电视台日播的《我是名人……带我离开这儿！》、周播的《X元素》和BBC1频道的《认真来跳舞》，几乎每天黄金时段都有近一个小时被此类节目占据。

从电视节目类型看，《我是名人……带我离开这儿！》是户外生存竞技，展示的是生存智慧、热带雨林的旖旎风光和名人的个人魅力；《X元素》是草根

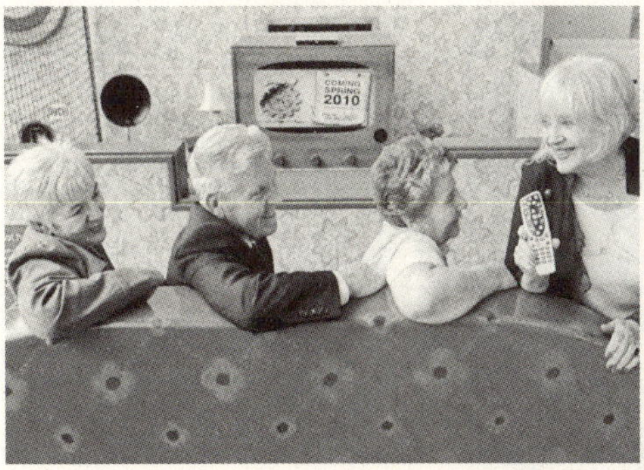

选秀，流行时尚、青春活力、劲歌热舞；而《认真来跳舞》则是名人才艺秀，用时髦的真人秀包装传统文化。几个节目没有重叠和雷同，而且都制作精良，各有卖点。但在调查中，70%的55岁以上老人觉得各个电视频道播出表中这类节目太多，超过一半的老人表示真实电视秀占据了他们的电视屏幕。

一位老人说："我很少看BBC的节目，甚至想要解雇所有掌控BBC的人，让那些懂得创新的人取而代之。这些人走得太远了，他们应该知道自己正在干什么。"55岁以上的受访者中，有62%觉得近些年英国电视屏幕上提供给家庭娱乐的电视内容质量呈下降趋势。

中国老人们如果听见英国同辈们对电视质量的抱怨，一定会感到他们"太挑剔"。要知道，英国是世界电视模式创新的主要发源地，很多英国电视模式是世界同行学习的榜样，各种流行的真人秀娱乐节目在中国有众多克隆版本，各家卫视晚间黄金和非黄金时段播出的时间远不止一个小时，更不用说还有数不胜数的各级地面频道。与此形成对比的是，我们看到的是精确到分钟的收视率调查，但却很少有对不同观众群收视需求的翔实研究、分析和报告。

英国电视起点高，比较规范，用高质量多样化节目培养了有鉴赏力的观众；反过来，这些观众又对电视内容提出更高要求，期待看到更多创新。而中国观众对节目的选择余地则小很多，只能在众多相亲节目中选一档相对比较好看的，在各种选秀里挑一个制作还算精良的消磨时间，那些收视率调查和高得令人咋舌的广告收入很难说明这就是因为观众热衷于此类节目。

电视类型除了选秀和相亲以外，还有自然历史、人文科普、日常生活纪录片，益智游戏、音乐、幽默喜剧等。如果说因为一些电视媒体运作观念落后，思维和视野不够开阔，团队制作能力不足，面临收视率压力和市场竞争格局的限制，电视覆盖地区的经济发展水平不同，观众意见得不到充分重视等原因，造成中国观众暂时还看不到如更远的世界里那些异彩纷呈的电视节目，那么至少中国的电视从业者们自己要清楚，我们做得还不够好，提供给观众的选择还远远不够多。

“挑剔的”英国老年电视观众不喜欢时尚节目还有一些其他原因，比如新潮带来的网络和粗俗语言泛滥、行为举止粗鲁和雷人的幽默，这些都与传统文化显得格格不入。在我接触的英国老人中也有类似态度，他们很少看电视，对那些闹哄哄的节目嗤之以鼻，觉得除了浪费时间之外，既没有审美意义，也无实用价值，不少人甚至主要看DVD，或者宁愿坐在客厅书架旁阅读也不愿意看电视，这显然不是代沟或者不与时俱进能解释的。

那么，为什么BBC似乎是突然之间像关注未成年人一样地聚焦老年人，特别是白天时段的节目呢？原因自然是多方面的。

《经济学人》杂志的一项统计数据显示，2010年，英国55—64岁的观众每天平均看电视5小时10分钟，比2001年多了50分钟。这些节目中既有支付传统执照费后能看到的为数不多的频道，也包括很多免费的数字频道。老年人有大把时间，现代科技的进步也让他们能很容易地使用数码采录设备，这样都增加了他们观看电视的乐趣和灵活性，自然收视时间就增加。我的房东老太太外出前

就在机顶盒上设定好录制自己感兴趣的节目，回来后就可以回放观看。

从世界电视的总体趋势看，老年人今后将逐渐成为电视的重要收视人群，道理其实很简单，中年人和年轻人现在热衷于新媒体载体，他们获取视频基本是通过网络，而老年人接受新鲜事物慢，习惯了喜欢的节目和类型，不太容易改变。Ofcom的一份市场研究报告显示，英国有50%的人选择电视作为自己的首位信息源，而具体到不同年龄段，25岁以下的年轻人只有36%选择电视。

在经济学家眼中，电视媒体重新发现了老年观众与大的经济背景之间的关系，年轻人在经济危机时的失业率影响了他们的购买力，而老年人有积累一生的财富，受经济因素的影响和冲击相对较小。无论是广告商，还是收视率都不能忽视这个群体。

另一个很重要的原因则来自BBC内部，老年观众这个“盲点”恰恰被BBC的“观众委员会”看到，英国有一千多万退休老人白天收看电视，这个年龄段被形容为现在正在生产电视节目的媒体人父辈的岁数，所以有人提出为老年人做节目，也就是为自己的父母做节目。而且，这也是BBC未来几年发展策略中需要重点关注的内容之一。

问题是目前这群数量在增加的特殊观众，从商业广播电视角度看没有很大市场价值，独立电视台白天节目主要锁定在清晨的家庭主妇和孩子，第4频道下午时段会播出历史悠久的传统节目，比如拼写游戏节目《倒计时》，因为很多老年人从20世纪80年代就一直收看，然而，这几家商业电视频道的晚间黄金时间都是侧重青年观众。

在依靠“市场调控”不奏效的情况下，作为公共服务的旗帜，BBC自然要站出来，它有责任为老年观众提供多样化的节目，就像关照儿童，给他们开设CBeebies和CBBC频道一样，需要重新调整播出内容，而不是像以前播一些没什么新意的鉴宝类节目，比如《拍卖》、《阁楼里的财富》、《买，还是不买》来填充时间。新节目题材涉及健康、资产、服务资讯、新闻时事，以及让因为行动不便常年都无法外出的老人开心，为他们提供喜欢看的电视剧和情景喜剧。

当我和房东老太太讨论这个问题时，她对最终电视上呈现的变化很有兴趣，但她认为老年人的需求其实很容易满足，况且针对他们的电视节目选择余地要比提供给青少年的大很多，有人想着为他们做电视节目就很好了。当时担任BBC总裁的汤普森提出“传递品质优先”新目标，过去漠视老年观众的态度、偏见需要修正。从BBC1频道2012年的调整来看，这艘大船是朝着正确的方向航行。

按照国际通行的老龄社会标准，中国从1999年开始迈入老龄化社会。目前，这个世界上人口最多国家的老龄化正在加速，有关部门一度提出的关于延迟退休年龄的建议把这一问题摆在了每个中国人的面前。截至2010年11月1日，中国60岁以上的老年人达1.78亿，占总人口的13.26%，其中65岁以上老年人为1.19亿，占总人口的8.87%，中国成为世界上唯一老年人口超过1亿的国家。2014年中国老年人口将超过2亿，2015年达到3亿，2042年老年人口比例超过30%。

与此形成对比的是，中国电视屏幕上对这个群体的关注却很少，晚间时段尤其明显，那些唱歌、跳舞、选秀、谍战等的主要目标收视人群几乎都不是他们，唯一可以说是针对老年人的就是形形色色的养生节目和极少数戏曲专业频道，而最“关心”他们的可能就要算那些花钱做假冒伪劣药品广告的人了。作为电视受众里的“弱势群体”，中国老年人很少使用新媒体，也不是时尚的主要消费群体，加之没有通畅的投诉途径，收视需求和声音也就很难表达和被听到了。

父亲不上网，因为觉得节目“没意思”也很少看电视，但自从CCTV一个以自然、人文、历史为主要内容的纪录频道开播后，家里的电视机基本都锁定在这里，精美的画面、动听的音乐和高质量的制作呈现的内容常常令他赞叹不已，而其中不少从BBC进口的纪录片就是在其1频道晚间黄金时间播出的。

当电视媒体在激烈的市场竞争中火拼时，以中国电视人的平均年龄段看，大家不妨想一想，当你们在为同龄人乐此不疲地制造“娱乐”时，你们的孩子们看什么，你们的父母又看什么？

美国 1948年 Airline 94GSE—3015A 7英寸

有什么样的观众，
就会有什么样的电视，
反之，有什么样品质的电视，
就能培养出什么样审美情趣的观众，
时间可以证明一切。

Training Young Audiences
观众从娃娃抓起

英国广播公司开播电视服务半年后，电视机数量和观众人数还非常少时，1937年4月24日，英国最早的儿童电视节目就已在那个周末的下午3点播出，节目名称分别是“和妈妈一起看”、“See-Saw”和“儿童的BBC”，虽然总时长只有10分钟，但已经很好地体现了BBC关注青少年观众的宗旨和传统。儿童节目在后来70多年的发展中，成为一个独立品种，有了专门的频道，形式多样化，承担着启蒙、教育和娱乐孩子们的作用。

有趣的是，因为二战影响，1939年9月1日，BBC电视停播，当时最后播放的节目是米老鼠动画片，七年后的1946年6月7日复播时，和英国观众见面的第一个节目还是米老鼠，这部动画片“播出”时间确实挺长。此后陆续有一些为儿童制作的短节目，到1948年，周日下午4—5点的固定栏目开播，名字叫《为了儿童》和《儿童一小时》。BBC的儿童节目一直是以栏目形式存在，因为受到社会和媒体重视，出现过不少高质量和历史悠久的节目，培养了几代观众。

20世纪八九十年代，第4频道、第5频道和一些商业电视频道在有线和卫星电视平台上开通儿童专业频道，对BBC的儿童

节目形成了竞争和压力。不过，直到新千年后的2002年，英国广播公司才开播自己的儿童频道CBBC和CBeebies，此后，英国儿童节目从播出频道、时间和原创首播的节目数量都逐渐增长。

现在，英国有25个播出儿童节目的频道，其中BBC1频道、BBC2频道、ITV1频道、第4频道、第5频道、S4C[①]和GMTV属于提供模拟信号的公共服务平台，有固定时间播出儿童节目，BBC的CBBC和CBeebies则是儿童专业频道，余下的基本都是商业付费儿童频道，主要属于三家全球媒体集团：沃尔特迪斯尼公司、特纳广播公司和维亚康姆。

Ofcom规定公共服务频道要为孩子和青少年提供“一定数量、范围广、品质高和新颖的节目”。BBC自己也对各频道的儿童节目数量有具体量化指标。儿童娱乐和电视剧要体现和强化对英国文化的认同，真实类型的节目则重点放在给孩子们提供信息和促进他们成长的知识上。不同节目类型应该展示公共服务的不同特质，比如动画片要吸引人、电视剧要新颖独特、真实节目则要有挑战性，总之要通过节目对儿童和青少年观众传递公共服务的理念。

监管部门之所以强调节目类型多样化和原创的重要性，是基于从教育学、心理学、社会学、文化和媒体等领域对儿童节目的研究和分析，小观众们能接受不同类型的节目，并且每个个体对节目的喜好程度不一样，形式丰富的电视节目能给孩子们的成长带来好处。

---

① 在威尔士地区播出的频道。

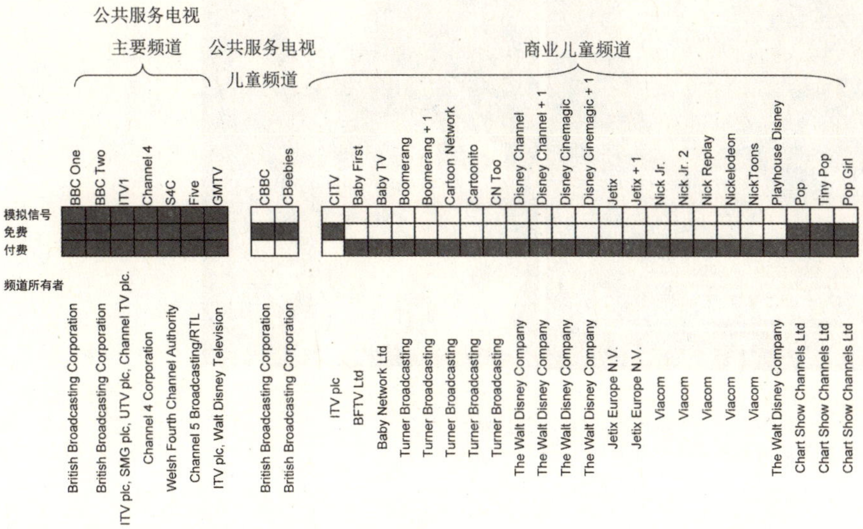

英国提供儿童节目和儿童频道 资料来源：Ofcom

一些对学龄前儿童的研究表明，语言能力、社交技巧、对世界的认知都是来自为他们"量身定做"的节目，而对年龄稍大些的孩子观察后发现，他们的学习常常是在不经意间和非正式的情况下通过观看娱乐节目完成的，比如社会经验、开心、互动、寻找机会和识别社会身份等，所以让孩子们学习的目的不一定非要观看纪实类节目，或者正式的教育节目才能达成。通过观看电视节目，视野开阔的孩子显示出快乐、开朗、幽默等性格中的重要特质，对他们发展社交技巧、增强认知能力等都有好处。

儿童节目还对个体社会化和公民身份意识的形成起着作用。年龄大一些的孩子能从电视剧中那些错综复杂、麻烦不断的故事情节中学习有用的社会经验，分清不同节目类型，在真实和虚构间批判性地做出自己的判断。他们也会关注儿童新闻和相关网页，特别是在遇到困境、冲突和危险时。英国著名的儿童新闻和时事节目是BBC的《新闻圈》，现在这类为儿童专门制作的新闻节目数量在英国和欧洲有上升的趋势。

英国人一直把儿童电视看成是文化生活中很重要的组成部分，这体现在对国产节目的重视上，孩子们也很喜欢这些原创节目，最受欢迎排名前十的节目都是"英国制造"就是例证。当然这需要国家在经济和政策上的扶持，建立一个繁荣和具有竞争力的儿童原创节目制作市场，给孩子们提供高质量的节目。

英国儿童电视的繁荣不只是表现在有众多专业频道和儿童节目上，很多著

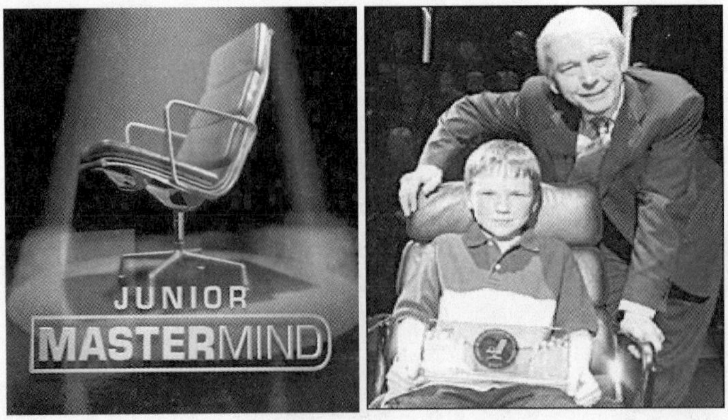

左　《少年智多星》片头中标志性的“老板椅”
右　酷爱历史的罗宾·格迪斯与主持人在一起

名电视栏目都有针对孩子们的“儿童版”，这既是栏目服务儿童的体现，也是培养观众的通常做法，所以一些历史悠久的节目常常在一个家庭中拥有几代忠实粉丝。

学习是人类在青少年时代的基本任务之一，历史悠久的益智游戏节目与孩子们很有“缘分”，通过寓教于乐的方式让他们在开心中增长知识，还能激发求知欲望，在这方面“压迫式”益智游戏节目《智多星》的青少年版具有天然优势。

2012年2月，爱尔兰的商业电视机构TV3宣布计划播出《少年智多星》，要寻找2001年1月至2002年4月之间出生的小选手。该节目的原版就是来自BBC1999—2007年间播出的6季益智游戏秀《少年智多星》，节目形式和成人版一样，分自选知识和常识两轮问答。只是参与者的年龄限制在10—11岁，回答“考官”问题时，出于保护未成年人的考虑，孩子们只需要说名字，而不是全名，另外，因为没有工作，用家乡的地名代替职业。

很多孩子在某些自己感兴趣的领域所积累的知识超乎大人的想象，他们的智慧也不因年龄小而可以被忽视，《少年智多星》就给那些聪明、爱学习的孩子提供了一个展示的舞台。他们擅长的领域也很有意思，比如2004年的优胜者丹尼尔·派克就熟知甲壳虫汽车和英国特工詹姆斯·邦德的对手方面的知识。而2005年的“少年智多星”是7岁的罗宾·格迪斯，他对电视剧《迪

左 喜欢邦德的尼尔·派克

右 学校《智多星》竞赛中的小冠军

布利的牧师》[①]很感兴趣，边看边做笔记。11卷本的奇幻小说《波德莱尔大历险》[②]他看了四遍，对其中的人物、故事和情节如数家珍。

这些都与他们的兴趣爱好有很大关系，罗宾·格迪斯是历史爱好者，他关注的内容有罗马、埃及、第二次世界大战和英国都铎王朝。在获得“少年智多星”称号后，小罗宾对采访他的记者说：“历史看起来像是故事，有很多不同的人物出现和事情发生，但这些又都是真的，历史有广阔的范围，囊括了世界上所有事情。” 他是《智多星》的忠实观众，当看到青少年版的比赛通告时，毅然决定报名，为了参加比赛，罗宾还通过阅读智力竞赛和百科全书拓宽和巩固自己的知识。

参加节目录制，回答问题和看电视的感觉完全不一样，他做好了准备，如果没有获胜，对自己也是一次很好的经验积累，幸运的是他成了冠军。因为没有告诉同学，当“突出”出现在电视上时，着实令大家吃惊不小。这些经历在他对未来的设想中投下了影子，罗宾想当律师、喜剧作家或者历史学家，他很喜欢“憨豆先生”演的喜剧《黑爵士》，该剧的作者理查德·柯蒂斯也是《迪布利的牧师》的作者，“既有历史，又是喜剧，这太棒了！”

从罗宾的经历能看出很多会学习、爱思考的孩子身上共有的特质，也给其他孩子树立了榜样。当这些“术业有专攻”的小智多星坐在著名的黑色椅子上答题时，不知电视机前有多少同龄人会羡慕他们的“博学”，从而自己也爱上

① 1994至2007年BBC1频道播出的情景喜剧。
② 译名还有《尼蒙利斯连环不幸事件》和《雷蒙·斯尼奇的不幸遭遇》等。

针对不同年龄段的孩子开展园艺活动

学习。英国一些中小学校会模仿《少年智多星》模式，自己开办智力竞赛，鼓励孩子们汲取除了课堂书本以外的知识，成为某个领域的“小专家”。

电视节目很多时候折射的是特定的社会环境和历史文化，比如英国人喜欢园艺，所以相关节目就可以不温不火地存在几十年。作为英国播出时间最长的一档电视园艺节目，首播于1967年的《园丁世界》就影响了几代人。

英国人喜欢摆弄花草，有着悠久的园艺历史，足球和园艺被称为英国人的两大爱好，从王室成员到普通百姓对园艺都喜爱有加，他们是有名的“Garden Lover”（热爱花园的人），行走在英国的大街小巷，不难发现，人们的生活和园艺有着紧密联系。伊丽莎白女王的母亲生前就喜爱在皇家园林里修修剪剪，她经常跪在地上除草松土，并以在身上沾满泥土而乐此不疲。在喜欢享受户外活动的英国人看来，亲近土地和自然是一件很惬意的事情。

学校、社区和民间组织会开设园艺课，很多人也抽空上各种园艺课程，或者阅读园艺杂志书籍，然后在自家的花园里实践。无论什么季节，他们的房前屋后都能看到鲜花盛开，特别是春天，整个国家就像花的世界。英国人喜欢园艺当然也离不开媒体的熏陶和培养。

《园丁世界》等园艺节目不仅服务现有的园艺爱好者，也有意识地培养儿童和青少年爱护环境的意识，为孩子们建立“绿色气球俱乐部”，通过让幼儿参与活动教会他们如何善待自然。活动包括免费给孩子们邮寄和发放鸟食，让

左上　孩子们在老师的带领下挖探坑　　　左下　参与考古活动的孩子获得节目礼物
右　《时光团队》主持人托尼走进课堂，向孩子们传授考古知识

他们把鸟儿吸引到自家的花园里，收集花的种子在第二年春天栽种，给鸟筑巢并提供清洁的饮水等。不少民间组织和教育机构也联合电视栏目开展如“小小园艺家”之类的项目，用各种方式让孩子们走进大自然。

《园丁世界》用40多年把自己塑造成业界的信息中心，树立了在园艺爱好者中的权威和信誉。只要生活还在继续，只要英国人还需要鲜花、绿草和新鲜的空气，《园丁世界》就可以长盛不衰，历久弥新。亲近自然，爱护环境的意识要从小培养，观众也要从娃娃抓起，也许这些孩子长大后就成了节目的忠实“粉丝”，可谓一举两得，这样的例子还很多。

开播于1994年1月16日的《时光团队》是英国历史最长的考古栏目，他们通过考古发掘的信息穿越时空与历史对话，和先人沟通，向后代传递着一个民族的文化根基。节目拥有一支实力和阵容强大的团队，由考古学家米克·阿斯顿、菲尔·哈丁和以青铜和铁器时期发掘著称的弗朗西斯·普赖尔担任负责人。成员还包括景观考古学者、考古地球物理学家、测量师、插图画家、盎格鲁—撒克逊研究专家和历史学家等。节目根据不同的考古项目，还有其他专家和年轻成员前来助阵，他们的智慧、学识和对历史文化的热爱撑起了一个技术含量很高的电视文化节目。节目一般在下午6点播出，是一档适合全家人共同收看的“家庭节目”。

2005年7月15日，位于英格兰西南部德文郡的埃克赛特大学授予《时光团队》制片人蒂姆·泰勒和主持人托尼·罗宾逊荣誉博士学位，同时邀请米克·阿斯顿担任客座教授为研究生讲授景观考古学课程。这也是学校与栏目合作的开始，从那年9月开始，所有考古学硕士研究生都有机会带着他们学到的知识加入“时光团队”去实践和参与重建历史遗迹。

当年创办节目时，就是为了让更多人了解考古，了解历史，看着年轻人因为喜欢节目，进而喜欢上了考古，对于节目制作人员来说是比博士学位更高的荣誉。为了能让更多年轻人喜欢考古，托尼还担任了青年考古俱乐部的主席，并走进课堂给孩子们讲解考古和历史知识，激发他们的兴趣。

节目常常动用包括航拍、电脑动画、插图、模型、历史档案、影视资料、场景重现、遗址重建，甚至将卫星遥感测绘、地形学和计算机绘制地图等多种方式和高科技手段穿插其中，让本来很单调的考古发掘过程变得生动、有趣和直观，可视性和故事性都很强，吸引更多年轻观众。《时光团队》用事实告诉观众，特别是青少年，历史就在你我身边，你有理由为自己的先辈感动，为他们创造的历史骄傲，用中国人的话说就是做了很好的“爱国主义教育”。

同样是关于历史和文化传承，被称为“BBC皇冠上的宝石”的《古董路边秀》则有不同的切入点。他们邀请文物鉴定专家以“流动办公”的形式，到英国各地去给当地居民鉴宝，简单说，节目创意就是让普通人带着自己家里已经落满灰尘的旧物去参加BBC的节目，重新发现它们的价值。

正如栏目名称一样，节目突出的就是“路边秀”，像我们的地摊一样，很随意，没有门槛，男女老少等各色人都有机会参与，既可以丰富人们的知识，提高对收藏的兴趣，又增强人们关注历史、保护历史的意识。

当然，节目的载体已经是古董，节目表现形式就不能再死气沉沉了，要保持活力就必须跟上时代的步伐，制片人一直在考虑让《古董路边秀》能适应21世纪的观众需求。现在有越来越多的年轻专家被邀请参与到节目中；高清晰度的电视画面能让参与鉴宝的古董看起来更漂亮；节目录制地点的选择和以前有所不同，不局限于传统场所，也会走进大学校园。这些都是为了吸引年轻观众的举措，让他们对历史文化产生兴趣。

《古董路边秀》每年推出一个儿童圣诞节特别节目《古董路边秀：新一代》，节目针对18岁以下的收藏者和古董爱好者，由70多岁的主持人老爷爷迈克尔·阿斯派尔和BBC儿童节目主持人“大姐姐”费恩·科顿共同主持，而专家仍然一丝不苟地为孩子们鉴定他们的“宝贝”，比如电影《星球大战》中的玩具卡通人物，限量版的芭比娃娃、泰迪玩具熊、钓鱼竿的卷轴、裁纸刀、胸针、酒杯和开塞锥等。

一名工作人员说：“我们想把年轻人带进这个节目，《古董路边秀》不是只给40岁以上的人看的，所以即便孩子只带了一件他们喜欢的东西来，我们的专家也会给出很多建议，告诉他们怎么建立自己的收藏，应该去搜集什么东西，这绝对是一件很好的事情。”

有时候，当我们的电视人抱怨观众的审美情趣低，口味重，高品质节目收视率低，为了保证收视率，只能做些低端节目时，大家是否想过，现在的老年、中青年电视观众都是从儿童和青少年成长起来的，中老年观众当年看的多半是充满说教味的节目，而年轻人小时候看的不是日本动画片，就是米老鼠和唐老鸭，很难想象今天钟情于相亲、搞笑和劲歌热舞节目，甚至已经转移焦点在Ipad上切水果游戏的孩子们长大了会爱看什么样的节目。

电视观众培养就像系统工程，今天不投入，明天怎么能有收获？有什么样的观众，就会有什么样的电视，反之，有什么样品质的电视，就能培养出什么样审美情趣的观众，时间可以证明一切。

美国　1939　Meissner 10—1153　5英寸

很多东西其实并不是刻意的收藏，
而是在历史积淀中的家族传承和时光记忆的载体，
从经济角度看也许并不值钱，
但其背后蕴含的故事和经历对持有者而言却是无法用金钱衡量的，
并且他们很愿意与别人分享这些故事，
或者搞清楚其中的来龙去脉。

Antiques Roadshow in Manchester
曼城的《古董路边秀》

每年进入3月，经历漫长冬天后，英国的天气开始转暖，夏时制也于3月最后一个周日开始实行，时针往前拨一个小时，这样白天就“增长”了。在英国的电视屏幕上，不少按季播出的节目在录制时受季节和气候的影响很大，所以一般都是从3月以后到10月前完成在各地的录制。这段时间也是英国最漂亮的时节，到处鲜花盛开，绿草如茵，很适合户外拍摄。

2011年4月4日，第33季专题类电视栏目《古董路边秀》的第一集录制来到英格兰西北部、世界上第一座工业城市曼彻斯特，地点选在拥有130多年历史的市政厅。这是一座维多利亚时代的新哥特式建筑，1952年被列入一级保护建筑名录，在以工业文明著称的城市里显得与众不同。

《古董路边秀》的第一集样片于1977年5月17日由BBC西部分部在威尔士的赫里福德郡录制，“专家‘开店坐诊’，‘投注者’带着装满东西的超市购物袋来，然后摄像机把他们的活动拍下来”，这是当年《独立报》对《古董路边秀》的形象概括。出人意料的是不仅参加的人踊跃，播出后也大获成功，随后制作的节目成为该栏目的第一个系列，英国人逐渐地像习惯

左　曼彻斯特市政厅门前的活动海报　　　　右上　录制节目的大厅
右下　《古董路边秀》片头

喝下午茶一样习惯固定收看这个节目。1979年，《古董路边秀》由一个地方节目“升级”成在全国范围播放的节目，并一直保持最初的形态，几十年没有大的变化，就连片头音乐也沿用至今。

不在风景如画的园林里，就在历史悠久的建筑中，这是多年来《古董路边秀》选取外景地的原则。2011年计划录制的13集里，地点有政府大楼、城堡、大学、博物馆和花园等，他们用英国最有特点的自然风光和人文历史作为节目背景。

4日一大早，本来还晴朗的天空突然阴沉下来，当我到达曼彻斯特市政大楼时，天空开始下起了小雨。楼前两侧竖立起了《古董路边秀》的海报，上面最醒目的是主持人菲奥娜·布鲁斯的头像。来自曼彻斯特附近的市民用各种方式携带着自己的“宝贝”，排着长队请古董专家“会诊”，距离活动开始还有大约一个小时，“长龙”已经延伸到市政厅外的广场，其中不乏坐着轮椅和拄着拐杖前来的铁杆粉丝。入口处特别提醒：如果“持宝人”带来的是古董枪支、刀剑，或者其他武器，需要先交由专门的军械师检查，以确保安全。

伴随着现场播放的《古董路边秀》片头曲，栏目宣传主管在录制开始前向我介绍了2011年的计划，预计只有两集在室内拍摄，其他都安排在室外。每次

《古董路边秀》制作团队工作中

录制前的准备工作大概需要五天，包括布置拍摄机位、灯光、安排观众行走的路线等。工作量最大的则是录制当天，从9点正式开始工作，要连续干8小时。根据以往多年的经验，预计会有多达3000—5000名的观众带着物品来到现场。

市政厅里最大的综合大厅既是节目录制现场，也是真实的鉴定工作室，慕名而来的观众们带着自己的收藏在近40名当地志愿者安排下，从广场排队缓缓经过门厅、楼道、楼梯，最后进入二楼拍摄现场。来得晚的人很可能要排一整天的队，但没有人加塞和抱怨，大家乐在其中。

参与者首先要到大厅门口的接待处做“初检”，也就是由几位专家对观众带来的物品进行初步分类，然后分发不同颜色的标签，进入不同通道找相关专家做进一步鉴定。他们态度和蔼、亲切，不因为物件的价值高低和真假优劣而厚此薄彼，不时与参与者开着玩笑，碰到有价值的物件会出于职业习惯先行点评一番，也算是后面正式录制的预演。鉴定设置的分类很细，有图书、陶器、钟表、绘画、家具、玻璃、银器和金属制品、兵器和军事用品、珠宝和其他类别等。在参与者进入拍摄现场前，他们就已经从楼道边的海报栏上看到了几十位专家的照片和名字，还真有点像国内医院专家门诊的架势。

可以说，参与者既是来鉴宝，也是来当现场观众，同时他们还是节目录制的流动背景。现场安排了五个拍摄点，五个团队在各自导演的带领下分别录制，根据鉴定物品的大小，配备不同高度的专用架子、拍摄器材和机位，电缆总长度超过3公里。每个组还有化妆师和发型师为出镜观众做基本的造型处理。一些大件物品有专人负责搬运，而易碎的瓷器在放上展台后有工作人员重点看护，按照栏目手册上的话说就是所有的细心都是为了“安全第一”。

观众被安排从各个拍摄点迂回穿行而过，不过他们可不是为了排队而排队，因为都是自愿参加节目，属于节目的忠实粉丝，对经过的拍摄点正在鉴定的物品都很感兴趣，所以我们从镜头里就能看到他们饶有兴致地听专家讲解，而不是面无表情的“木乃伊道具”。现场并不是所有专家都被安排录制节目，其中一部分只是在其他位置给观众做鉴定，但他们并不因为没上镜而有丝毫马虎，这也是栏目给观众提供的免费服务。当我近前拍摄时，他们会很默契地调整手中物品，给我一个很好的角度，从中不难看出这些专家的职业素养和与媒体打交道的丰富经验。

几百人密集地在一个大厅里流动，却不觉得混乱，也没有大声喧哗，习惯于排队的英国人耐心地等待着。当然栏目也给大家提供了可以休息的椅子，在这里你不用担心谁会插队。一位老人可能是因为排队时间过长，晕了过去，在一旁待命的救护人员马上进行处理，现场未见丝毫骚动，录制也未受到影响而停顿。当栏目的美女主持人菲奥娜出现在现场时，秩序井然，没有人上前去找她签名、合影，要知道她可是英国著名的电视新闻主持人，栏目影响力相当于我们的《新闻联播》。

看过这些场景后，对“淡定”两个字会有新的理解。组织这样一个观众、摄制组和无数“宝贝”混杂在一起的活动，对节目组的统筹能力和观众素质都是考验。不过不用担心，他们已经积累了40多年的运作经验，截至2012年底，《路边古董秀》已经播出34季，包括特别节目在内，近650集，足迹遍布英伦三岛各个角落，它曾经名列英国电视地面频道十大“真实电视”之列，在日本、澳大利亚、新西兰、南非、美国、加拿大和欧洲很多国家有不同版本。

采访时，我想起了距离我不远处那位鉴定专家说过的话。2008年，《古董路边秀》在肯特郡建于1179年的罗切斯特大教堂录制节目，“当清晨第一缕阳光穿过教堂窗户的彩色玻璃照在流动的人群身上时，我不禁赞叹道‘太棒了！’因为那看起来很像是中世纪的某一天，也许那时一个集市也正在教堂里举行。我们展现的是不列颠历史的一个小小片段”。离开现场时，广场上曲曲折折排了更长的队伍，天空飘着雨，人们仍然耐心地等待进入市政厅。

中国电视屏幕上也有几档鉴宝节目，不过都是在演播室里，以鉴定价值为主。其中最吸引眼球的要算《天下收藏》了，其卖点就是一旦鉴定物被专家判断为赝品，主持人就使用工具将其砸毁，取“去伪存真”的寓意。2012年5月，北京首都博物馆和该栏目联合举办了一个“‘假’如这样——真假藏品对

《古董路边秀》曼彻斯特录制现场

比展”，由博物馆提供40余件（套）瓷器真品，栏目组则把节目中部分砸毁的瓷器予以修复后比对展出，目的是为收藏爱好者提供亲眼识别真品与赝品的机会。

这个看似正常的展览却因为几位专家关于被砸瓷器大多为真品，其中不乏珍品的言论引起社会关注，进而引发关于文物鉴定标准、资质认定、鉴定机构监管、节目运作伦理和高仿赝品的价值等问题讨论。也折射出当下中国社会普遍存在的价值观，即评判一个事物的价值高低时，总是把金钱放在第一位，所以才会有为了建盖更具商业价值的楼盘而强拆历史文化建筑，为了收视率不惜弄虚作假等现象。

英国电视屏幕上还有不少播出时间长很受欢迎，形式各异的鉴宝节目，比如搜寻家中旧物变现，以实现理想的《阁楼寻宝》；独立评估师现场鉴定，当场出价收购的《迪金森的真实交易》；鉴定古董，并举行拍卖会的《拍卖》；比拼参与者眼光和鉴赏力的红蓝两队游戏节目《淘宝拍卖》；把家中多余物品用车载到二手市场进行交易的《宝贝亮出来》，就是基于英国很普遍的乡村集市形式，选一处收割后的宽阔麦田，人们用车载着物件进行交易，既省去了摊位，简单易行，还是一种很好的社交形式。

这些节目基本都是以游戏、真人秀和纪录片的方式呈现，内容也呈现多元化，比如《古董路边秀》侧重古董鉴定，《宝贝亮出来》、《成交》和《阁楼

左 《宝贝亮出来》片头　　右 《阁楼寻宝》片头

寻宝》等更多关注的是“废物利用”，《迪金森的真实交易》则直截了当，讨价还价，现金直接交易。按照《阁楼寻宝》制片人的说法，美国版的同名节目“更物质化”，而英国版中虽然不乏因为意外惊喜，东西的价值超出预期而欢呼雀跃，喜极而泣，但英国人似乎对这些东西从哪里来，以及它们背后的时代更感兴趣。

《古董路边秀》也不时爆出发现某个价值不菲物件的消息，但大多数情况下节目里里外外透出的是从容、优雅和矜持的气质，这得益于英国人对历史文化的特殊偏爱，行走在大街小巷，不时就能发现路边街市、古董店、旧书店和二手艺术品店。走进普通英伦家庭，主人总有几件值得自豪的东西可以展示，大到有上百年历史的房子，小到某次旅行带回的纪念品，甚至是多年来访客的留言和签名。很多东西其实并不是刻意收藏，而是在历史积淀中的家族传承和时光记忆的载体，从经济角度看也许并不值钱，但其背后蕴含的故事和经历对持有者而言却是无法用金钱衡量的，并且他们很愿意与别人分享自己的故事，或者搞清楚其中的来龙去脉。

所以，在节目录制现场，看到更多的是“持宝人”深情讲述，专家耐心介绍相关背景知识，旁观者则饶有兴致地聆听，既开眼，又增长知识，大家关注的焦点远不止在“宝物”价值几何上，自然也就不会有为了吸引眼球损毁物件的极端做法。

活动现场每个大类前面都竖立着一块玻璃牌，上书一句相关的格言，比如图书鉴定处旁写着：“好书是最好的朋友，今天如此，永远如此。”而给我留下印象最深的是：“Everything has its beauty but not everyone sees it”，这是英语世界里一句很著名的格言，据说来自中国的孔夫子，用中文讲就是

左 《迪金森的真实交易》　中 《拍卖》节目现场　右 英国常见的车载二手市场

“万物皆有其美，唯慧眼能识之”，这给我的采访带来了意外惊喜。英国人尚且能理解和运用中国古人的智慧，我们又有什么理由不珍视自己的文化呢？

美国　1949年　Emerson600　7英寸便携电视机

丹尼觉得他们要找的“新人”可能是50岁、60岁，甚至70岁，
因为观众想看到的是最好的、最有意思的，
而不是最年轻的，
也就是说
他执掌的BBC1频道需要的优秀电视主持人并不只是20岁的年轻人。

More than a Pretty Face
电视台的歧视

在中国电视屏幕上，很少能看到中老年女性主持人的身影，不少电视台几乎是以五年，甚至更短周期替换年轻漂亮的女主播，为的是在内容更新幅度不大的情况下，在视觉上能“眼前一亮”。电视以运动视觉影像为主要特征，让观众赏心悦目理所应当，但电视作为媒体同时还要提供除了视觉刺激以外的更多内容，这就不是靠漂亮脸蛋和曼妙身材能完成的。

道理大家都明白，我们也从英国电视屏幕上那些风度翩翩的中老年男性主持人身上充分感受到这一点，但作为媒体工作人员的重要组成部分，女性则是另一种境遇。和她们的男同事们职业寿命较长相比，女人们的危机感则强很多，不少人过了40岁就面临下岗，“以貌取人”就连英国广播公司也不能“免俗”。

2010年11月5日，女主持人米莉娅姆·欧赖利以遭到“性别和年龄歧视”为由起诉BBC，事情的起因源于2008年底，因为《乡村档案》将在2009年初从上午调整到晚间黄金时段播出，时任1频道女总监的杰伊·亨特[1]决定对主持人进行调整。

---

① 2011年1月，杰伊·亨特加入第4频道担任首席创意总监。

左　米莉娅姆·欧赖利

右　杰伊·亨特

最终决定是四名女主持人米莉娅姆·欧赖利、夏洛特·史密斯、迈克拉·斯特罗恩、朱丽叶·莫里斯和两名男主持人汤姆·希普、本·福格尔将不再出现在晚间节目中，取而代之的是新主持人。这次“大换血”触及了BBC的“敏感神经”，那就是主持人使用上的“性别和年龄歧视”问题。

米莉娅姆·欧赖利1957年2月19日出生，加入BBC以前当过报社记者、地方广播新闻制作人和电视主持人，经历了一段全职母亲的生活后，40岁时加盟BBC广播4台担任《今日农业》和环保节目《地球成本》主持人，曾经因为对口蹄疫的报道赢得很高赞誉，2001年成为《乡村档案》主持人，凭借出色表现获得一系列奖项。遗憾的是，2008年10月，当时51岁的她被列入裁员名单。夏洛特·史密斯在农村和环境事务方面也是很优秀的记者，42岁的迈克拉·斯特罗恩是四人中最年轻的一位，在为《乡村档案》服务了11年后，她离开的时候也到了。

因为当时保留了68岁的约翰·克雷文和亚当·亨森两位男主持人，却偏偏裁掉四名女士，这种做法被认为是BBC歧视上了年纪的女主持人，据说在做出决定前9个月，就有一位导演私下提醒米莉娅姆，当开始运用高清电视技术时“小心你的皱纹”。节目团队内部有人也感到很生气：“这些记者是她们领域的专家[①]，帮助《乡村档案》成就了今天的业绩，但当节目登陆晚间黄金时段时，她们却被搁置了，无论如何，这是一件很难堪的事情。”

---

① 他们都是记者出身，在栏目的工作性质也与记者很接近。

《乡村档案》男主持人约翰·克雷文和亚当·亨森

BBC一般很少直接解释此类变动的真正原因，他们的新闻发言人也否定这是针对“老年人歧视”的指责，只是需要让节目看起来更有朝气和活力。不过和以前的情况类似，内部消息是“40—50岁的所有女主持人都必须离开，她们已经被通知不在新节目中出现，BBC要重组一个主持人阵容”。

为此很多人提出质疑：“为什么50岁主持周日早间播出的节目没问题，到了晚间就不行？这对女主持人们是一种侮辱。”而有的人为节目变动感到担心：“他们抛弃了在过去很多年建立起观众缘和储备相应知识的人。”在观众眼里，《乡村档案》是一档深受大批中老年观众喜爱的节目，同时也有不少年轻观众，这些人对主持人的年龄似乎不太在乎。虽然有争论和投诉，不过最终都不了了之，而那些40岁、50岁和60岁的女主持人在无助中被“下岗”。

“关于《乡村档案》替换主持人的任何建议都是无意义的。”当时BBC新闻发言人说，“观众将会在晚间《乡村档案》中看到新的男主持人和女主持人，新任命同样是基于他们各自的专业学识和经验。”发言人还强调当时66岁的女主持人乔安娜·拉姆莉①、74岁的时事和文化节目主持人戴维·丁布尔比②和84岁的娱乐节目主持人布鲁斯·弗赛斯③等“老年人”还活跃在BBC黄金时间节目里实属特例。

后来证实，“神秘”的新主持人是38岁的茱莉亚·布拉德伯里，曾供职于时事节目《监督者》，为了证明她是合适人选，BBC还专门介绍她之前主持过一

① 英国电视主持人，2011年还在主持纪录片节目。
② 英国资深时政记者和主持人，至今主持BBC最重要的时事谈话节目《问题时间》。
③ 英国电视娱乐节目主持人中的全才，至今还活跃在一些重大的年度娱乐才艺秀中，2011年10月，在粉丝的呼吁下获得英国女王颁发的骑士爵位。

顶替米莉娅姆的茱莉亚

档徒步旅行的系列节目《温赖特的步道》[①]，选择茱莉亚的另外一个原因是她看起来“很上镜”，而且是一位攀岩高手，2011年，她又主持了纪录片《行走运河》。

如果从积极的角度看，英国电视节目从早间时段换到晚间黄金时段是一次很大变动，因为观众构成随之发生很大变化，节目内容进行相应调整，这样做的目的性很明确，就是为了提高收视率，甚至可以把在晚间播出的《乡村档案》看成是一档新节目，所以配合这次行动，在保留资深主持人克雷文的同时，引进新面孔也是可以理解的。

然而，米莉娅姆有自己的想法，她希望变动是基于能力，而不是外貌。虽然在电视上出现，相貌是不能忽略的，但自己的长相还不至于“惊吓”到马，年轻不能成为保住工作的首要因素。于是，2010年11月5日，米莉娅姆把BBC告上法庭，并且拒绝和解的建议：“我想听听法官是怎么看待这件事情的，想知道为什么会被如此对待，希望得到公正裁决。”这一举动得到英国广播公司三十多名女同事的联名支持。

就在同一天，当时刚上任一个多月的1频道新总监丹尼·科恩第一次公开以新身份亮相就对此发表了自己的看法，他觉得作为英国广播公司的旗舰频道，应该为有才华的老年人提供更多机会。在接受采访时，丹尼说：“当我们谈论新人时，也许大家想到的是二三十岁的年轻人，其实BBC1频道要找的是年龄稍微大些，甚至是上岁数的人才。”

---

① 英国旅游作家阿尔弗雷德·温赖特所著的《湖区旅游指南》让很多旅游者痴迷。

丹尼觉得他们要找的“新人”可能是50岁、60岁，甚至70岁，因为观众想看到的是最好和最有意思的，而不是最年轻的，也就是说他执掌的BBC1频道需要的优秀电视主持人并不只是20岁的年轻人。这位因为在吸引年轻观众方面颇有建树的媒体人在新岗位上迅速调整了自己的策略，他认为这个频道需要尝试去冒险，没必要给自己施加压力，迫使其成为整个不列颠岛全年每一天收视率最高的频道。

2011年1月11日，经过米莉娅姆14个月的“斗争”，法院判决BBC年龄歧视成立，认为对米莉娅姆和她的同事不公平，但没有支持她性别歧视的诉讼请求。判决书指出BBC在做出撤换主持人决定时缺乏文件支持，也没有经过必要的正规程序。法官认为赢得黄金时间收视，包括年轻观众喜欢的愿望合情合理，但不能支持建立在起用年轻主持人，损害老年主持人利益的基础上。

判决还批评BBC管理者们对待员工的态度过于随意，有损世界知名媒体的声誉。最难堪的恐怕要算杰伊·亨特了，因为她在判决的头一天刚刚出任英国电视第4频道的总监，据说她做出决定时是这样说的：“我觉得她们的经历更适合广播。”当时杰伊雄心勃勃，希望让1频道焕然一新，上一个新台阶，而米莉娅姆和她的几位女同事达不到标准，只好弃用。

此一时，彼一时，面对法院判决，英国广播公司发表声明向米莉娅姆道歉：“我们要感谢米莉娅姆20多年间为BBC做出的贡献。”除此以外，检讨操作不到位之处，并且在公平地选择和指定主持人方面对高管们进行额外培训，发布新的指导原则，他们觉得这次暴露出来的问题需要整个英国电视行业共同认真面对。时任总裁的马克·汤普森也给米莉娅姆打电话欢迎她回去，并且承诺会和她就未来的合作好好“谈谈”，提供新的工作机会。

创意产业组织“电影电视行业妇女协会”的执行官凯特·基宁蒙思表示无论官司胜败都具有标志性意义，因为它让长期存在于BBC的问题暴露出来，也让人们看到这些问题的重要性。这件事让人惊讶之处在于，在决定主持人的去留问题上不够公开透明，“米莉娅姆曾经为BBC工作，她很热爱这个岗位，但这样的结果令人感到很失望”。法律界人士则认为作为第一例针对年龄歧视的诉讼，对电视台为了吸引眼球就使用年轻人的观念发起挑战。

作为判决结果之一，媒体估计米莉娅姆可以从BBC获得7.5万—10万英镑的赔偿①在新闻发布会上，米莉娅姆充满感情地说：“我爱BBC，喜欢在这里工

---

① 也有报纸报道这个金额是25万英镑。

“同命相连”的女主持人和女演员们

作，这是世界上最好的媒体，但因为年龄，我被如此对待。”她觉得自己只有53岁，还可以继续为BBC服务。米莉娅姆说：“无法用语言形容我的开心，对所有广电人而言，为今后碰到同类问题的同行们带了个头，这具有历史和深远意义。”同事们也表示祝贺，为她的勇敢鼓掌，感谢她为BBC老年妇女员工改善生存环境做的贡献。因为这起官司，米莉娅姆也开始把部分精力投入到慈善项目中，利用自己的影响力，帮助在职场中遭受性别歧视的女性维权。

米莉娅姆的经历只是近年来的一个缩影，这场官司之所以被视为具有标志性意义的胜利，是因为英国电视机构中对老年人和妇女的歧视普遍存在，而且不止是BBC一家。虽然情况有所改变，但是远远不够，她希望胜诉之后能推动变化更快些。

在这起诉讼前后，也曾经有过多次引起社会关注的性别和年龄歧视案例，比如莫伊拉·斯图亚特，这位1949年出生的著名女播音员在她57岁时被宣布不再为一档周日早间节目播报新闻，这也就意味着斯图亚特将离开屏幕。BBC没有直接说明原因，但大家猜测是因为她“太老”了。2008年第六季名人真人才艺秀节目《来跳舞吧》结束后，爆出消息，65岁的女评委阿琳·菲利普斯因为岁数原因将被替换，果然，在2009年新一季开播时，她的位置被该节目的前冠军、女明星，30岁的阿莱莎·迪克逊代替，这也引发了一场关于BBC年龄歧视的争论。

就在米莉娅姆赢得官司的同时，资深政治新闻出镜记者兼主持人卡罗尔·沃克透过媒体抱怨，尽管因为2009年米莉娅姆的事情影响扩大后，时任BBC总裁的马克曾经承诺增加她和另外三位老年女主播茱莉亚·萨默维尔、蔡娜

四位电视女演员以裸体出镜抗议年龄歧视

布·巴达维和菲奥娜·阿姆斯特朗在新闻频道的工作机会和时间。但实际情况是，她们的出镜机会还是很少，16个月里，作为主持人她只干了不到20天的活儿。新闻播音员安娜·福特和园艺节目《园丁世界》的主持人卡罗尔·克莱因也曾经公开表示对公司“歧视老年人的不满”。

承认有问题是一码事，真正落实到行动上，改变现状则没那么容易。就在米莉娅姆官司获胜后的2011年9月，一份名为《最好》的杂志刊登了四位电视女明星的裸体艺术照，引起轰动。这些五十多岁的女演员来自英国广播公司和独立电视台的电视栏目和室内剧组。最近几年，适合她们的角色越来越少，五六十岁的年纪对男演员还成，而她们从40岁以后机会就少很多，编剧们也不怎么写这个年龄段女人的故事。之所以在镜头前“坦诚相见”，是想证明自己并不老，即便是如此“曝光”，也还风姿绰约，不输于年轻人，用另类的方式抗议电视台对老年人和女性的歧视。

在2011年9月18日的一次访谈中，“BBC信托会”主席彭定康希望广播和电视里能出现更多女性，特别是成熟女性的身影。提及现在是男性主持人占据新闻和时事节目主导地位的问题时，67岁的彭定康还打了个比喻，说比自己小一岁的妻子如果能出现在任何一档电视节目中，他一定会很高兴。

英国学者认为女性在电视上，甚至媒体上发声的机会比男性少是英国社会男性主宰公共生活的一种反映。有人统计，78%的议员和内阁成员是男性，每月报纸上78%的文章是男人写的，BBC著名时事辩论节目《问题时间》72%是男性参与者，BBC广播4台的《今天》84%的记者和嘉宾是男性。这种状况如果不能有效改变，恐怕电视台里的性别和年龄歧视不会很快彻底消失。

四位曾经遭遇过年龄歧视的女播音员莫伊拉·斯图亚特、卡罗尔·沃克、茱莉亚·萨默维尔、蔡娜布·巴达维

2012年2月，已经决定在奥运会后离职的BBC总裁马克·汤普森表示BBC电视屏幕上的中老年女性职员在人数上远远不够，旗舰新闻时事类和需要标志性人物的节目，特别是重要时政采访，缺乏资深女性面孔的问题十分突出。“像BBC财经主编斯蒂芬妮·弗兰德斯那样的资深专家型出镜女记者实在是太少了。”

马克任职期间，BBC曾委托研究机构做的一项统计显示，观众对电视里缺少老年女性面孔也感到不妥，不少参与调查的受访者感觉屏幕上人到中年的妇女似乎都长了一张“广播脸”，而被大家觉得缺少内涵但是年轻，更有吸引力的女人取代。他希望确保再没有女主持人遇到和米莉娅姆类似经历是BBC的责任，让米莉娅姆的官司成为BBC在对待老年女性职员问题上的转折点和敲响的警钟，BBC必须发掘和珍惜那些才华出众的女性员工，并且让她们知道年龄不是她们未来就业的障碍。

马克期望作为公众缴费支持的国家级媒体，BBC要兼顾不同社会阶层，公众也有权要求它在对待自己的员工和观众时，能体现出高标准公平、公正和开放。这算是对他借研究报告发布的机会，对此前一段时间关于年龄和性别歧视争议的总结与回应。

2012年7月6日，米莉娅姆又获得了一份惊喜，两天前刚刚被任命为BBC新总裁的乔治·恩特威斯尔给她发来邮件，邀请她讨论一下未来“复工”，参与新节目主持和制作的计划。此前，她已经获得了一份BBC为期三年的合同，新领导的邀请为她重回屏幕铺平了道路。这是“候任”总裁乔治第一个引起媒体关注的动作，或许他希望借此传达对那些经验丰富的女主持人、女记者和女编辑的

2012年卸任前的BBC总裁马克·汤普森

态度，给她们更多发展空间和时间，这也是延续执行此前研究报告得出的结论和为此制定的政策。

不过，全面彻底地解决年龄和性别歧视问题并没有那么容易，就在2012年9月17日，乔治正式上任BBC总裁一职的当天，女新闻主持人菲奥娜·布鲁斯接受《读者文摘》的采访，再次挑起了关于中老年女主持人问题的讨论。

48岁的菲奥娜出生在新加坡，从小随父亲辗转各地，毕业于牛津大学，1989年加入BBC新闻时事节目《全景》，担任调研员，从此开始了媒体生涯。菲奥娜脸庞轮廓清晰，五官端正，牙齿整齐洁白，两道标志性的剑眉高挑，一双大眼目光犀利、尖锐，给人以果敢、坚毅、自信和权威的印象，却又有着亲切、灿烂的笑容。她身材高挑、举止大方，衣着朴实而不失品位。当过调研员和记者的菲奥娜后来成为了一名优秀的新闻主播和节目主持人，主持《六点新闻》和《十点新闻》，这是BBC最重要的两档新闻节目，在法治节目《真实故事》、《犯罪观察》和文化节目《古董路边秀》中也有不错的表现。

菲奥娜接受采访时表示年龄对于女主持人们依然是个问题，对目前电视行业在男女主持人问题上实行的双重标准感到无可奈何，虽然她知道这不是针对某个人的，她能做的就是更加努力，尽量做到最好。为了不在播新闻时让观众看到岁月在头发上留下的痕迹，菲奥娜去染发，以便呈现亮丽的外表，但她不会为了延长职业寿命而去整容，这是底线，因为那是她丈夫不能接受的。看到很多同行姐妹的境遇，菲奥娜也考虑过自己的未来，如果真是不能在电视行业里走太远，她就去旅游，享受生活，或者做一名文职官员。“当然，如果我

左　在位仅54天的BBC总裁乔治·恩特威斯尔　　　右　女主播菲奥娜·布鲁斯

是一名48岁的男人，咱们就没有这场对话了。”菲奥娜打趣地对采访她的记者说，她的两位男同事休·爱德华兹和乔治·阿尔西亚[1]当时分别是51岁和56岁，正处于事业高峰期，从没有为今后的工作担心过。

乔治·恩特威斯尔马上对此表态：“如果一名有白发的妇女具备创造性的素质，并能驾驭和主持新闻节目，那么我们是找对人了。”他在接受BBC广播4台《今日》节目采访时承诺，在BBC性别和年龄不会成为障碍，并保证为广播和电视两个领域的女主持人们提供比过去更多的机会和岗位，“这需要过程，BBC的每个人都在想这个问题，并试图朝着正确的方向努力。”当然，乔治也觉得在这方面要有很大突破困难不小，因为整个国家最有话语权和能量的都是男人，媒体不可能离开社会环境的影响，也就是说，关于性别和年龄的问题会在一段时间里持续存在。

因为出镜就有关注度，可以带来各种好处，所以在中国电视界，当主持人是件很风光和实惠的事情，自然不可避免地带来很多问题：拉关系，走门路，潜规则，等等。从媒体机构角度讲，在主持人任用上缺乏规范可以遵循，往往是制作人凭感觉说了算，甚至有时候只是根据某个领导的喜好和只言片语，不时爆出的贪腐高官和电视女主持人的情色交易更是给这个职业蒙上了一层“神秘面纱”。与英国相反的是，男主持人往往没有女同事“吃香”，而上了岁数的男、女主持人们基本都是屏幕上的“稀缺品”，一轮轮的年轻人在竞争和

① 参见周康梁：《做最牛的主持人2：解码英国经典电视节目》，广州：南方日报出版社，2010年，第63页。

光鲜的压力下被快餐式地消费掉，所以我们基本看不到有积淀的老年男性主持人，更不要说老年女性主播了。

BBC的雇员可以投诉、抗议，甚至向法院起诉“东家”，它也能在一定程度上针对出现的问题和法院的判决做出调整，虽然改变的效果还需要时间去检验，但至少可以看到一个世界级媒体面对问题应有的姿态。从这些女主持人的抗争和支持者的阐述中也凸显了主持人行业共有的价值观，那就是从事这项职业应该更注重能力，而不是年轻美貌，光鲜的外表总会逝去，成熟的魅力才历久弥新。

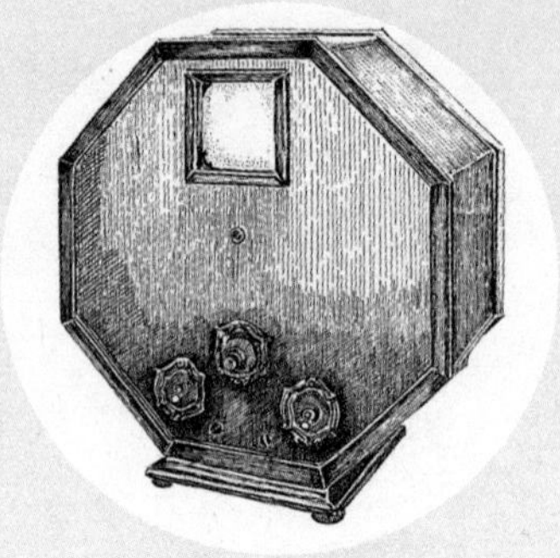

美国　1928年　General Electric Octagon　3英寸

骚乱平息了，

对峙暂时解除，

但是由骚乱引发的媒体与警方、法庭的关系，

媒体的独立性和与政府部门的合作问题，

媒体对公共事务自由表达的空间和法庭限制之间的矛盾还远没结束。

Policing the Media
骚乱之外的“战役”

2011年8月6日，为抗议一名29岁的黑人男子被警察枪杀，伦敦北部托特纳姆地区约300名居民聚集在当地警察局门前示威，结果演变成一场骚乱，进而曼彻斯特、伯明翰、利物浦等英格兰其他主要城市也爆发大规模街头暴力活动。参与者哄抢商铺、焚烧车辆、殴打行人，闹得人心惶惶，大批媒体记者冒着危险在现场为公众带去触目惊心的报道和画面。

严重的打、砸、抢、掠、烧暴力事件，不仅震惊英国，也成为世界关注的焦点，这可是几十年来，英国警方在街头未曾碰到过的大规模违法行为，与人们心目中温文尔雅的“绅士英国”形象相去甚远。骚乱持续5天，造成5人死亡，16人因为暴力侵害受伤，至少2500家商店的店面遭到破坏，经济损失达2亿英镑。这些混乱场面中的很大一部分被遍布大街小巷的闭路监控系统，也就是英国的“CCTV”[①]给记录了下来。

英国最早安装CCTV的是英格兰南部港口小镇“国王的林恩”，最近20多年，因为犯罪率上升和反恐形势严峻，公共场所开始大规模安装闭路监视设备。2009年2月，英国的上议院

① 闭路电视监控在英文里是“Closed—Circuit Television”，简写为CCTV。

上　伦敦街头骚乱　　下右　警察与骚乱者对峙
下左　骚乱发生后，英国首相在唐宁街官邸发表讲话

发布报告称，在防止恐怖袭击和提高管理效能的名义下，现在英国已经建立了世界上覆盖最广和最先进的监视系统，投入使用的CCTV数量估计有400万个。

BBC的时事节目《新闻之夜》曾经播出一个节目，对选定的英国100个行政区域的监控摄像装置进行了统计。这次抽样调查最有意思的发现是位于苏格兰以北210公里的群岛，也是英国领土最北段的设德兰群岛和位于英格兰中部、名不见经传的科比行政区拥有最多的监控摄像头，数量甚至超过了美国的大都市旧金山。大伦敦地区下设的32个区中，平均1000人就“享有”68.7台监视器的待遇，但很多人并没有意识到自己处于监控之中。在伦敦，只要你出门到公共场所去，一定会被CCTV记录下来，而且“上镜率”还很高。

虽然这种持续扩张的“监视社会”行动带来的问题是对包括隐私权在内的公民基本自由权利构成威胁，批评者认为这是执政党逐渐把国家和政府的权力扩大渗透到人们的日常生活中，破坏了英国引以为傲的个人主义、自由主义传统，但毋庸置疑的是，CCTV对生态监控、交通管理、打击犯罪，提高破案率还是带来不少好处，这种例子在英国举不胜举。

伦敦骚乱事态平息后，警方开始搜索嫌疑人，主要线索来自安装在公共场所的监控录像和媒体公开刊发、播出的影像资料，全英国数百名警察审看四万多小时的闭路监控录像，仅伦敦的录像时间就超过两万小时，30部设备同时工作。为便于公众举报，曼彻斯特和伯明翰等地的警方还发起了一项名为“晒抢劫者”的活动，在周末用流动车辆把犯罪嫌疑人的影像通过大屏幕滚动播出，被打砸抢的商铺前也张贴大幅通缉海报。

根据掌握的信息，警方展开搜捕滋事者和收缴被抢、被盗财物行动，到8月25日，抓获2000多人，起诉954件，法院也连轴转地开庭审理，对82人进行宣判，有42人被收监。

但除了闭路监控录像以外，媒体刊发和播出的关于骚乱的报道因为经过剪辑和编辑，不能在最大限度上呈现事发现场情况。为了能找到更多滋事者，骚乱过后，西约克郡和曼彻斯特等地的警方就开始与媒体接触，希望他们提供没有使用过的原始素材。随后，苏格兰场正式致函媒体，要求获得这些能够显示“正在发生犯罪行为”的视频和图片。就连首相卡梅伦在议会辩论时也认为媒体有责任为警方提交原始影像，帮助他们尽快找到和惩罚滋事者和抢劫者，“每个人有责任，媒体机构也不例外，我希望他们行动起来”。

交，还是不交?

面对来自警方和政府持续不断的压力和要求，包括英国广播公司、独立电视台、第4频道、天空电视台、《卫报》、《泰晤士报》、《电讯报》在内的所有媒体并没买苏格兰场的账，也没给卡梅伦面子，断然拒绝和抵制这项要求，进而演变成骚乱之外媒体和警方持续一个多月的较量。

作为对政府的回应，8月10日，BBC新闻采集部门的负责人弗兰·昂斯沃思表示“自愿为警方提供未使用的原始素材将会损害媒体的编辑独立性”。BBC在英国和世界媒体中的声誉是建立在它的诚信和独立原则基础之上，观众可以信任BBC，对这个媒体的决策有信心，因为它不受外部利益、政治或者商业压力，或者任何个人利益的影响和摆布。在BBC的编辑手册里，与这次事件相关的条文是这样阐述的：“我们不能支持，或者看起来是支持任何组织，以及他们的产品、活动、服务、意见或看法。”

独立电视新闻是一家电视新闻制作机构，负责为独立电视台、第4频道和第5频道提供新闻节目[①]，在英国国内新闻传播中占据很重要的地位。即便是商业电视机构，他们也找出了支持自己行动的理由，发言人说虽然警方需要尽快识别犯罪嫌疑人的身份，但政府不能越过法律，更不能破坏相关规定。《每日电讯报》也表示他们抵制的原因是记者们冒着生命危险进行采访是出于职业要

① 2011年11月，它重新获得了为第5频道制作新闻的5年合同，此前是天空电视台承接这一业务。参见周康梁：《做最牛的主持人2：解码英国经典电视节目》，广州：南方日报出版社，2010年，第19页。

左　警方征集犯罪嫌疑人线索的海报　　　右　监控录像拍下的滋事者

求，而不想被公众视为是替警方搜集证据的帮手。

在英国，碰到此类事情，只有一个途径能够“迫使”媒体与警方合作，那就是1984年制定的《警察和犯罪证据法案》，这是一部赋予英格兰和威尔士警方权力[①]，并且为具体实施提供保证的法律，目的是在这两个地区的警方权力和公共成员权利之间建立起平衡关系。在这次具体事件中，根据规定，法官需要在警方获得证据所带来的效果与维护媒体自由的公共利益之间权衡，做出支持哪一方的决定，也就是说，警方如果想得到媒体的录像和图片，就必须持有法院裁决书。

8月底，事情仍处于僵持中。警方觉得他们通过各种途径收集影像，以识别犯罪嫌疑人是为了让他们得到公正待遇，而弗兰在接受采访时回应道：“这是原则问题，如果警方没有通过法院的必要程序，我们是不会交出原始素材的。是否是犯罪行为应该由法院判定，而不是我们，如果我们去对犯罪做出定义和判断，那将会损害我们的编辑原则。”她表示BBC有自己的法律部门和标准程序，可以应对警方的要求，但不管是什么内容，任何要求都需要通过法院来处理。

“这件事情其实很正常，我们的政策没变，只要警方持有任何法律裁决书，我们都会与他们合作。媒体有权利反对警方的申请，实际上，他们总能拿到法院的裁决书，不过，有时候法官也会拒绝批准此类申请。”天空电视台新

① 苏格兰没有此类法案。

闻主管约翰·赖利说，其他报纸的立场也是一样。

因为BBC享有的全球声誉，提起它，人们总会与新闻自由和独立媒体联系在一起，然而，这些属性并不如想象的那么纯粹，也常常受英国政治气候和国家利益影响，始终没有完全摆脱国家和政府的干预，政客们从一开始就认为BBC可以被他们利用。有人这样形容：比起其他任何事情，每个英国政治家都更想驾驭BBC。所以，把BBC视为理想和现实相妥协的产物更为准确，这次原始素材“交，还是不交”的争论也可以从一个特殊角度看到BBC与政府的关系。

BBC创建之初是一家私营公司，那时还是广播时代，首任总裁约翰·瑞斯就坚持办一个既不充斥浓重商业气息，也不要具有明显政府控制色彩，而是独立于政府和市场之外的媒体，但1926年5月3—12日发生的大罢工却让人们第一次看到，其实BBC享有的是“有条件的自由”。

第一次世界大战后，英国煤炭工业严重衰退，产量下降，利润减少，矿主们提出要降低工资，增加工作时间，遭到矿工拒绝后，矿主威胁要关闭矿井。当时，BBC还处在起步阶段，大罢工被看成是向政府证明自己在报道“有争议事件”时不仅是值得信赖的，而且在一定程度上能够保证公正性的好机会。罢工期间，BBC的广播成为很多英国人获取信息的唯一途径，他们与政府的联系也很密切，不能报道与政府相悖的内容，否则将面对被以煽动闹事等罪名取缔的危险，也就是说那时的BBC其实是“疑似”政府喉舌。但是他们又试图确保播出的内容来自对抗双方，小心翼翼地用特殊方法来诠释“公正性”，既不公开表明立场，又的确是在一种对政治和道德秩序的特定理解中运作。

瑞斯曾经说过一段著名的话：“假如BBC是为了人民，而政府也是为了人民，那么在这场危机中，BBC就必须是为了政府。”不少人认为，在当时的情况下，瑞斯别无选择，权衡利弊，他必须在夹缝中为BBC寻找一条生存之道，他可能同情罢工者，但作为媒体的领导人不能与罢工者站在一起反对政府。

从管理上看，自从1927年BBC从私营公司变成公营公司后，“BBC信托会”的成员就是由政府任命，《皇家宪章》十年修订一次，因为控制着BBC“命脉”——执照费收取问题，在一定程度上左右着BBC的运作。此后几十年，在各个历史时期都有载入史册的案例：二战中BBC在鼓舞全国士气方面做出杰出贡献；1956年苏伊士运河危机中，BBC对英国对外政策的批评；20世纪70年代，对北爱尔兰各派冲突的系列报道；1982年，在英阿福克兰群岛战争中，面对政府封锁消息的命令，BBC“背道而驰”；1991年，海湾战争中，因为对伊拉克平民报道过多引来争议，以及2003—2004年发生的被称为“BBC成立以来面对的最严重危机”的“凯利事件”，BBC独立性原则一直受到来自政府的影响和压力。

回到2011年的“对抗”，有评论认为这次英国媒体集体拒绝警方要求的另外一个理由是为维护记者的权利，因为在骚乱局势没得到控制时，记者们为了采访到一手材料，需要冒着很大危险在现场工作。而在其他场合，警方却有权运用1986年颁布的《公共秩序法案》驱逐他们，如果记者拒绝离开则可能被以“妨碍公务”理由遭到拘捕。同样都是采访，警方可以根据他们的需要和判断决定是阻止记者的工作，还是要求他们提供配合，这不仅反映出执行法律上的不确定性，也多少有点让人觉得警方很势利，总是站在对他们有利的一面行事。

不出所料的是，2011年9月初，法院支持了警方的申请，各家电视媒体不得不于9月22日提交了几百个小时的录像素材，而报纸继续抵制，警方也就没再继续要求他们提供图片①。这次看起来是警方赢了，但对于英国媒体的独立性而言，被认为是开了一个不好的先例，本次骚乱媒体提供了原始素材，以后类似的事件还要不要提供？苏格兰场肯定地说“是的”，并且还希望针对这种状况出台更多法案，以保证他们今后能顺利得到媒体的合作，而提供影像的几家电视媒体则回答“不！”

BBC纪录片遭禁播

与法院的对抗是困难的。2012年7月16日，就在BBC2频道准备于晚间9点播出一部两集纪录片《骚乱：让他们自己说》的第一集前几个小时，伯明翰刑事法庭的主审法官弗劳思在只阅读了节目文本，没有看过全片的情况下，对该片下达了“禁播令”。BBC曾经试图通过电话与法院沟通，但最终未果。当晚他们发表了一份简单书面声明，陈述节目被禁的事实，但未做任何评论。随后，法院还“封杀”了其他媒体对禁令的报道，这一举动造成社交网站上议论纷纷，网民传言BBC计划中的节目被不知名的法官毫无理由地封杀了。

两集纪录片分别时长1小时，由第一手资料、重现和“没公开过的镜头”组成，内容参考了一份由《卫报》和伦敦政治经济学院合作、名为《阅读骚乱：英格兰夏季骚乱调查》的社会研究项目报告，他们采访了270名嫌疑人，内容严格按照当事人的讲述记录构成。此项目的初衷是骚乱过后，公众没能听到这些

---

①《每日电讯报》除外。

左 作家亚克莉·布莱斯让演员听录音

右 《骚乱：让他们自己说》第一集中演员扮演的骚乱者

参与者对自身行为是如何评价的，他们为什么要这么干？是已经幡然醒悟，打算痛改前非，还是如果有机会仍然执迷不悟继续参与打砸抢烧？这些声音缺失的原因是因为大部分嫌疑人都被收监，而侥幸逃过警方追究的人更是不敢在镜头前露面，害怕遭到公众唾弃、报复，甚至重新招来警察。而调查报告采用的匿名采访方式则能让他们尽量放松下来反思自己的所作所为，BBC直到报告完成才开始着手电视节目的制作，他们要做的是怎样把这些内容电视化。

第一集“骚乱者”以口述为主，由演员扮演骚乱者，告诉观众骚乱中都发生了什么，为什么会发生[①]。节目剧本由知名剧作家亚克莉·布莱斯承担，她从11名受访者的素材中挑选出最重要的内容，然后给演员们戴上微型耳机，播放当时采访的实况录音，让他们尽量模仿这些人的口音和语气，并忠实于他们说的每一句话。演员们不需要事先做很多准备工作，他们只要边仔细听录音，边声情并茂地把内容复述出来即可。为了让他们的“表演”看起来自然和可信，还采用了化妆遮盖和摄像机拍摄角度相结合等手段避免耳机穿帮。最终的节目是以演员为主线，用纪录片形式，按照时事新闻节目包装，形象说就是真实新闻性和虚拟戏剧性的混合体。

第二集“警方”采用传统纪录片模式，让在事件处理中饱受批评的一线警察们发声，讲述他们是怎么扛住“暴徒”的冲击，呈现骚乱的另一面。导演认为这种手法是“重要并具有启示作用的”，对立双方各有一集的好处就是在骚

① 类似手法在英国电视中很常见，比如英国天空电视台就使用过，见“‘天空’探秘”一章。

乱者和警方之间做到平衡。按说节目应该挺好看，既有纪实内容，又避开了曝光当事人，还有戏剧化的表现，但因为话题敏感，难免不被相关机构“惦记”着。两期节目提前几周就安排好播出时间，此时距离大骚乱发生一周年纪念日还有不到一个月。

据《卫报》透露的法院命令内容是这样的：“兹下令BBC2频道将于今晚播出的节目《骚乱：让他们自己说》在进一步的命令没有下达前，不能在任何媒体以任何方式播出。BBC网站上的视频片段必须马上删除。”文中提及的节目片段由制作人提前三天发布在博客里，出现的镜头是演员们扮演的骚乱者讲述自己的经历。7月17日，BBC的律师表示考虑向法院提起上诉，BBC内部人士私下也说他们不会放弃，希望争取尽快播出。因为没能按原计划在16日和18日播出节目，鉴于伦敦奥运会即将开幕，BBC也要投入主要频道转播比赛，也就意味着要等到数周后比赛结束才有可能重新安排档期，错过骚乱一周年前夕和奥运会开幕前的最佳播出时间。

《骚乱：让他们自己说》是基于2011年12月和2012年7月1日分别发布的两部分研究报告，其中不少调查结果可能是官方不愿意看到的，比如警力在骚乱和抢劫发展的速度和范围面前明显不够，一些官员也承认他们在伦敦四天的骚乱里一直为人员配置发愁。报告发现大伦敦警察局直到第三天都没启动全国预警系统，以调动更多资源，而当其他地区的警员赶往伦敦支援时，又因为与中心指挥系统沟通不畅，造成麻烦。另外，警方在使用社交网络方面手忙脚乱，不得章法。骚乱平息后，才为警察提供培训，增添新技术以监控社交网络上的动向。

在《卫报》的网页里，能看见这样的标题：“我毫不怀疑，骚乱会再次发生。”这是接受研究团队采访时，一名警官说的，糟糕的社会和经济状况都会是潜在的诱因。“去年8月和现在没什么改变，唯一不同的是人们会认为：骚乱挺有意思的。”骚乱中，索尔福德和曼彻斯特两地警察共抓捕300名嫌疑人，向公众展示了自己的实力，但很多也跟着打砸抢烧的人却漏网了，“也许，如果我是他们，我会想：嗯，下次还干。”另外，一个警察们关心的问题就是他们应对未来骚乱的能力和当下预算削减的范围有着密切联系，加上奥运会安保工作压力巨大……

而“禁播令”与伯明翰法庭对嫌疑人的审判有直接关系，发生骚乱期间，有8名骚乱分子驾车撞死了3名试图保护自己产业的人，他们被以谋杀罪指控。7

月18日，也就是原计划第二集播出的日子，法官弗劳思对外界阐述了发出禁令的原因，他说第一集是以骚乱者的口供为主，看起来与法庭上起诉方的指控很相似，而演员扮演的骚乱者提及在打砸抢烧中那些“肾上腺素飙升”的所作所为，比如对抗警察和向汽车投掷石块等暴行在庭审中都会提及。在第二集中也有警察谈及骚乱分子如何使用手机短信相互联络闹事的内容。看起来无论是报告，还是纪录片都没太多令人兴奋的好消息，反而是一堆需要正视和面对的问题。

总之法官觉得为了报道英国的动乱，就这样把犯罪嫌疑人们的口供逐字逐句地用在节目中会对法庭审判造成潜在影响，所以他动用《高等法院法案1981》的第45节限制媒体报道，做出禁播决定。

BBC和《卫报》在同一天提出申诉，理由是节目没有提及这起案件的审理，也没涉及伯明翰的骚乱问题，他们辩解道《藐视法庭法案》第5节规定媒体对公共事务用善意态度进行全面或者局部讨论，不能用藐视法庭条款对待。即便是存在妨碍或者影响特殊法律诉讼的问题，也只不过需要交流探讨一下而已。但是，法官驳回了他们的申诉，并称节目触及他的案子，如果他允许片子播出，陪审员便有可能与看了节目的观众有“社交联系”，他甚至也搬来《藐视法庭法案》的第4节，强化了此前的禁令。BBC对法官的决定表示失望，并指出他们提高了控制媒体报道与公众利益相关事务自由度的“临界点”。

致力于言论自由的机构“查禁目录”首席执行科斯蒂·修斯用“令人不安”来评论法院这一举措，认为BBC纪录片依据的媒体和研究机构合作的“阅读暴动：英格兰夏季骚乱调查”计划为了解事件提供了很有价值的资料，当周年纪念即将到来时，允许媒体讨论此事很重要，审查电视节目无助于公众对重大事件和潜在问题的理解。有司法专家也表示禁令过度了，而且会让人对媒体在报道公共事务时的自由度问题产生误解。媒体法律专家戴维·班克斯认为禁令把所有事情都搞得很特殊，范围甚至包括案件名称、法庭或者法官的名字，从这起事件可以看出，需要在媒体的自由表达和法庭的公正审判间找到平衡点。

8月13日和20日，奥运会结束后，《骚乱：让他们自己说》终于在BBC2频道播出，算是为这次媒体与法庭的对峙暂时画上一个句号，而对其他媒体的报道限制直到案件审理结束后才放开。骚乱平息了，对峙暂时解除，但由骚乱引发的媒体与警方、法庭的关系，媒体的独立性和与政府部门的合作问题，媒体对公共事务自由表达的空间和法庭限制之间的矛盾还远没结束。

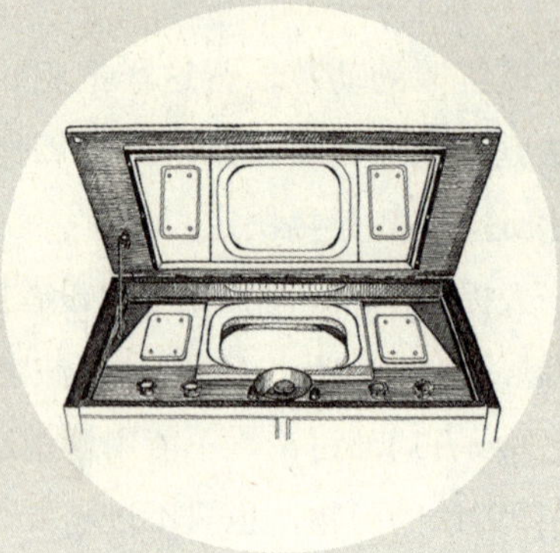

美国　1949年　Pilot TV—37　3英寸

虽然还不是全部，
但这些调查报告、文件总数加起来已经超过3000页，
分别来自警方、民间组织、检察机关、医疗机构、
英国广播公司内部和独立调查人，
涉及的问题也超出BBC。

The Other Side of Savile Scandal
萨维尔丑闻的另一面

2013年2月20日，英国皇家电视学会2011—2012年度评奖结果揭晓，在“电视新闻奖”类别中，独立电视台的调查纪录片《吉米·萨维尔的另一面》战胜英国广播公司1频道的著名时事节目《全景》、半岛电视台的调查节目《谁杀了阿拉法特》和独立电视台另外一个调查节目荣获两个奖项。“国内时事奖”的颁奖词为：“这是一部非常棒、具有影响力的时事纪录片，获奖者揭露了本年度最为重要的故事之一，直到现在，人们还对它记忆犹新，而也有媒体依然对此讳莫如深。”“年度独家新闻奖”的评委会认为：“获奖者感性而非哗众取宠、危言耸听，面对一个在过去几十年里曾经击退过其他媒体机构的调查挑战，他们用承诺、技巧和敏感获得了成功。节目制作者让长期被忽视的受害者发声，给很多英国机构带来了前所未有的影响。”两个奖项对独立电视台至关重要，因为过去他们有几档影响力巨大的时事调查类栏目，比如已经停播的《世界在行动》，但最近几年力度有所减弱，表现乏善可陈，缺乏亮点。

《吉米·萨维尔的另一面》是独立电视台一档委托制作的季播时事节目《曝光》中的一集，每季六集，每集含广告

60分钟，由不同制作人独立完成，内容为调查和曝光涉及国内外的选题，报道热点问题和讲述关于人的故事等。委托制作人是独立电视台的电视业务主管彼得·芬彻姆，他有一个重要背景，那就是曾经担任BBC1频道总监。2007年7月，彼得卷入了BBC一部关于女王纪录片因为镜头剪辑顺序错误而引起误导的风波。随后，时任总裁的马克·汤普森任命BBC退休高管威尔·怀亚特负责对此事件进行调查，并于10月5日由BBC公布名为《对〈女王一年〉节目的调查》21页报告，威尔批评BBC在事件中判断失误、操作不当和系统效率低下，导致当天包括彼得在内的多名公司高管辞职。马克表示“感谢威尔·怀亚特的调查和报告，完全接受他的调查结果和建议。对BBC而言，从这起事件中接受教训，并采取措施以确保不再重蹈覆辙很重要”。2008年2月28日，独立电视台宣布聘任彼得担任其电视业务主管。

《曝光》系列从2011年9月26日开始，每周一晚间22：35在新闻节目《十点新闻》①之后播出，作为《曝光》第二系列中的第二集，《吉米·萨维尔的另一面》由专门从事儿童保护和重大案件调查的前侦探马克·托马斯出镜主持和调查，《曝光》每集制作预算为15万—20万英镑，“吉米·萨维尔的另一面”的实际制作费用是17万，采访和后期制作历时十个月。独立电视台的新闻负责人迈克尔·杰里米很支持这个选题，制作团队也蛮给力，因为选题的特殊性和由此可能带来的影响，大家热情很高，常常周末都加班干活，这在英国是不常见的。

因为此前BBC的时事节目《新闻之夜》②曾已经备播，但最终取消了一个同题材的调查节目，让独立电视台在决策和操作时也十分谨慎，比如节目中采访的目击者和证人来源要十分广泛，以确保事实的准确性，这也是其他调查节目遵循的基本原则，只不过此话题很敏感，需要格外小心，当然还少不了征求律师的意见等。即便这样，这期节目一直到2012年10月3日播出前几天才最终确定是由独立电视台委托定制，播放时间也从《曝光》通常的周一22：35改为周三23：15的深夜时段。结果因为题材关注度高，吸引了250万观众，约占同时段23%的比例，更让他们没意料到的是后续会产生如此大的反应。

自从进入新千年后，中国电视屏幕上曾经红火一时的深度报道和调查类节目数量急剧减少，仅存的栏目在选题上也受到很多制约，有影响力的调查报道

---

①② 参见周康梁：《做最牛的主持人：英国电视名主持和他们的节目》，广州：南方日报出版社，2009年，第2章和第5章。

《吉米·萨维尔的另一面》片头和调查者马克·托马斯

和舆论监督题材相比于中国的电视频道、电视栏目和电视从业者的数量，实在是太少了。反而是网络媒体风生水起，“公民记者”常常爆出引发轩然大波的公共事件。《吉米·萨维尔的另一面》单集17万英镑的投入和长达十个月的采访、制作周期对中国电视媒体人来说是很“奢侈”的一件事儿。

在我们的媒体批评BBC丧失公信力时，却忽略了独立电视台作为一家商业媒体试图重塑广播、电视和报纸形象的努力和由此带来的影响，正是他们顶着压力推进这期节目的调查和制作，并最终播出，让人们看到了20年前知名栏目《世界在行动》的风采，给其他新闻界的同行打了一剂强行针。随后，英国其他媒体也加入到对BBC的批评和质疑中，这在中国媒体界也不多见。如获奖评语所说，这期承载着记者的使命、机敏、勇气和谨慎的节目揭开了震惊英伦的“萨维尔性丑闻”事件，把BBC已故知名主持人吉米·萨维尔在坊间流传多年的“花边消息”展现在公众面前。因为发生时间长，受害人数众多，而且大多是未成年女性，同时涉及BBC几档著名栏目的操作，BBC作为承担公共服务职能的世界知名媒体没能及时发现、纠正和处理，损害了其应有的诚信等问题引起广泛关注，带来一系列震荡。

这一事件不仅在英国引人注目，中国一些主流媒体也用很大篇幅关注，报道重点大多集中在对BBC公信力缺失的批评上。其实，任何机构的发展都不可能一帆风顺，在BBC90年的历史中，遭遇过很多危机，碰到不少来自内部和外部的问题，自然也少不了对其公信力的质疑。距离这次“萨维尔事件”最近的一次重大危机要算2003年的“凯利事件”[①]，工党政府任命霍顿勋爵调查英国国防部生化武器顾问戴维·凯利死亡事件，2004年1月28日，750页、13章和18个附件的“霍顿报告”公布，虽然对这份报告中的内容一直存在争议，但结果是BBC董事会主席加文·戴维斯和总裁格雷格·戴克因此先后辞职。

因为霍顿报告中对BBC的编辑操作提出批评，当时新上任的总裁马克·汤普森于2月任命退休的前新闻部门负责人罗恩·尼尔组织一个由资深记者构成的小组，梳理从事件中得到的教训。有资深编辑就提出英国广播公司进了不少缺乏耐心，一心只想着升迁的人，而他们缺乏广播电视新闻的从业经验，很容易出问题，建议BBC彻底改变对记者的训练和职业规划方式。这次内部调查最后把目光聚焦在新闻培训和强化BBC“核心价值观”上。

从6月开始，他们对操作准则进行了修订，以更加严谨地规范新闻采编工作。比如仍然可以报道只有单一信息源的新闻，但这些内容必须是“与公众利益关系密切，并且遵从正确程序”，还要经过认真的编辑审核；编辑们必须意识到他们每天的职责，那就是确保他们和同事们坚持BBC的新闻价值观；记者和主持人直播连线很重要，但在突发新闻中，包含有潜在的可能导致诽谤中伤的素材时，这种方式就不太合适；律师第一次成为新闻编辑室日常工作的成员，等等。2005年6月28日成立的“BBC新闻学院”也是在这次反思基础上建立起来的，目的就是BBC应该用从各种新闻操作和实践中所犯错误得来的教训，对全体员工进行终身培训。从这些反思和具体措施中不难看出一件“坏事”给BBC带来的积极改变。

如“凯利事件”和后来的“霍顿报告”一样，通常此类影响已经超出媒体自身范围，波及和影响到更广泛领域的公共事件，英国人通常是成立独立调查委员会进行深入调查，然后向公众公开结果，从中吸取经验和教训，促进完善和改进。而一般这些复杂的后续调查，中国媒体则关注得不多。那么，就让我们看看除了曝光、批判和质疑“萨维尔性丑闻”事件，英国人还做了些什么。

独立电视台纪录片播出第二天，伦敦警察厅首先做出反应，发表声明将介入此事，并称萨维尔是英国犯罪史上“最坏的娈童癖者”。随后，他们与“英国全国防止虐待儿童学会”、英国广播公司和独立电视台组成联合机构，展开名为“杉树行动”的调查。两个月的工作一共投入200万英镑，30名警官参与，对589名声称遭到侵犯的人进行询问，其中82%是女性，80%当时是儿童和青少

① 参见“‘天空’探秘”一章。

两项独立调查的负责人达姆·珍妮特·史密斯和尼克·波拉德

年，有31人举报说曾被强奸，调查范围涉及7个警区，其间还拘捕了8人。

此事引起英国政府的关注，在2012年10月24日的首相质询会上，戴维·卡梅伦说他满脑子的疑问就是“这么长时间里，萨维尔是怎样侥幸逃脱的？”他表示这些指控骇人听闻、震惊全国，也给包括BBC在内的很多机构的“不作为”提出了很严肃的问题。卡梅伦明确指出英国警方应该进行深入调查，政府也不排除采取进一步行动，并要求BBC和全国健康体系NHS都要展开独立调查。“政府会尽力去做职责范围内的事情，其他部门也必须承担他们的责任，以确保我们吸取教训，避免此类事件不再发生。”

卡梅伦同时披露皇家检控署的总检察长凯尔·斯塔默已经指示他的首席法律顾问艾莉森·莱维特就过去受害者对萨维尔的指控为什么最终不了了之进行调查和检讨，并提交书面报告。他们还要考虑的是额外能做什么，以警示那些接到报案，但同样没有进行深入调查的部门。此前，皇家检控署已经就萨里警方2009年接到的四起性侵害举报重新核查，当时的调查因为最终没有受害人愿意支持公诉人对萨维尔的指控而停顿，而这个决定是在那时获得的信息和证据基础上做出的，他们认为这引发了一个操作层面的问题，那就是指控是否可以在缺乏证据的情况下继续。随后，11月6日，英国内政大臣特蕾莎·梅宣布皇家警务督察署将在全国范围内启动调查，针对的是警方曾经涉及萨维尔的案件，梳理那些举报是否得到认真处理，并甄别出相关案件。

BBC也宣布围绕萨维尔事件同时展开两项独立调查，前高等法院法官达姆·珍妮特·史密斯负责的是萨维尔在英国广播公司工作期间，媒体的文化和运作情况调查，同时还要检查BBC儿童保护和举报政策是否发挥了应有的作用，为此专门配备一名儿童保护研究方面的专家给她当助手。他们建立网站，详细列出调查的内容、方式、隐私保护、时间安排、团队成员、联系方式等内容。

介入“萨维尔性丑闻”事件调查相关机构的标志

另一个调查项目由前“天空新闻”负责人尼克·波拉德领导，主要调查BBC自己的新闻时事节目《新闻之夜》制作的关于萨维尔对儿童进行性侵犯的节目为什么在2011年12月计划播出前被“拿下”。

2012年12月19日圣诞节前，尼克的186页报告公布，其中指出《新闻之夜》节目撤下准备好的关于萨维尔的节目确实“有问题”，但与那一年为了播出纪念刚去世不久的萨维尔专门制作的圣诞特别节目没有关系，报告同时也批评乔治·恩特威斯尔处置不当，让事件扩大化，使BBC陷入混乱之中。随后，BBC宣布调离《新闻之夜》两名编辑，并且于2013年2月22日公布了尼克调查所收集到的3000多页材料。

因为萨维尔的性侵犯大多发生在医院和慈善机构，卫生部宣布由前律师凯特·兰帕德牵头调查萨维尔在斯托克·曼德维尔医院、利兹总医院、布罗德莫精神病院等多家医疗机构的行为。而影子内政大臣伊微特·库珀则呼吁对发生在其他地方的儿童性侵犯事件进行独立调查。

2013年1月11日，由伦敦警察厅和英国全国防止虐待儿童学会联合完成、名为《让受害者说话》的39页调查报告公布。其中主要内容有萨维尔曾在13家医院里进行性侵行为；14起性侵害与学校有关；受害者中最小的为8岁女童，最大的是47岁妇女；性侵指控最早是在1955年的曼切斯特，最后发生在2009年；在BBC内部发生的性侵行为时间从1965年至2006年；性侵害的高峰期是在1966年至1976年之间，等等。当然，报告中的内容还远远不止这些。虽然现在追究萨维尔的责任为时已晚，但报告的作者之一、“英国全国防止虐待儿童学会”负责人彼得·瓦特说不断完善机制能避免今后更多人沦为受害者，倾听孩子们的声音，给他们说话的机会，并且采取行动。

皇家检控署首席法律顾问艾莉森·莱维特的调查报告也于同一天发布，其中称警方和检察机关针对受害者的举报采取的是不同处理方法，结果错过了起诉萨维尔的时机。2007年5月，萨里警方受理了一起对萨维尔20世纪70年代性侵害的举报，在调查过程中又出现了两起指控，他们对萨维尔进行询问，但他矢口否认，这位知名主持人因为长期致力于慈善事业树立起良好的社会形象，警方和检察机关在处理时很小心。艾莉森认为这种格外的谨慎既不合理，也不必要。在当时的调查过程中，警方希望受害人出具确凿的证据，同时没有告知受害者还有其他人也举报了萨维尔，后来她们告诉艾莉森如果当时知道有同样遭遇的人存在，就会鼓起勇气联合起来收集更多证据把萨维尔送上法庭。

萨维尔死了，对他的追诉已经不可能，调查中发现的问题对今后改进工作方式却有重要参考意义。总检察长凯尔·斯塔默希望这次调查对警方和检察机关在虐待儿童案件的处理上是一道分水岭，其中一个关键点在于过去很多人觉得对性侵犯的指控只是一个人用语言描述，而不是依靠充分的证据控告另一个人，这让检察机关很难操作。但这种观点却忽略了另一个问题，那就是很多性侵害通常都不会有目击者，这也是导致缺乏证据的主要原因。对待此类举报持谨慎态度，避免错案发生的同时，也会让一些确实的指控无法立案。斯塔默就皇家检控署在这些案件处理中存在的缺陷向公众道歉，他表示皇家检控署和首席警官协会共同制定了一套新办法，以应对虐待儿童案件，针对被指控的嫌疑人进行更多细节的调查。受害人也会获得更大支持，为让那些觉得自己的指控没能得到恰当对待的人有表达的渠道，另外一个新的申诉机制也在制定中。

虽然还不是全部，但这些调查报告、文件总数加起来已经超过3000页，分别来自警方、民间组织、检察机关、医疗机构、英国广播公司内部和独立调查人，涉及的问题也超出BBC。即便是那些喜欢八卦萨维尔的人，也很少有耐心看完长篇累牍文件的，更不要说仔细研究了。但这与展开全面调查并不矛盾，无论之前怎样，一旦这层窗户纸被捅开，相关机构就有义务告知公众真相，BBC也需要付出更多努力重建观众对它的信任。

如果说乔治·恩特威斯尔刚一上任就碰到“萨维尔性丑闻”事件确实“点儿背”的话，那么一波未平，一波又起，2012年11月2日，《新闻之夜》在一个对20世纪七八十年代发生在威尔士儿童福利院的性侵害调查节目中，因为没有准确核实，而造成误报则是发生在他任期内的事情，当事人、前保守党上院议员麦卡尔平将英国广播公司和也在其早间新闻节目中“凑热闹”的独立电视台告上法庭，最终以两家媒体道歉和赔偿共计31万英镑收场。乔治因对事件处置不力，上任仅仅54天就引咎辞职，成为BBC历史上最“短命”的总裁。出现问题后，有人要为此负责，有人要付出代价，但最终目的是引以为戒。

几乎就在“萨维尔事件”持续发酵的同时，2012年底时，中国的网络上开始流传一份名为“烂尾新闻”的帖子，列举的是过去几年有头无尾、有始无终、久拖未决的公共事件，涉及的大多是公权力机关单位和领导干部，其中不少称为“丑闻”一点不为过，但这些关系公众利益的重大事件不是被后来接二连三发生的新事件分散了公众的注意力，就是被有意地拖延和推诿，逐渐淡出公众视野。“烂尾新闻”的网络用语是新的，但现象却一直存在，每次事件发生时，公众总会见到“高度重视”等字样，但从食品安全到工程事故，很多事情最终都不了了之。涉事官员鲜有被追究，不是暂时停职，就是“休假”，待风平浪静之后，异地或者换个单位复出。出现问题的制度、管理等原因则缺乏彻底反省、调查和整改，带来的后果就是同样的问题一犯再犯。

春节过后，人们从中国媒体上看到了英国人用马肉代替牛肉，德国人用一般鸡蛋冒充“有机鸡蛋”的新闻，很多媒体都给这些新闻贴上了“丑闻”的标签，而对发生在中国的，较之恶劣十倍、百倍，一再突破道德和行业底线的食品安全问题大家似乎已经习以为常。就在中国媒体为欧洲人民的食品安全问题痛心疾首时，却鲜有中国受众知道“马肉危机”的另一面：英国Tesco超市在全国性媒体上就牛肉汉堡里掺杂马肉公开道歉，同时，他们还用邮件方式给顾客寄送广告，承诺直到2013年7月，超市内售卖的所有牛肉、鸡肉都将是英国本土产品，这些邮件的标题是“我们正在改正”。还是几乎同时，3月1日，香港特别行政区食物及卫生局出台的“限带令”正式生效，正式对离境人士携带出境的奶粉数量进行限制，每人不得超过两罐，违例者一经定罪，将被罚款50万元及监禁2年。看到这条新闻，我甚至都想不起来中国奶粉出问题最早是什么时候，这些年生产企业都做了什么努力来提高产品质量，重新赢得中国消费者的信心，以至于国人为了孩子要去“疯抢”别人的奶粉。

《让受害者说话》调查报告封面

回到“萨维尔性丑闻”事件，当我们质疑别人“公信力缺失”的一面时，是否用这些“镜子”审视过自己，努力做得更好？是否能从他们如何面对危机，接受独立调查和监督，各方就政策制度、儿童保护、媒体运作等疏失进行反思和完善，以及改正错误的另一面中吸取经验和教训？

第 4 部分

电视创新

TV Innovation

英国　1946年　Pye B16T

他们没有用流行时尚元素作为吸引观众的手段，

而是在看似不经意间，

通过孩子们的梦想体现多样化，

传递主流价值观，

帮助国家未来的主人们实现他们的梦想，

甚至影响他们的未来。

对媒体而言，这不是很有意义和价值的事情吗？

The 'Wish-fulfilment' Telly Shows Shift with Time
与时俱进的英国梦想秀

2011年10月29日，一位老人在自己位于利兹的公寓里去世，此时距离他84岁生日还有两天。他名叫吉米·萨维尔，是英国家喻户晓的广播音乐节目DJ、电视主持人和慈善家，曾主持的娱乐节目《吉米会安排》也是英国最早的电视“梦想秀”。

《吉米会安排》1975年5月31日播出，是一档周六下午5—7点时段的家庭娱乐节目[①]，主要针对儿童和青少年观众。正如栏目名称表述的一样，每期节目吉米为孩子们实现愿望牵线搭桥，因此得了个“魔法博士”的称呼。节目形态不复杂，14岁以下的小观众们给吉米写信希望他帮助自己实现一个愿望，信的开头通常都是：“亲爱的吉米，你能帮我安排……”英国孩子天真无邪，从小无拘无束，富有想象力，提出的要求也是五花八门，看来以实现梦想为核心的节目最早确定青少年为目标受众是再合适不过了。

吉米则坐在特别设计、安装机关的“魔法椅子”上为幸运的孩子安排各种各样的圆梦之旅，有参观ABBA乐队的录音棚、

① 在20世纪70—90年代的英国电视术语里，“下午茶时段”指的是17—19点之间的时间，一般这时（特别是周末）播出适合全家人一起收看的娱乐节目。

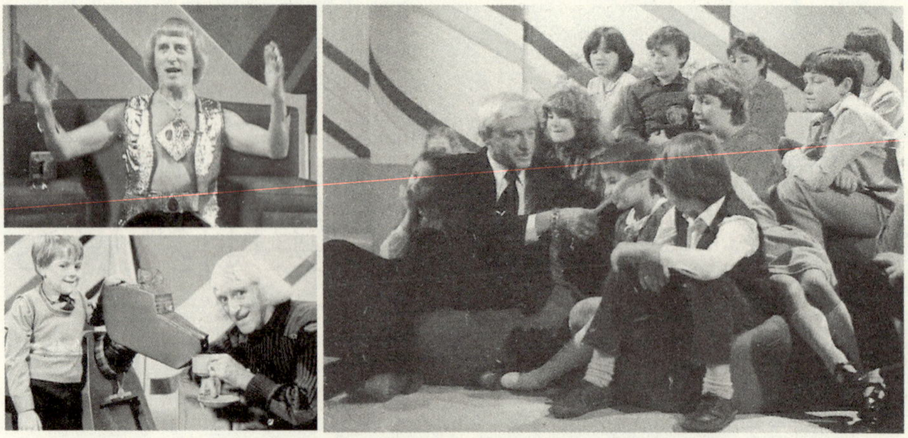

《吉米会安排》陪伴很多孩子度过快乐童年时光

与舞蹈组合共舞、让中世纪骑士到学校里接自己回家、采访BBC著名新闻主持人罗宾·戴[①]、“会见”首相、在诊所里当儿童医生、搭建心目中的伊甸园和去巴黎看埃菲尔铁塔、证明老师的一个观点是错误的等等，有的愿望在演播室现场完成，也有的提前外景录制好。最后，吉米与实现愿望的孩子和帮助圆梦的人士进行访谈，并且从“魔法椅子”里取出一面刻有“吉米为我安排”的奖牌作为纪念，不难想象这些经历会给实现梦想孩子们的未来带来什么样的影响。

一名音乐人至今回忆起14岁时参与《吉米会安排》还很激动，栏目帮助他实现了拜访“铁娘子乐队”的愿望，那是当时一支名噪世界的重金属乐队，专辑销量超过8000万张，在他们的影响下诞生了无数摇滚乐队。《吉米会安排》录制现场，坐在“魔法椅子”上的吉米问实现了愿望的孩子：“你打算把音乐作为今后的职业吗？”小朋友连连点头，后来他真的成了一名摇滚明星。

《吉米会安排》曾经风靡一时，参与节目也是当时令很多孩子倍感兴奋和自豪的事情，最多时每周会收到两万多封邮件。但别以为《吉米会安排》是一档儿童节目，它其实是一档以儿童的梦想作为载体的家庭节目，其中很多梦想也是包括他们的家长在内的成年观众期望实现的。加上很多明星和社会知名人士的参与，节目受众群很广，具有很高收视率。

自1975年5月31日开播至1994年7月24日[②]，《吉米会安排》连续播出20年，

---

① 参见周康梁：《做最牛的主持人2：解码英国经典电视节目》，广州：南方日报出版社，2010年，第35页。

② 2007年4月5日至5月10日，播出过六集特别节目。

吉米几十年的风格不变

共20季，加上节假日特别节目和年度汇编，约300集，帮助1500多名孩子实现愿望，节目也成为经典载入BBC史册。在常规播出的20年时间里，不知有多少人因为栏目的安排，改变了人生，走上自己梦寐以求的道路。

主持人吉米经历丰富，第二次世界大战期间，被征召到煤矿劳动以代替服兵役，其间他喜欢上了音乐，在舞厅里开始玩唱片。1947年，因为最先使用转盘“打碟”和麦克风扩音，吉米成了英国第一名DJ。因为天生爱出风头，很快从舞厅的“幕后主持人”涉足广播担任电台DJ。从1964年开始主持BBC周四晚间的音乐排行节目《流行之巅》，在20世纪七八十年代，这是英国年轻人最喜欢的节目之一，最高收视纪录曾高达1500多万人，吉米也伴随节目走完整整20年历程。

长期站在时尚前沿的吉米极富个性，一头银发，喜欢穿闪光材质的运动服，佩戴夸张的首饰，抽雪茄和戴红色眼镜，妙语连珠，是引领英国嘻哈时尚的标志人物之一。但看起来打扮“怪异”的吉米不仅在节目里因为和蔼可亲、风趣幽默受到孩子们喜欢，帮助他们实现愿望，生活中也是一位乐善好施的慈善家，长期在敬老院等场所担任志愿者，多年来捐赠4000多万英镑给医疗机构、建立基金会和设立医学奖学金[①]。

2011年12月26日，吉米去世两个月后，BBC播出《吉米会安排》圣诞特别节

① 从2012年9月开始，也就是吉米去世一年后，独立电视台于2012年10月3日播出调查纪录片《吉米·萨维尔的另一面》。英国警方也陆续收到一些人对吉米在20世纪60—70年代进行性侵犯的指控，并展开调查，政府部门和BBC也卷入了这起丑闻，甚至成为一场危机，造成多人辞职。详见“萨维尔丑闻的另一面”一章。

目，用电视特有的方式向前辈致敬。主持人是电视肥皂剧《东区人》的知名演员谢恩·里奇，节目一开场，他讲述了儿时像很多同龄人一样超喜欢《吉米会安排》，也曾给栏目写过信，希望能实现自己的愿望，只是不够幸运，一直到现在才“梦想成真”，更让他惊喜的是能接替吉米坐在他的“魔法椅子”上，为新一代的孩子们圆梦。

这次特别节目收到5000多封来信，30分钟里完成的梦想有参观马戏团、拜访歌舞剧《怪物史莱克》的演员、接受舞蹈培训、和世界顶尖一级方程式赛车手路易斯·汉密尔顿一起飙车、设计生产巧克力、像天使一样飞在空中、带着小仓鼠去拜访男高音歌唱家艾飞·鲍伊、合作演唱圣诞歌曲等。梦想有个人的，也有集体的，内容涉及歌舞剧、体育运动、创造发明和古典音乐艺术，主持人则与现场观众分享了“订制”的巧克力，与“飞天”的孩子一起在演播室空中“遨游”。

值得注意的是，虽然是圣诞特别节目，但恰恰没有流行音乐的影子，更看不到中国各卫视跨年晚会炫目、奢华、狂躁的劲歌热舞大场面，始终保持着轻松、愉快、温馨的气氛。《吉米会安排》特别节目的制作者们没有用流行时尚元素和“重口味”作为吸引观众的手段，而是在看似不经意间，通过孩子们的梦想体现多样化，传递主流价值观，帮助国家未来的主人们实现他们的梦想，甚至影响他们的未来。对媒体而言，这不是很有意义和价值的事情吗？

一般情况下，BBC成功的电视节目在独立电视台都有对应物，反之亦然。《吉米会安排》播出10年后，1984年5月6日，ITV推出“升级版”的梦想秀——《惊喜，惊喜》，目标受众从儿童变为成年人，实现的也不是相对容易满足的小心愿，而是长期的夙愿。

栏目第一季走的是“搞笑”路子。当时几个恶作剧的娱乐节目，比如《搞笑游戏》等很受欢迎，但《惊喜，惊喜》因为形式与它们雷同，收视效果并不好，直到最后一集时，一个家庭团聚的内容令节目大受欢迎。这启发了制作团队，从此转变创作思路，在接下来的每一季节目中让惊喜只是作为节目的“调味料”，主要用于调节气氛，而不是重点突出的主题。这一调整让《惊喜，惊喜》从一档搞笑节目变成了“轻娱乐”，设置访谈区和表演区，没有华丽炫目的舞台效果，即便一些明星参与现场表演，也都不会喧宾夺主，而是突出实现梦想的人和事。20世纪八九十年代，《惊喜，惊喜》以清新的风格在英国电视屏幕上独树一帜，广受欢迎，甚至长时间“称霸”周日晚间时段，至今还给很多观众留下温馨回忆。

《惊喜，惊喜》片头和主持人希拉·布莱克

女主持人希拉·布莱克出生于1943年，曾经是英国流行歌坛上的明星，歌路宽广，流行、抒情、蓝调、迪斯科、福音、爵士和百老汇等类型样样拿手，以*You're My World*和*Anyone Who Had A Heart*等歌曲名列20世纪60年代英国女歌手单曲销量第一，唱片销售仅次于披头士乐团，由此可见希拉的江湖地位。后来转行喜剧表演和电视娱乐主持，因为有唱片发行量的影响力和喜剧演员的经历作为后盾，加上《惊喜，惊喜》的收视率很高，希拉成为英国电视历史上薪水最高的女主持人之一，她在每集节目开头和结尾的演唱是节目卖点之一，这自然是为了充分发挥她的专长。

作为节目核心内容，《惊喜，惊喜》常常有家庭团聚的动人场面，但鲜见利用这些元素刻意地煽情和催泪，女主持人希拉·布莱克往往在当事人梦想实现时，恰到好处地从访谈区转移至表演区，用淡定、恬静、抒情和说唱结合的方式结束节目。

而在近年来中国电视屏幕上的各种“梦想秀”中，煽情则到了泛滥的程度，也是制作者们自认为屡试不爽的手段之一，这是中国媒体生态的一种体现，长期以来，受众无时无刻不被社会和媒体的煽情包围和熏陶着。在传媒还不发达的年代，煽情存在于那些假、大、空的新闻报道里，存在于那些经过无数次放大和夸张变形的先进人物事迹里，不提倡思辨和质疑，感性而不理性的民族性格也让这种手段有了肆意滋生泛滥的土壤。更令人担忧的是，本应有独立思考能力的很多媒体人并没有意识到这个问题，他们如在温水里的青蛙一样，从麻木变成无意识的尾随，在节目中煽情最终成为他们主动和习惯性的行

左 《就在今夜》主持人约翰·巴罗曼　　右 《就在今夜》演播现场

为。

在媒体的“熏陶”和导演们的“启发”下，不少走上电视的普通人也跟着煽起了情，在相亲秀、梦想秀和才艺秀中“搭上”一段“悲惨、励志、凄美”的故事，搞得电视观众不明白他们到底是来相亲、实现梦想、展示才艺，还是控诉、泄愤和“求关注”的。随着社交媒体的发达，几乎每一档成功的梦想秀播出后，都伴随着对各种煽情的幕后“揭秘”，制作者也乐得利用这些资讯作为节目再次炒作的素材。

现在的中国电视屏幕上，娱乐节目靠主持人忽悠煽情，电视剧靠编离谱的故事煽情，才艺秀靠制造冲突煽情，相亲节目靠催悲的出身煽情，纪录片靠编导摆拍煽情，新闻报道用扭曲的典型煽情，晚会用展示悲惨煽情，廉价的煽情和莫名其妙的“感动”无处不在。所以，当抱怨传媒政策、环境、体制、管理等一系列问题时，电视人是否反思过自己啥时候随大流地掉进了“滥情”的陷阱里？

温情梦想秀《惊喜，惊喜》先后播出14季和9个特别节目，至2001年12月26日圣诞特别节目后停播，一共128集，历时17年。1997年5月停办季播节目的原因主要是把本来收视稳定的《惊喜，惊喜》从周日晚间调整到周五晚间竞争更激烈的时段，造成收视下滑。而从观众的角度看，一个节目连续办了13年，多少会令人有些“审美疲劳”。

然而，成功电视节目模式就像流行时尚，会随着时间变换卷土重来，在保留核心元素的基础上，求新求变，添加时代符号和更新技术手段便能旧瓶装新酒，掀起又一次热潮。时间来到新千年的2009年4月18日，BBC开播一档新的周六晚间娱乐节目——《就在今夜》，再次开启了英国人的电视圆梦之旅。英国家喻户晓的电视明星约翰·巴罗曼担任主持人，他是音乐剧演员、节目制作人、作家，在英国著名电视剧《神秘博士》中饰演杰克·哈克尼斯上校赢得众多粉丝的追捧。同时，因长相英俊、性格开朗、语言幽默风趣，经常出现在各种电视节目中担任主持人和评委，《就在今夜》便是由他的制作公司与BBC合作在苏格兰分部制作的。

《就在今夜》以帮助观众实现梦想为核心，吸取了《惊喜，惊喜》的很多精华，主持人约翰走到观众席中与“被惊喜人”交流，舞台设置表演区和访谈区，约翰常常在节目中穿插歌舞表演。当然还增加了一些环节，比如现场比试才艺，约翰临时“速成”学习一门技巧，与圆梦人比赛，最终由现场观众投票决定谁获胜，增加节目互动性。其中一集他们比试的内容是中国功夫，背景则出现中国书法，诠释的是英国人对中国文化的理解。《就在今夜》用约翰的活力、帅气和激情代替了希拉的温柔和恬静，演播厅的设计、灯光营造的氛围、各种机关的运用，以及快节奏让节目更具时代气息和符合观众的欣赏习惯。

圆梦建立在“惊喜”之上，以实现才艺梦想为主，栏目在给推荐人的建议中特别强调：“记住对你提名的人保持沉默，我们要给出一个惊喜！”提名没什么限制，只要有才艺，或者其他特殊愿望，有可能达成的都行。约翰和各种明星参与圆梦，一些与梦想相关的人也会被请到演播室观看节目，在毫不知情的情况下见证梦想实现。当被问及《就在今夜》与其他周六晚间娱乐秀的区别时，约翰说：“我们是在做好事，提供帮助的人都很慷慨和友善，我们不以戏弄别人为目的。”

与主动报名参加各种达人秀的人不同之处在于，那些虽然有才艺，但没信心主动展示的人在个性中往往有最脆弱的一面，极度自卑带来的也许是极度自尊，本来没有恶意的玩笑往往带给当事人心理上的阴影，适得其反，而如果利用他们的困境作为搞笑的由头也有失媒体伦理。

《就在今夜》这种“找上门”让你实现愿望的做法更像是对各种主动报名一展身手的达人秀的补充，充分挖掘出那些没有自信，但确实有一技之长的普通人。与达人秀制造明星不同，《就在今夜》中的才艺展示不是以获奖和签演艺公司合同为目的，只是为了圆梦和开心，没有人为他们的表演打分和评判优劣，更没有淘汰，所以约翰把节目类型定位于“游戏秀”。

也许是此前有太多“巨人的肩膀”可以依靠，《就在今夜》看起来是梦

《基思·莱蒙的柠檬水》片头

想秀、达人秀、搞笑节目和主题选秀等各种娱乐节目形式的嫁接，虽然约翰很卖力，但节目收视率和业界反应并没有达到预期，观众看到的是“吉米式的安排”、“希拉式的歌舞剧穿插”、“《搞笑游戏》式的恶作剧”、“达人秀式的表演”和“主题才艺秀式的演员挑选”，大家觉得约翰太过于出风头，唱歌、跳舞、外景搞怪、现场主持等样样参与，节目融合的元素过多，反而显得有些凌乱，主题不突出。由此可见，在整合经典节目模式，增加新元素时，需要把握好度，简单堆砌无助于新模式创新。

BBC的“梦想秀”再次刺激了老对手独立电视台，《就在今夜》播出后，他们也采取了一系列行动。2012年1月，ITV宣布推出周六黄金时间娱乐秀《基思·莱蒙的柠檬水》[①]，采用《吉米会安排》的模式，调动名人资源帮助观众梦想成真。节目由福曼集团下属的Talkback公司制作，制作人说：“我们会重现当年的梦想秀，但在新节目里加入新变化。”从起用以搞怪见长的喜剧演员基思可以判断，会在娱乐和搞笑上下功夫。节目第一季六集于2012年4月7日至5月19日播出，收视在188万—328万之间。

紧接着一个月后，独立电视台再次宣布在秋季恢复停播15年的《惊喜，惊喜》，“接替”希拉的是31岁的女主持人霍莉·威洛比，他们会对节目进行“升级”和更时尚的改造。不过，恶作剧、逗人的电话和感人的家庭团聚等原版核心内容会保留，电视台的工作人员谈到节目操作时说：“当年不少集节

① 节目名称是借用主持人莱蒙姓氏的英文意思“柠檬”衍生出来的。

左 新版《惊喜，惊喜》演播现场　　右 主持人霍莉·威洛比

目里的团聚家庭在节目结束后这么多年又没有相聚了，所以我们可能会再次安排。”

从最早的《吉米会安排》到刚推出的新梦想秀，侧重点和目标受众不一样，于是针对节目的特点，使用不同的主持人。无论是著名DJ吉米、红歌星希拉、全能帅哥巴罗曼、喜剧演员基思，还是性感美女霍莉，他们都来自演艺娱乐界，拥有丰富的表演经验，自身就能用己所长成为节目亮点，与经典节目共同载入英国电视历史的记忆中。约翰把《就在今夜》也看成是自己圆梦的舞台，他从小就想做综艺秀，各种环节更多是根据自身的特点定制，也就是说想原样照抄就要找到同样多才多艺的主持人，如果因为主持人能力达不到而去掉这些部分，节目的个性就会大打折扣。中国电视能花钱买电视模式，能投资做出比原版更炫目的演播室，但恰恰缺乏与娱乐节目气质相吻合的“才艺全能”主持人，总让人觉得节目差点火候。

待BBC第四季《就在今夜》播出，2012年的英国电视屏幕上将会你方唱罢我登场地出现几档不同风格的“梦想秀”，它们都来自20世纪三四十年前的经典节目模式，各有独到之处，跨越时空近四十年。但毕竟时过境迁，观众的审美、口味和兴趣点也随着时代的变迁而变化，这些节目要重现昔日的辉煌，需要制作者们下更多功夫，用与时俱进的英国梦想秀面对新一代的观众。

英国　1949至1950年　Baird Everyman television　9英寸便携式

毫不夸张地说，
《舌尖上的中国》涉及的任何一个题材，
如烹饪技法、食材、餐具、饮食文化等，
都有可能被英国同行放大，
用更丰富、更有趣、更多样和更另类的手法进行“深加工”。

Palate in the TV Kitchen
电视厨房里的英伦

用美食传递历史、文化的英国人

在伦敦基本都住朋友理查德家，圣诞节也是与他们三代七口人一起“过年”。无论是工作日，还是节假日，他们全家每日的早餐几乎都是冰牛奶泡麦片、玉米片之类，因为觉得胆固醇和脂肪含量高，连典型的英式早餐[①]也极少做。

虽说房间里有暖气，但清早喝一肚子冰牛奶，胃总觉得不舒服，所以，我成了唯一每次用微波炉加热牛奶的成员。一日去唐人街中国超市买回面条、排骨、肉酱、调料和香菜，第二天为大家做了酸辣面和三鲜面早餐。他们一边擦汗，一边用叉子绞着热气腾腾的面条放在嘴里时，我说如果在中国，可以让他们一个月不重样地吃到各式早点，并且对英国人能几十年如一日、几代人地“钟爱”一款早餐品种表示不解。

“这没什么不好呀，干吗要变？”老祖母微笑着回答。

① 一顿典型的英式早餐包括烤番茄、煎蛋、香肠、腌肉、茄汁黄豆、蘑菇、烤面包、黄油、果酱等，配以牛奶、红茶、咖啡。不少英国家庭周末做一次，把早餐和午餐合并。因其热量高，缺少变化，曾经有英国著名电视主持人发起寻找英式新早餐的活动。

英国电视美食节目配套图书

中国人有着丰富的饮食文化和资源，但电视上却充斥着粗糙的“做菜节目”，埋头炒菜、不善言谈的憨厚大厨和卖萌抖机灵的“主持人”构成了中国电视烹饪节目的主基调。与此正好相反的是，除了甜点，英国人的日常饮食乏善可陈，常常被英吉利海峡对岸的邻居耻笑，甚至成为世界最糟糕饮食的代表之一，但只要走进英伦人家的厨房，就会发现他们拥有最齐全的烹饪工具，更有意思的是，总能在灶台旁的架子上发现几本与电视烹饪节目配套发行的美食烹饪节目书籍。这可不是一般的菜谱，而更像是饮食文化读物，无一例外图文并茂，让人垂涎欲滴，实用性和观赏性俱佳，电视节目收视率高，图书销售量也不错。

理查德的妻子艾莉森已经算是“巧妇”了，尤其擅长布丁和甜点制作，不过她似乎更愿意晚上在电视声音的陪伴下，阅读一本本活色生香的美食读物。而我在牛津的房东几乎不做饭，但并不妨碍她收藏很多美食图书，就连去探望在日本办英文学校的儿子，带去的礼物之一也是名厨杰米·奥利弗[1]刚出版的烹饪书。此类书籍总是摆放在书店推荐台的醒目位置上，每一季各具特色的美食纪录片也总会引起各种话题，屏幕上的英伦美食文化由此可见一斑。

曾经应邀去英国朋友家做客，此前主人询问是否有什么忌口，中国人出于礼貌回答“没有”。主人面带诡异表情，开玩笑地说：“你们是真正的中国

① 参见周康梁：《做最牛的主持人：英国电视名主持和他们的节目》，广州：南方日报出版社，2009年，第261页。

杰米·奥利弗的《食品革命》封面设计看起来是不是有点眼熟?

人。”在他们的印象中，中国人什么都敢吃。这种“偏见”除了中国存在严重食品安全和质量问题，也与一些同胞在吃的问题上确实毫无顾忌有关。西方关于中国饮食的电视纪录片，总离不开路边的狗肉摊、夜市的炸蝎子、火锅店里的内脏和动物生殖器等被他们看来很难理解的吃法，当然还有对各种他们叫不上名字美食的笼统称赞。而我们却鲜有拿得出手的节目，生动地展示中华美食的博大精深，直到有了一部名为《舌尖上的中国》的七集纪录片。

记忆中新千年后，中国电视台播放的有影响的原创纪录片并不多，更多是充斥各个频道故弄玄虚的“考古”节目、炒冷饭的二战系列和以各种献礼、宣传为名目的“一次性消费”纪录片。《舌尖上的中国》之所以获得较好口碑，并引发社会效应，最大成功之处在于电视人把目光从那些深宫大院、古墓丽影等既远离现实，又玄乎的选题，转向充满烟火气的美食，开始关注被人们熟视无睹的生活，并且做得有滋有味。

略显遗憾的是，如果我们把《舌尖上的中国》比作是一桌丰盛的宴席，那么作为“大厨”的编导们则“浪费”了节目中海量的“原材料”，只取最精华的部分加工上桌。毫不夸张地说，《舌尖上的中国》涉及的任何一个题材，如烹饪技法、食材、餐具、饮食文化等，都有可能被英国同行放大，用更丰富、更有趣、更多样和更另类的手法进行“深加工”，在电视上充分演绎“民以食为天”。

英国美食节目和图书覆盖的题材范围之广、制作者的创造力和切入点的独到令人咋舌，远远超出一般中国观众和电视人的想象。烹饪地点从都市到乡

个性和形象鲜明的英国电视大厨

村、从厂房到学校、从家宴到野炊；烹饪内容从烧烤到烘焙、从速食快餐到精心调制、从名人私房菜谱到乡村祖传秘方、从意大利美食到墨西哥风味、从浓汤赤酱到酒水饮料、从法国大餐到英式甜点、从怎样减肥到如何增加营养；出镜主持人从老头老太太到型男靓女、从男女搭配到胖叔组合。美食节目制作者们总可以找到与众不同的表现形式、丰富多样的菜谱，展现出对生活的热情，以至于让人着实怀疑“英国人不善烹饪和没有美食”是个骗人的假象。

节目中的大厨们会有自己的真人秀，进而带动个人品牌的餐具、炊具、调料、餐厅等产业开发；会有人以玉液琼浆为线索“醉饮”英伦三岛，甚至是欧罗巴大陆；还有人寻找乡间最天然的美食、体验贫困地区的日常饮食、亲身尝试垃圾食品带来的负面后果……关注点也从简单的满足味觉和果腹，拓展到环保、健康、生态、健身、教育、农牧业、集市变迁、食品安全、人类生存，甚至就某个政治制度下的食品供给做一番考察，对一个国家的校餐制度提出质疑和改进建议。秉承不列颠人勇于探索的性格，这些大厨的足迹不只局限于岛国，而是走遍世界各地和深入各个领域。

一些电视频道会把播出纪录片中的菜谱上传到网上，供有兴趣的观众参考学习。而最基本的操作则是一定会有一本，甚至是一系列的同名图书同期推出，把节目涉及的内容通过更为理性的文字和图片进一步梳理，让电视掀起的影响向更广范围延续。

正是因为表现节目类型多样，手段丰富，制作精良，生动有趣，英国人更乐意通过电视屏幕，用眼睛和想象来“品尝”美食，通过美食纪录片的配套图

英国的电视频道的美食网页

书来“阅读”美食，在享受了精神大餐后，转身开吃一份“fish and chips”（炸鱼和薯条）。很难说是英国独特的文化背景造就了电视上异彩纷呈的美食节目，还是那些琳琅满目的电视美食弥补了不列颠人餐桌上的“匮乏”，以至于他们很满足“望屏解馋”。英国的美食节目是带有鲜明个人色彩，以美食为载体的文化、历史、娱乐节目，不同的出发点和操作理念，让同样是舌尖上的美食呈现出不同的媒体滋味。

徘徊在收视率和影响力之间的中国纪录片

英国电视纪录片繁荣的原因之一是得益于“委托定制模式”，也就是我们常说的“制播分离”。众多制作公司，无数充满创意的制作人中蕴含着奇思妙想、创作激情、专业知识和能浅显易懂表达的能力，英国文化里积淀的对世界充满好奇的基因所孕育的创造力不是我们承担喉舌功能的国有电视台和为了收视率而做节目的制作公司能比拟的。《舌尖上的中国》总编导是一位深谙美食的资深电视人，这对纪录片制作很重要，只有带着强烈兴趣，最好是某方面的专家，才有可能做出富有人情味和个性化，并不失专业水准的节目，这也就是为什么英国电视纪录片往往总有优秀作品的原因之一。

《舌尖上的中国》播出后，在掀起一阵“舌尖热”的同时，也暴露了中国纪录片创作面对的尴尬。据说在CCTV一套晚间10点档播出时，七集平均收视率为0.5%，也就是说如果仅从收视率看，很多节目都超过它，甚至远不及一些所

谓的“低成本、轻操作”八卦节目，但它所起到的社会效应，特别是通过社交媒体重新传播引发的追看热潮，则是后者远远不及的，“叫好不叫座”提出了一个困扰电视业界多年的问题——节目收视率和影响力之间的矛盾。

纪录片是电视节目形态中历史最悠久，也是最重要的一个部分，或者说是其他很多电视类型的基础。《舌尖上的中国》播出后，一些长期疏离这一节目类型的电视台，因其产生的巨大效应才如梦方醒般地“发现”了纪录片的价值，则反映出这一电视品种的生存现状和在观众遥控器中的真实地位。如果我们按照英国“公共服务广电”的标准，即“告知、娱乐和教育”分别对应“新闻、娱乐和文化教育”三种电视类型的话，就不难发现为什么会出现这种状况。

近几年，新闻节目的进步更多表现在规模、数量和技术手段上，而20世纪90年代以后出现的几档很具影响力的新闻时事和深度报道节目因为种种原因归于沉寂和平庸。现在很多新闻节目走向了以量取胜，靠扒网络八卦和噱头吸引眼球，满足于在演播室评论、访谈和连线，失去了新闻应有的新鲜、锐度和深刻。而纪录片因为选题很难有连续性、拍摄制作难度大、周期长、投资高，最关键是收视率不佳，引不起电视机构的兴趣。不少电视台靠购买国外纪录片维持相应栏目，甚至一些制作机构生产打着探秘、离奇、血腥等招牌的“伪纪录片”博取眼球，在自己放弃纪录片阵地的同时，也搞坏了观众的胃口。

新闻少作为，纪录片难作为，在竞争压力下，电视台的人、财、物力自然向电视剧和娱乐节目倾斜，边缘化造成人才缺乏，资金不足、产量低、选题面窄、表现形式老套、创新不够，而大多数观众由于没有收看这类节目的习惯，收视率低下，这些都不是七集《舌尖上的中国》的热潮在短时期内能改变的。另外，只要目前中国电视屏幕的竞争格局不改变，以收视率为导向的评价机制不调整，制作节目的理念不更新，注定是观众“消费”了《舌尖上的中国》后，因为短时间再无“美味”，只好擦擦嘴又回到秀场上去看帅哥靓女。对于有追求的电视人而言，为了生存糊口，也只能是把《舌尖上的中国》作为目标、理想和奢望，无奈地继续生产电视“快餐和垃圾食品”。

作为国家电视台，CCTV有责任和义务率先做出表率，进行纪录片形态和题材多元化的探索，不只限于饮食，而是借助这次成功经验带来的动力，为纪录片的繁荣做一次努力和尝试，为国家、民族，乃至世界留下影像记忆。在未来，所有这些工作的成果是难以用收视率和广告收益来衡量价值的。如果用英国美食节目的多样化来衡量中国电视屏幕，我们还有广阔的空间可以驰骋，无数的空白有待填补。

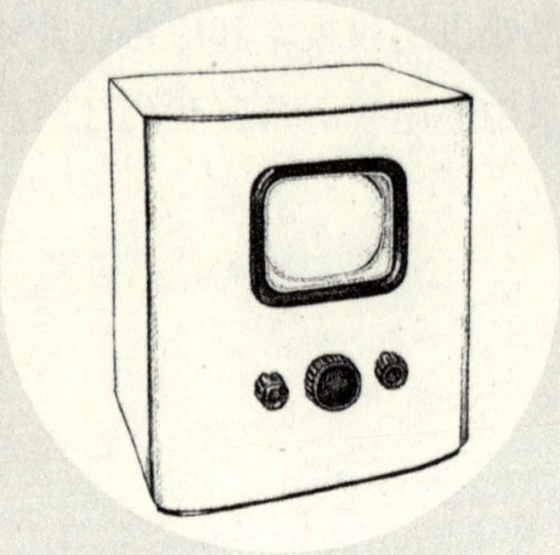

英国　1939年　Ekco TA201　7英寸

当了解了英国社会的相关背景后，
再看诸如《立方体》之类的游戏节目便会明白，
为什么它在英国有不错的收视率和好口碑，
节目中的很多游戏，
去掉高科技、声光电和漂亮的包装，
就是伴随着一代代英国人成长的快乐记忆。

Changing Game Shows
常变常新的电视游戏秀

游戏与高科技结合的《立方体》

2012年5月13日，“英国电影电视学会奖”技术类奖项揭晓，独立电视台的游戏节目《立方体》战胜BBC的《超级动力》、独立电视台娱乐选秀《X元素》和第4频道的魔幻节目《达伦·布朗：实验》，获得“英国电视学会创意工艺奖”的“娱乐节目工艺团队奖”[①]，这是《立方体》继2011年后蝉联这一奖项。当时，它击败的对手有真人秀《学徒》，名人舞蹈才艺秀《舞动奇迹》和《X元素》，更重要的是同时还获得年度“最佳娱乐节目奖”。

制作人亚当·阿德勒在获奖感言中说：“很高兴我们的团队赢得了最佳娱乐节目奖，这对那些幕后为《立方体》付出的人来说实在是太好了，正是因为节目看上去、听起来和观众能感觉到的东西与其他游戏节目相比有很大不同，所以才得到评委们的肯定。”制作《立方体》的公司最初是与第4频道合

① 英国电影电视学会奖下设电视奖、电视技术奖、儿童节目奖、电影奖、视频游戏奖、国际奖。电视技术奖又分为编剧、化妆和发型设计、剪辑、特效、原创音乐、摄影和灯光等。

作，只是因为考虑成本过于昂贵，还未试播，第4频道就决定不定制这个节目。于是，2009年2月，独立电视台购买了节目版权，随后正式录制，并于同年8月22日首播，至2012年7月已经播出五季共40集。

节目为参与者提供了一个在长、宽、高都为4米的透明立方体中挑战自我，闯7关，赢得1000英镑到25万英镑奖金的机会。变化多端的游戏设计看似简单，挑战起来却并不容易，不仅要克服在全场观众众目睽睽下完成游戏的心理压力，还要适应独处封闭隔绝空间中的不知所措，沉着冷静、大胆细心地完成任务，是对选手智力、记忆力、反应速度、心理素质、身体机能、协调和控制等多方面能力的考验。

既是参与者，又是旁观者，距离选手最近的主持人菲利普·斯科菲尔德感触很深："在高压环境下，一个平时看似不费力的任务，其难度却会被无限放大，这是一个把简单创意转换为出色电视模式的成功案例。"截至2012年6月，已经有八个国家的电视机构购买了"立方体模式"版权。

在伦敦的演播室现场观看《立方体》录制，整个节目很是平淡，没有华丽的灯光、耀眼的大屏幕、刺激的音乐、劲爆的表演和主持人的忽悠，甚至有些冷清，不时还因为更换"立方体"里的游戏装置，或者某个失灵部件需要停顿很长时间，但这个节目能获得最佳娱乐节目奖确实有其独到之处。

聚光灯下的"玻璃盒子"在巨大的演播室里显得很扎眼，观众远离游戏区，就连选手上场的通道也在其通过后，旋转断开，造成一种"孤岛"的感觉。画外音来自英国著名的配音演员科林·麦克法兰，经过处理后的声音空灵

左 《超级动力》的“The Stig”　　右 《立方体》的“The Body”

中带有很浓厚的“机器味”。因为游戏内容太多，为了让观众和选手能很快理解，节目还设计了一个女性形象的“演示者”，一身白色装扮，戴着面具，露出齐肩的短发，看起来像一名击剑运动员，进一步强化了神秘气息。在英国另外一个知名娱乐节目《超级动力》中也有类似神秘人物的设置，那就是试车手Stig，常常由著名的F1方程式车手担任。

像其他一些游戏节目，参与者有“九条命”，每次挑战失败就会“丢掉”一条命，选手有“简化”和“试玩”各一次的机会，可以视游戏难度决定是见好就收，带着已到手的钱回家，还是冒着最终一无所获的“危险”挑战更高金额。只是截至2012年7月，节目已经播出五季46集，只有一名选手获得最高奖金25万英镑，可见游戏的难度之大。

《立方体》和以前游戏节目最大的区别在于道具设计和制作精良，动用大量高科技，比如参与者脚下电脑控制的地板可以变幻出很多游戏内容，四周透明材质上不时闪现的抽象图案，还有就是360度高速摄影与回放让观众有种穿越“骇客帝国”的超现实感。最后通过后期处理叠加上去，各种虚实效果合成在一起，节奏加快，配合上音效和观众的反应，看电视和当现场观众，完全是两种不同体验。《立方体》不仅需要内容过硬，更离不开精致的后期剪辑和包装，当英国人喜闻乐见的游戏节目与高科技结合在一起时，历史悠久的英国游戏节目又登上了一个新高度。

左　《立方体》演播室示意图

右　主持人菲利普·斯科菲尔德

爱游戏的英国人

相比于《立方体》这种以“动手”为主的新形式，中国观众之前看到的“动脑”节目，如《开心辞典》、《智者为王》等，也都是来自英国的著名电视模式《谁想成为百万富翁？》和《最薄弱的环节》，这些节目还输出到世界很多国家，曾经风靡一时。以知识、智力和动手能力竞赛为基本形式的不少游戏节目模式之所以深受英国人欢迎，与其文化背景分不开，和他们深入接触后感觉尤其明显。

理查德是我的好朋友，这个中产之家是了解英国人日常生活的很好窗口，“游戏”便是其中之一。一次公共假期期间，已经出嫁的大女儿和在另一座城市工作的二女儿都回来了，三儿子刚上大学，最小的儿子则马上高中毕业。他们还接来住在英国中部的老母亲，一家七口人其乐融融。放假期间，这家人的生活都有游戏相伴。

一大早，二女儿边吃早餐，边熟练地把几份报纸上的填字游戏逐一完成，剩下的空格则由后起床、家里最擅长文字的小儿子填补。各类报刊上刊登的填字游戏为英国人提供了独自消遣的机会。

午后的休闲时光，理查德夫妇和老母亲一起在宽大的餐桌上合作大幅的拼图游戏，三人神情专注，分工合作，有归类颜色的，有比对图案的，还有寻找准确位置的。在他们看来什么时候完成并不重要，喜欢的是这种淡定从容的感觉。与很多中国家庭一般拼好后就不再拆开，而是用镜框装裱起来悬挂作为装

理查德夫妇和老母亲一起玩拼图游戏

饰不同，女主人告诉我，这幅拼图他们已经重复过多次，“因为它是游戏”。

客厅书架上有一半的空间被各种游戏盒子占据，这是孩子们多年积攒的。几乎每天晚饭后，几个已经是成人的儿女就商量着取出一套游戏，“忽悠”所有人参与，大家随意选择坐在沙发或者地毯上，共同度过一个晚上的时光。

英国的游戏种类繁多，有益智的、考察记忆的、锻炼操作能力的、竞技的，当然还有综合这些内容的，Cranium就是其中之一，游戏名称的本意是“头颅”，也可以说成是“大脑测试”，是这类益智休闲游戏的代名词。它由四个部分构成，分别是单词拼写、橡皮泥塑形和绘画、多项选择和通过肢体语言表演猜答案，包装盒上写着“一个调动你整个大脑的游戏”，虽说是游戏，但却一点也不容易。

英文单词的复杂和不规则拼写不仅是中国学习者的拦路虎，对于英国人也不例外，根据读音拼写单词是一门功夫，也是增长词汇量，特别是高难度和生僻词汇的好办法，认真的女主人甚至搬来字典查阅上面的词汇。

塑形和绘画考验的是动手能力，需要在规定时间里塑出，或者闭眼睛画出某个物体的形象，让同伴猜出来；多项选择考的是参与者的知识面，题卡上的内容无所不包，别以为是游戏，题目就很简单，平时不看书还真答不上来；用肢体语言表现一个东西常常让人忍俊不禁，正如游戏说明上写的：你不会相信你的朋友能做得如此出人意料。

这个综合游戏，动静结合，老少皆宜，风趣幽默，真正是寓教于乐的好活动。也许在我们看来，游戏是孩子的专利，大人不屑参加，但是需要技巧和知识的游戏却具有挑战性，更重要的是它提供了一个全家人参与和交流的平台。英国游戏文化之丰富，不列颠人对游戏的喜爱程度远远超乎我的想象。

基督教是英国的国教，教堂除了定期举行正式的礼拜活动以外，还是一个社区的“活动和社交中心”，无论你信教与否都欢迎加入，其中智力竞赛和游戏就是很重要的一个部分。提起智力竞赛，可能很多读者会觉得那是孩子们玩的游戏，其实不然，在英国这是一种很好的结交朋友，增强感情的方式。理查德一家是基督徒，全家喜欢玩游戏的习惯也或多或少受到教会氛围的影响。

教堂往往提前印发此类活动的通知，热心的志愿者们也会做好准备，布置桌子和椅子，设置用于出题的投影屏幕和音响设备。参加活动的人到达后，可以自由组合成参赛团队，然后临时起个好听的名字，大家一边享用各自带来的点心和饮料，一边积极认真地投入到比赛中。

比赛往往是按照题目的类型分成若干组，每组又有十几道题，涉及面很广，不过基本都是些常识性内容。每组成员的分工各有不同，有学问的专门负责听题和想答案，自认为没什么“墨水”的则承担填写答题卡的“体力活”。每道题出来后，可以看到各小组成员或冥思苦想，或喜笑颜开，然后就是低声细语地商量，生怕邻桌偷听了答案，男女老少那种认真劲儿很是可爱。

每组题出完后，就要把答题纸交到统计组，这是由几位中年妇女承担的工作，他们在比赛进行中，紧张地统计每组的正确答案。比赛结束后，主持人会按照题目的顺序公布答案，此时现场的气氛很热烈，大家兴奋地讨论着，并不时爆发出笑声，有人还击掌庆贺。

最终给出名次时全场情绪达到高潮，我参加的数次智力竞赛活动，都是以少年队获胜而告终，奖品是一个大的洋娃娃，或者一大束鲜花，还有巧克力，等等。大人们图的是乐子，以这种寓教于乐的方式结交新朋友，会晤老朋友，当然比打麻将，“码长城”更有意思，我的很多英国朋友也都是在此类活动中认识的。竞赛结束后，大家开始享用组织者安排的冷餐会，各种美食让孩子们兴奋不已，心满意足之后他们就到户外继续别的游戏了。因为是公益活动，每人需要支付10英镑，换来的是一个晚上，或者整个下午的快乐，类似活动还会在社区俱乐部、学校等地方以不同形式举行。

除了需要动脑筋的智力活动之外，也有不少考验身手的。英国人的动手能力很强，从房前屋后的花花草草，到里里外外的小修小补都亲力亲为，他们甚至不认为这是苦差事，而是一种生活乐趣。很多英国男人都像理查德一样有专

《拼写蜜蜂》和《我的职业是什么》演播室现场

门的工具房，常用工具一应俱全，除了满足日常维修之用，不少人还在这里消磨时间，发展自己的兴趣爱好。另外，英国人创造出的各种现代体育运动早先其实也是他们的游戏，他们会想着法儿地玩，体现出率性天真的一面。

《谁想成为百万富翁？》和《最薄弱的环节》等英国游戏节目曾经一度有若干中国版本，十分火爆，但没多久，有的消失了，有的收视率迅速下滑，这除了观众审美疲劳的因素以外，还与观众群的社会文化背景有关。当了解了英国社会的相关背景后，再看诸如《立方体》之类的游戏节目便会明白，为什么它在英国有平均四百多万观众的收视和好口碑，节目中的很多游戏，去掉高科技、声光电和漂亮的包装，就是伴随着一代代英国人成长的快乐记忆。只有观众对智力答题竞赛保有持续热情，才有可能让这类节目形式走得更远，见识过英国人的游戏情节后，就很容易理解为什么电视屏幕上会有这么多形态各异的游戏秀，这种节目形式几乎和英国的电视历史一样长。

游戏节目的兴起

1938年5月31日晚上10点，英国广播公司从亚历山大宫直播了一档名为《拼写蜜蜂》的节目，这个此前在广播里很受欢迎的单词拼写节目一经电视播出更是风靡全国，也成为英国电视史上最早的游戏节目。那时电视对公众而言并不是一个很重要的媒体，广播则正处于黄金时期。所以，电视上播出的益智节目大多是从广播移植过来的。

《让你的钱翻倍》

当时的节目没有专门策划，基本就是“原生态”的比赛转播，以今天的角度看，自然缺乏趣味性和娱乐性，但从实践中，最早的电视节目策划人有了新发现，那就是如果经过设计，本来看起来很平常的室内游戏节目也能吸引观众的眼球，变成好看的节目。这个特点后来一直贯穿在英国电视制作里，他们可以通过挖掘和策划，把很普通的题材做得生动有趣。

1951年，BBC从美国引进了节目《我的职业是什么》，它成为英国第一个真正意义上的电视游戏秀。拥有特殊职业的参与者用形体展示一段自己的工作状态，四位名人组成的小组开始提问，答案只有两种——“是”或者“不是”，最终名人们通过排除和筛选猜测职业，已经具有了娱乐节目的元素，电视观众至今还能在一些娱乐节目中看到这种形式。

随着1955年商业电视在英国开播，BBC的“垄断”被打破，众多电视制作机构纷纷出现，游戏节目开始进入繁荣时期。和BBC不能用观众缴纳的执照费来支付游戏节目的奖金相比，因为有广告收入，商业性质的独立电视台在奖励上却没有明显限制，这在一定程度上刺激了观众的热情。

《挑了带走》是独立电视台第一档电视游戏节目，综合了快速反应、知识问答、决策判断和运气等内容，虽说仍然是从广播节目移植而来，但因为注入了不少美国同类节目元素，还是让英国观众感到很新鲜和好奇。参与者靠答题赢得一定数量的奖金，但在回答问题时，不能使用“是”，或者“不是”，否则就被视为失败。最后，参与者有两个选择，是“带走奖金”，还是“打开盒子”，这是一个冒险的决定，因为盒子里可能有洗衣机、冰箱之类的大奖，但也可能只是巧克力、捕鼠器这样的小玩意儿，惊喜和失落让节目充满了未知和趣味。参与者来自社会各个阶层，特别是工人的参与，他们的特殊腔调让听惯了BBC标准英语的观众感到很亲切，家庭妇女、退休工人、失业者等工人阶层是这类节目的主要观众群。

《挑了带走》和同样来自广播节目的《让你的钱翻倍》成为英国最早以现

独立电视台第一档电视游戏节目《挑了带走》

金奖励为卖点的游戏节目，后者最高奖励是1000英镑，在当时已经是一笔不小的数目。此后，奖金如节目名称一样持续攀升，1956年2000英镑，1957年5000英镑。《让你的钱翻倍》形式并不复杂，简单说就是答对一道题奖金就翻一倍，直到封顶，但是一旦答错则会前功尽弃。当然，参与者可以在任何时候带着到手的钱退出，这看起来是不是很眼熟？没错，多年后一个红遍全球的节目《谁想成为百万富翁？》就是这个节目的翻版。

两档节目都出自于同一家名为“联合转播”的制作公司，但1968年他们失去了特许经营权，节目也就只好停播，没想到观众的喜爱一点也没因此而消失，节目中的很多核心元素一直被以不同形式嫁接和移植，参与者回答一定数量的问题，赢得奖金的游戏模式成为此后英国有奖金的游戏、益智节目“模板”。

管理独立电视台的独立广播电视管理局觉得游戏节目的重点应该在竞技的乐趣上，而不是奖金的多少，所以对发放奖金开始有了限制。1962年的《皮尔金顿报告》就曾经提出批评，认为用奖金刺激的益智和游戏节目对社会有害，节目体现的价值观与赌博很相似，那就是获胜不需要什么成就，而赢得的奖金对参与者实在是太多了。

但娱乐加奖金的模式还是吸引了大量观众，也刺激了同类节目的涌现，不少节目都是从美国“进口”，游戏节目的黄金时期持续到20世纪70年代，这种局面很像今天中国电视大量山寨和复制英国电视，黄金时段各个频道都是同类型节目一样。到1958年秋季，独立电视台一周甚至安排周日到周五的六天黄金时段播出游戏节目。

《大学挑战》节目的形式很多年没有什么变化，至今还在播出

增加新元素和类型细分

这期间，ITV还有一档著名节目——《大学挑战》，形式很简单，两所大学代表队比拼知识，而且没有物质刺激，只是优胜者获得一座可以保存一年的奖杯。但从1962年开播，除了中间停播过一段时间，《大学挑战》跨越50年，至今还在BBC2频道播出，由此可见英国人对这类节目的喜爱。

BBC因为奖金问题，20世纪50—60年代，在游戏节目方面一直没法与ITV抗衡，他们通常是从广播电台移植一些节目，或者制作针对儿童和孩子的益智节目。直到1966年第八届世界杯在英国举行，BBC推出第一个原创游戏秀，也是第一个广受欢迎的体育主题节目——《益智球》，一改以往古板、沉闷和传统的“BBC模式”，采用足球比赛形式，三名队员加一名嘉宾代表一支足球俱乐部，有四种方式得分：正确回答四个简单问题；正确回答三个中等难度问题；正确回答两个难题，或者一个超难度的问题。对方的防守方式就是回答出你不知道的问题，最终的胜者晋级下周比赛。

这届世界杯，英格兰在本土夺冠，掀起了英国的足球热，《益智球》结合足球主题，很受欢迎，不少人在下午6：30—7：00都会守着看这个节目。此后，BBC开始制作一些原创的益智问答节目，但基本还是遵循以荣誉为主的原则，保持节目的严肃性和教育性，给予获胜者的大多是象征性奖品。

虽然受到刺激方式的限制，20世纪70年代，BBC还是在其他方面对益智游戏节目做了一些探索和尝试，比如说《家庭问答》就有创新。每轮由两队比赛，每队来自一个家庭的四名成员，包括父母和两个孩子。30分钟节目融合心理测试和各类知识的智力游戏，问题可能是全家共同回答，也有针对某一个成员，

左 《家庭问答》主持人罗伯特·罗宾森和获奖家庭在一起
右 《黄金射手》主持人鲍勃·蒙克豪斯

比如父亲、母亲、大孩子，或者小孩子的，胜出的家庭进入下一轮。

1967年7月1日，独立电视台播出了新节目《黄金射手》，核心是把弩上的瞄准镜与电视摄像机连在一起。在第一轮中，被蒙上眼睛的摄像师通过耳机听取参与者的指令瞄准和射击，参赛者可以在家中，或者在节目现场一个独立的电话间里"遥控"指挥："高点、高点，往左点，低一点，再左点，射击！"有幸进入最后一轮的参与者可以自己操作弩，当然，他们还能得到奖励。《黄金射手》来自德国同名节目，三位主持人中有一位华裔女明星，她是英国20世纪70年代很受欢迎的一个歌舞组合——"年轻一代"的主唱，也是最早以主持人身份定期出现在英国电视上的亚洲女性。

此时，彩色电视刚刚出现不久，商业电视也走过了二十多年，和《大学挑战》之类的节目注重公众参与，回答问题赢取奖励不同的是，因为观众能看到彩色的世界，游戏节目更需要漂亮、光鲜，带给观众更多开心、快乐和有趣，而不是像以前那样只在智力问答方面比拼。先进技术手段的运用为节目更吸引人提供了可能，《黄金射手》也让此类节目与原有的纯游戏类型和以益智问答为主的类型区分开来。

《智多星》可以说是BBC从广播移植过来最另类和颇具风格的一档益智节目，选手在类似审讯的氛围中，回答连珠炮似密集的问题，对心理、知识和应对压力的能力都是个考验。本来这种节目一般都是在下午或者深夜播出，但《智多星》却跻身BBC1频道黄金时间，而且长期保持，至今播出整整40年。

受到《智多星》的启发，独立电视台研发了一档被称为"英国最酷益智

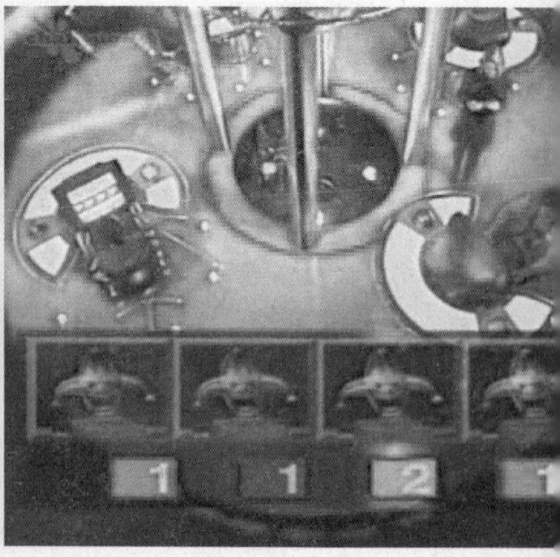

左　BBC的《智多星》

右　ITV的《氪元素》

秀”的节目——《氪元素》，考验的是参与者身心全方位能力，节目氛围也营造得异常严肃，但选手们的服装则是红、绿、黄、蓝异彩纷呈。节目名称来自“超人”的故乡——氪星球，寓意自然是选手们都拥有超人般的力量，能够应对一切挑战。

20世纪80年代后，1982年第4频道和1997年第5频道相继开播，也为英国电视增添了更多游戏节目，游戏和益智节目逐渐附加新科技、绝技、搞笑和幽默、综艺等元素，划分越来越多细，比如参与者有以专家为主的、以学者为主的、以娱乐名人为主的和以平民为主的，分别侧重知识、娱乐、视觉和物质刺激，并且与真人秀、访谈、纪录片等不同电视节目类型融合，甚至可以通过卫星图像，让不同国家的选手“汇聚”到同一个演播室里竞赛，奖励也从现金奖金发展为劳斯莱斯轿车、国外旅游等。

高额奖金的吸引力

1998年独立电视台《谁想成为百万富翁？》[①]的出现把休吉·格林的《让你的钱翻倍》中的益智和奖金刺激发挥到极致，“回答问题挣大钱，一个闪失空手而回”是节目核心，也是其他一些游戏节目的主要元素，最火爆时ITV一周有五天晚上播出，成为英国收视率最高的节目，甚至有的人不惜铤而走险，通过

① 参见周康梁：《做最牛的主持人2：解码英国经典电视节目》，广州：南方日报出版社，2010年，第201页。

左 BBC《最薄弱的环节》

右 ITV《谁想成为百万富翁？》

作弊通关赢取奖金。关于节目的一切都会成为第二天街谈巷议的话题，节目模式也销售到世界一百多个国家和地区。

百万英镑奖金对观众形成了巨大的吸引力，但对拿不出高额奖金的BBC则是个“灾难”，幸好后来他们制作了一档《最薄弱的环节》，算是赢回了一点阵地。节目除了保持竞赛游戏节目的知识性、平民化和必要的奖金等特点，在节目的规则、淘汰机制、获奖方式和竞赛者相互关系等方面都有很大程度的突破和拓展，也弥补了在与ITV竞争中因为奖金额度不高的“劣势”。参与者自身需要具备相应的知识、技巧和应变等能力，既有团队合作，又有相互竞争。

《最薄弱的环节》与《谁想成为百万富翁？》的明显区别是，它把现实世界中的“适者生存”引入节目营造的虚拟环境中，超越了简单的知识竞赛，成为一场模拟的生存博弈，从中也可看见《老大哥》、《幸存者》等真人秀节目的影子。

过去智力竞赛中仅靠知识、反应和运气等手段就可以获胜的传统途径已经不再有效，取而代之的是依靠社会经验、人生智慧和处事原则等战胜对手，既要争胜，又要隐藏自己，既要麻痹对手，又要伺机淘汰竞争者，这其中折射的是现实社会的冷酷和无情。与其说是参加游戏，赢得奖金，不如说是换个地方体验浓缩的人生，对参与者的综合素质要求更高，同时也容易引起观众共鸣，节目结束之后获胜的不一定是最强者，但绝对是“最有谋略者”。

这一时期，两台还从其他国家引进了一些其他节目，比如被ITV寄予厚望的

第4频道的《失落百万英镑》

《避难所》[1]、《决斗》，BBC的《辛迪加》、《椅子》[2]、《人民的益智游戏》等等，可以说从节目形式到奖励方式都在寻求突破和创新，《人民的益智游戏》甚至采用《X元素》的才艺秀模式，从200700人中海选赢得最高200700英镑的机会。但此前如《谁想成为百万富翁？》之类的节目无论从节目设置，还是奖金的额度都太过成功，让它们一时很难超越，播出时段则基本集中在下午5—7点，鲜有长期在黄金时间播出。

一直以来，英国电视人没有停止过对游戏节目新模式的探索。2010年又出现了第4频道的《失落百万英镑》，让参与者因为答错题而眼睁睁看着到手的一捆捆现金掉落，不是因为答对题加钱，就是因为答错题丢钱，变来变去基本就这两条路子；独立电视台的《立方体》考验的是“心灵手巧”；《红，还是黑？》则走得更极端，啥都不要，凭运气“押宝”即可……这些新节目在赢取奖金、节目载体、游戏方式等方面有很多尝试，在继承游戏节目传统元素时，继续与时俱进地引入高科技和网络技术，开发节目在新媒体的空间，增强互动性，满足不同收视人群的需求。现在各种类型的游戏节目并存，一些老节目也不时会被重新包装后以特别节目形式推出“试水”，而如《智多星》这样的纯智力竞赛节目仍然有自己的忠实观众。

回顾英国电视游戏、益智节目的历史会发现，表面上新节目因为有新元素注入，看起来发生很大变化，但实质的改变却很小。这么多年，模式变了，

① 原版为以色列节目。
② 原版为美国ABC的节目。

奖金金额有高有低，奖励方式各种各样，但作为游戏、益智节目的基本结构，即“参与者努力回答问题，争取在节目的最后赢得奖励”保持不变，今后的游戏、益智节目也基本会保持这些特点，比拼的是谁能赋予更多新的元素。

英国电视人之所以一直挖空心思、花样翻新地推出游戏、益智新节目有多方面原因，首先有观众基础，英国人性格中对游戏的热衷；其次是制作成本低，在演播室里一天可以录很多场，效率高，如果还有收视率，那就是一笔很划算的“买卖”，另一种电视类型——肥皂剧在英国有很强的生命力也是基于同样原因；还有就是形式多样，从“最保守”的纯益智问题节目到目前“最酷”的电视和新媒体联动游戏节目，不同观众可以结合自己的兴趣点，找到合适的游戏节目。

演播室游戏、益智节目不意味着省钱、省事，如果只是满足于所谓的“轻操作”，英国电视此类节目是不可能走过七十多年，并且不断有经典节目出现的。这得益于英国电视人的创新能力，同样的节目核心与总体结构，但是却能通过不同形式、元素等重新组合后表现出来，有继承，有发展，常变常新。

美国　1950年　Zenith　G2340R　12英寸

这里的所有人和设备都在飞快地运转，

因为新闻随时发生，

所以他们通宵达旦。

A Report from Sky
“天空”探秘

在英国电视屏幕上，除了英国广播公司、独立电视台、第4频道和第5频道有新闻节目以外，额外付费的数字卫星频道里还有一个名为“天空新闻”的新闻频道。这是BBC新闻频道以外的另一个24小时新闻频道，随时为观众报道实时新闻。

频道属于英国天空广播公司，是两家卫星电视公司合并的产物。1984年，卫星电视在英国开播，当时只是作为有线电视的补充。1988年6月8日，传媒大鳄默多克在英国电影电视艺术学会上宣布，他的媒体将提供一项新的电视新闻服务。1989年2月5日下午6点，“天空卫视”开播，口号是“当你需要时，我们在那里”。默多克曾经说：“天空新闻和CNN没什么区别，它与福克斯新闻和新闻集团联合，3000多名记者遍布世界各大洲和每个国家，可以把任何地方发生的新闻带到观众家里。”

1990年3月，英国本土的“英国卫星广播”开播，播出相差13个月的两家卫视投入重金打折和促销，合计亏损14亿英镑，上演了激烈的消耗战。最终，1990年11月，两家媒体合并，名称变为“英国天空卫视”。在1997年11月BBC24小时新闻频道开播前，“天空新闻”是英国唯一的全天新闻频道。

左　天空电视台外景
右　1989年2月5日下午6点，天空新闻开播，主持人潘妮·史密斯和阿拉斯泰尔·耶茨

虽然名义上属于天空广播公司，但“天空新闻”主要是由默多克的新闻集团控制。

一直对在英国电视史上有着“传奇”经历的电视频道很感兴趣，一次，正好当时所在的传媒研究机构组织考察，得以深入“天空”做一番了解。

从市中心出发，沿着高速公路驱车约50分钟来到西伦敦的奥斯特利，远远看见一座建筑上的“Sky”字样，这里就是我们的目的地。汽车驶过旁边的超市，进入电视台的工作区，看起来很像一座精密仪器工厂，整洁安静，几乎见不到人，路两边排列着六幢两层高的小楼，分属不同频道，我们要去的是其中规模最大的那幢，也就是“天空新闻”所在地。

接待区不大，设有沙发和展示柜，里面放着频道获得的奖杯，二十多人进去显得有些拥挤。组织者提前传去参观人数和名单，前台已经为每位访问者做好了胸卡，通过一道玻璃门，大家跟着电视台负责培训的科克先生上楼进入新闻频道工作区。

这个集新闻编辑室和演播室所有功能于一体的大“编辑室”是2005年10月24日启用的，面积有近700平方米，分上下两层，主色调为红、蓝两色。空间被处理成深色，铺着地胶，上层有回廊式开放工作区和工作间，下层也是开放式，上百名工作人员分布在不同工作区域各司其职，虽然人来人往，但有序而安静，只有通过分布在各处的无声监视器画面，参观者才能意识到实时新闻播报传递着世界的喧嚣。

最吸引眼球的是位于整座建筑中心的演播区，巨大液晶显示屏构成的“新

天空电视台新闻中心全景

闻墙”格外醒目，此“墙”高3米，长14米，成弧形排列，据说是当时世界电视机构中最大的电视墙之一。大屏幕前面有一个如意形状的平台，铺着红地毯，供天气预报员和主持人在屏幕前演示时使用。从二楼往下看时，一位天气预报员刚结束播报，整个大屏幕上风起云涌扑面而来，人站在前面显得很渺小，极具视觉冲击力。

以这块巨大显示屏为背景，有三个不同演播机位，分为访谈区、播报区，可站可坐。大大的工作台能旋转，桌面上嵌有监视器和电脑。不同设置不仅可以提供新闻和时事报道，还能进行深度分析和讨论热点问题。据科克先生介绍，在看似不大的立体空间里，一共有8个演播位置，通过12台摄像机提供不同的视觉效果，主持人和播音员在各自位置上准备着，字幕机上不断滚动更新下一时段的播报内容，如果不仔细观察，很难看出谁正在直播新闻。

科克先生带大家来到一间培训室，先在白板前结合组织结构图介绍概况，一目了然，为参观者播放介绍媒体的电视片，然后回答提问，接下来就是到各区域参观。一切安排得井然有序，干净利落，省去了不必要的客套和寒暄，直奔主题。类似参观对电视台来说是家常便饭，他们日常还接待普通观众访问，让大家在主持人的台子前坐坐，了解一些电视制作的幕后工作，增加观众对媒体的了解，这也是拉近与受众之间距离的好办法。工作区通道里除了悬挂主持人的小幅照片以外，更突出的是各种重大新闻事件现场的大幅照片，媒体的新闻价值观和关注焦点一目了然。

说是电视台的新闻频道，但在同一区域里同时制作广播节目和提供互动网

天空新闻片头

络信息，当时还为第5频道“定制”新闻节目[①]，从工作分工看，有国内事务、国际事务和体育等不同部门，鉴于政治在英国的重要性和透明度，专门设立一个报道议会动向的部门，除此之外，甚至有个负责收集八卦、花边新闻的分支。以上各部门记者采集回来的素材统一在一个机房上载进入资料库，供专职编辑们使用，不少动画制作人员也在为记者的新闻报道设计图表、动画。“集成”一直被看作是这个新闻中心最鲜明的特色。

当我们转了一圈回到开放空间时，巨大显示屏上已经换成了俄罗斯国旗和普京肖像，此时主持人和专家正在进行俄罗斯问题访谈，他们身后的电视墙上同步还有一些新信息在不断更新。

在这座小楼里，“天空新闻”有50多名出镜主持人、天气预报员、70多名记者和600多名幕后工作人员，电视台在英国各地有八个分支机构每天提供新闻素材。工作人员环绕在主演播区周围干活，国际、国内、接收、外传，甚至财务人员就在眼皮底下计算着运营成本，仿佛置身一部运转的精密机器中，新闻对观众是信息，对他们则是“流水线”上的产品。

“天空新闻”以创新著称，“编辑室”的设计就是个经典案例，所以他们很乐意与大家分享，观众可以在线观看演播室全景、功能划分。所有与电视新闻直播相关的元素，现场画面、新闻事实、主持人、出镜记者、各种图表等全部交织在这里，整合后又通过多媒体平台以不同形式发布出去。编辑、记者、

① 第5频道新闻是委托定制，2005年以前一直是由“独立电视新闻”机构提供，2005—2012年委托“天空新闻”制作，2012年后“独立电视新闻”又重新获得新的委托制作合同。

灯光师、摄像师、录音师、字幕员、导播、主持人、制片人和工程技术人员等几乎所有电视团队成员对自己的岗位都有介绍，这些幕后是平时观众通过电视屏幕看不到的，从中也可以感到媒体工作的细致入微。

他们在报道方式上的创新曾经引起争议，最著名的案例就是2003年对戴维·凯利博士自杀案质询的报道，天空新闻“开创性地”采用了情景重现的方式。

2003年5月29日，BBC广播4台《今天》节目播出记者安德鲁·吉利根关于伊拉克到底存有多少核武器的报道，其中，援引一位匿名、“可信”的英国情报官员的话，透露工党政府错误使用了情报，暗示时任英国首相的布莱尔的新闻主管授意对2009年9月政府发表的伊拉克武器文件进行修改，为议会和布莱尔跟随美国发动对伊战争寻找借口。

报道引起轩然大波，虽然吉利根拒绝说出信息源，但情报部门认定武器专家戴维·凯利博士就是那位匿名人员，“暴露”后的他随即受到调查，承受巨大精神压力，最终于7月17日，在离家不远的小山坡上自杀。政府决定由资深法官霍顿领导一个独立调查组，对凯利死亡事件进行调查，这就是震惊世界的“凯利事件”。

调查不可避免地受到媒体和公众的关注，但霍顿以“会增加证人压力”为由拒绝了电视转播质询过程的申请，“天空新闻”决定采取重现方式绕开禁令。每天晚上，由速记员记录的官方质询文件公布后，他们就请演员把其中重要的内容重现出来，因为没时间面试，制作人只能通过照片挑选演员，演员们也没时间熟悉“台词”，只好用42英寸等离子显示器作为提词器帮助他们完成工作，和播音员要盯着摄像机不同，经过设计后，这些演员看着提词器的视线，看起来就像是彼此之间在对话。

文字稿常常晚上7点，甚至更晚才能到达，当时的制作人约翰·赖利用“令人兴奋”和“惊心动魄”来形容这次报道。一名美国演员被挑选扮演布莱尔的外交政策顾问，为了逼真，他坚持要学着说一口“牛津英语”，结果自然是不伦不类。

有时候，因为不知道哪位证人会出现，所以当拿到文件后，就需要在最短时间里找到合适的演员。一次，吉利根被传唤，但最初扮演他的演员有事来不了，制作人只好翻遍演员档案，再找一位微胖，并且有些谢顶的人选。就在距离播出越来越近，他们快绝望时，终于发现了一名非常合适的演员，他有着和吉利根类似的发型，更重要的是当时正好有空。

杰克逊猥亵儿童案法庭模拟重现，左上角标注由演员扮演

唯一的问题是此人身在伦敦东南边的格林尼治地区，需要他在一小时内赶到30多公里外、位于伦敦西边的天空电视台，看起来是一项不可能完成的任务。不过，这名演员还是搭着摩托车风驰电掣地按时赶到，5分钟后节目开始，虽然因为赶路略显疲倦，但他马上投入角色，变成了“凯利事件”中的关键人物——安德鲁·吉利根。

同年，“天空新闻”用3D数码动画技术还原了一起两名小女孩被谋杀的案件，2005年3月，就歌星迈克尔·杰克逊猥亵男童案件的审理进行过重现，这些尝试因为使用演员和涉及娱乐明星，被认为有新闻娱乐化倾向。不过，一边是重要的法庭审理引人注目，一边则是因为禁止拍摄而损失不少信息量，公众监督缺失，不知道里面到底发生了什么。通常我们看到的是用绘画方式表现庭审情景，而“天空新闻”在真实法庭文本基础上用演员情景重现也算是一种“没有办法的办法”。

2009年，“天空新闻”发起另外一场运动，呼吁在英国大选期间举办候选人的公开辩论，最终，建议得到时任首相的戈登·布朗、保守党领导戴维·卡梅伦和自由民主党领导尼克·克莱格支持。因为此前候选人只是参加一些时政节目，更多是回答主持人提问，不能算是真正意义上的辩论，所以这次由独立电视台、天空电视台和英国广播公司轮流举办的电视直播辩论被视为“具有历史意义”的突破。

2010年1月，已经是“天空新闻”负责人的约翰·赖利在剑桥大学的一次演讲中表示，在现有民主体系中，还有一个地方是广播电视不能介入的，那就是法庭。“如果立法机关是一个需要严格监管的部门，那么司法机构也是必须的，这样公众才能在两者间的责任平衡中做出公平判断。所以，作为独立新闻媒体，我们期待能挑战和改变这一现状”。自1925年以后，英国法庭就禁止拍照，摄像机出现后，也要遵守同样禁令[①]，所以“天空新闻”又发起另一项运动，打算继续联合英国广播公司、独立电视台一起和公众“请愿”，寻找一切机会争取取消法庭禁止摄像机进入的规定。这既是为媒体采访便利，也是为公众更好地了解案情，以便做出自己的判断。

与“BBC世界”新闻节目的宗旨“新闻优先”不同的是，“天空新闻”的口号是：“突发新闻优先”。一位新闻主编介绍，相对于BBC等公共服务媒体的新闻报道，作为商业媒体，在新闻、时事、儿童节目等方面，不一定像BBC和独立电视台那样严守对节目的各种要求，当突发新闻事件发生时，天空电视台可以抢先播出，然后再不断修正信息，而英国广播公司则有着严格的消息来源核实规定，在尽量保证新闻准确性时，有时也会影响时效性。

紧凑的开放式新闻中心让同去的中国同行们大开眼界，然而一些人在看到完善的管理、运作和创新之后，也有“不屑”之处。参观时，就有人仔细观察了天空电视台使用的设备，结论是：他们的硬件比英国人的还“牛”和“硬”。似乎找回了些许平衡，进而认为英国电视也不过如此。在交流时，有人表露出这种观点，参与交流的主编只是回答：“我们更关注所传递的内容本身，幸运的是我们有自己的编辑部文化。”

不知这个回答能不能让中国同行们清醒点，我们的电视媒体现在已经强大到可以建盖气派得甚至有点另类和怪异的大楼，购买最先进的转播和播出设备，紧跟世界潮流，但越是这样，越显示出节目内容的苍白。就以开放式演播室来说，因为觉得时髦和流行，很多中国电视台跟风似的改造开放空间，但真正能利用好的却并不多。BBC的一间新闻演播室，从早到晚要直播6—7档不同类型的节目，中间更换道具和场景的时间很短，利用率极高，天空电视台这个大“编辑室”更是24小时不间断地运转。

2010年后，不少电视台又掀起新一轮改造，标志就是使用大型显示屏。遗憾的是，花很高成本添置的先进设施往往沦为简单的背景板，能充分使用动画和特效增强节目表现力的很少。背景动态效果的制作人员不够专业，往往是一

① 苏格兰从1992年起允许照相机进入法庭，但是有严格的规定限制。

天空电视台新闻节目各种播报形式集锦

些只会使用设计软件的“技工”，全然不顾具体节目内容，一味炫技，拼凑资料库里的现成素材。也就是说硬件投资到位了，但如何使用好仍然有很大提升空间。其实这样的改造并没有脱离“面子工程”的窠臼，追求形式上的变化，而忽略了实用性，结果总是花了不少钱，效果却不好。

从英、美等国电视媒体的经验看，新闻播报经历了20世纪70年代开放式演播室，80年代布景式演播室，90年代前期回到开放式演播室，后期改为布景式演播室。虽然都是在这两种形式间转换，但随着技术水平的不断提高，无论哪种形式的播出环境，空间是越来越开阔，视觉效果越来越漂亮，表现手段也越来越丰富，但最终目的都是有利于信息的传递，而不只是追求“眼前一亮”。

最近几年的新年之夜，各家电视台纷纷上演“跨年晚会”，斥巨资搭建豪华舞台，重金邀请流行明星，为了争夺收视率大把烧钱，“节目不够，场面来凑”。而这样的规模即便在英国最重要的节日——圣诞节期间也很难见到，BBC自不必说，他们的经费来自观众缴纳的执照费，铺张浪费会被投诉，甚至影响到未来执照费政策的走向。让设备为内容服务，不简单是靠堆砌高科技。娱乐节目这样，新闻节目亦如此，只是表现形式不同而已。

当然，天空新闻中心并不是一成不变的。自2008年以后，为了纪念开播二十周年、播出高清节目和2010年英国选举等，几乎每年都对面积不大的区域进行调整和完善，使之运转更加合理和流畅。2011年2月24日，天空新闻频道荣获英国“皇家电视学会”颁发的“电视新闻奖”，它击败的对手有“半岛电视新闻频道”和“BBC24小时新闻频道”。在过去很多年里，它还以出色的报道赢得不少重要奖项，比如2001年关于“9·11”的报道获得“英国电影电视艺术学会奖”，2005年7月7日伦敦爆炸，他们以“快速和准确”的报道获得“国际艾美奖”的“突发新闻奖”。

几年前的那次走访给我留下很深印象的是，当走出工作区时，回看这座其貌不扬的小楼，入口上方有一幅天空电视台驻中东女记者现场报道的画面，上面有一行字“因为新闻一天不止发生两次”，这里的所有人和设备都在飞快地运转，新闻随时发生，媒体人通宵达旦。

美国　1946年　RCA 630TS　10英寸

此时的烹饪美食已经超越其原有范畴，
体现出电视节目更广的社会意义，
电视节目也已经不只是电视台争取收视率和吸引观众眼球的工具，
而成为传达有责任感社会专业人士声音的载体。

Education Dreams of TV Masterchefs
电视大厨的教育梦想

2011年8月上旬发生在英国几座主要城市的打、砸、抢、掠暴力事件震惊了不列颠，也成为世界关注的焦点。这可是几十年来，英国警方在街头未曾碰到过的如此成规模违法行为，看着如动乱和战争地区才会见到的景象，很多人不解地问：英国这是怎么了？

原因当然是多方面的。不过，8月11日首相卡梅伦就骚乱事件向议院发表陈述时反复提到这个国家面临日益严重的青少年问题，在总结事件深层次问题时，卡梅伦表示："我们的社会存在严重问题，孩子们在不辨是非的环境中日渐长大。很多实例中，这些孩子的父母，如果他们还在自己子女身边的话，对孩子们身在何处、与什么人在一起都漠不关心，更不要说关注他们在干些什么了。这种大规模地忽视和缺少道德教育所带来的后果在很早前就已显现，无须过多行为来证实，一切不言而喻。"

事件中，很多商店和民宅遭到破坏，其中就包括英国著名电视厨师杰米·奥利弗位于伯明翰能容纳270人的连锁餐厅，所有落地大玻璃窗都被砸碎，餐厅被迫停业。他还有一所烹饪学校正位于伦敦暴乱很严重的克拉珀姆附近，“幸好，这些人不喜欢读书和做菜。”杰米自嘲地说。在遭受破坏地区的商店中，唯一幸免的是书店，很具有讽刺意味。他对一群小混混平白无故伤及无辜的做法异常愤怒，在社交网站里发微博称：看到全国的暴乱很难过，他们都疯了，我们需要狠狠地敲打一下这些白痴。

杰米的“先知先觉”

就在骚乱发生半年前的3月2日至4月13日，杰米的七集真人秀节目《杰米的梦想学校》在第4频道晚间黄金时间播出，这位厨师涉足教育领域做一次不同寻常的“冒险”，引起社会广泛关注。2011年《卫报》的评选中，在英国媒体名人榜中名列第48位，身家过亿英镑的杰米16岁就离开了学校，在他看来，节目要反映的是一个“政治问题”。因为有统计显示，近50%的英国青少年在和他差不多的年龄，没学到什么知识和技能便辍学，走向社会，其中一部分缺乏管教的变成街头小混混，惹是生非，滋生社会不稳定因素。

杰米做这个节目既是为了圆自己的一个梦想，也是想尝试能不能为在学校里表现很糟糕的孩子开辟一条其他路子，激发他们的潜能，重塑自我，开始新的人生。凭借着大厨的名气、人脉和良好的社会形象，学校请来的老师个个都是如雷贯耳的名人和专家，他们组成了“梦想学校”的豪华教师“梦之队”。

英语教师是演员、作家和导演西蒙·凯洛，他因为在电影《四个婚礼和一个葬礼》中扮演加雷斯被中国观众所熟知；拉丁语教师是剑桥大学古典文学教授玛丽·比尔德；法律课教师是英国前首相布莱尔的妻子切丽·布莱尔；政治课教师是布莱尔的公关顾问阿拉斯泰尔·坎贝尔；生物课教师是伦敦大学帝国理工学院教授罗伯特·温斯顿；板球教练是英格兰国手迈克尔·沃恩；跳水教练是奥运会十项全能冠军，多项世界纪录保持者戴利·汤普森；帆船教练是世界单人环球航行最快纪录保持者艾伦·麦克阿瑟；杰米则亲自执教烹饪课程。

好看的真人秀节目展示的就是平凡生活中具有戏剧性的冲突。虽然之前有过培训厨师的真人秀节目成功经验，但在新领域里的尝试让杰米认识到教育20名16—18岁的问题少年却不是件容易的事情。“你想去爱他们，成为他们的密友，但又必须严格要求，怎么在爱与训诫之间找到平衡点是节目要展示的。”老师们充满热情的教导后遭到的冷遇和抱怨，学生或毫无感觉，或茅塞顿开的不同表现，矛盾的集中爆发折射出英国教育的种种问题，让这部系列纪录片成为英国人一段时间茶余饭后的谈资。

《杰米的梦想学校》片头

最后一集很有意思，在学期即将结束前，一群大大咧咧、混不吝的少年应邀访问唐宁街10号首相官邸，孩子们和卡梅伦面对面，提出自己对教育的看法与首相讨论。从中国观众的角度看或许会有些意外，一个节目不仅能请到各种名人加盟执教，甚至还把首相也“忽悠”进来，足以见得杰米这位社会活动家的能量，从另外一个侧面也反映出英国政治家在面对媒体、青少年问题时的行事风格。

对于那些“失败的50%”，英国没有给予足够关注，而这些人恰恰需要更多身心方面的辅导，告诉他们人际交往、团队合作、解决问题和认真做事的技巧，也就是时下中国流行的说法——做“合格的公民”，这些都需要如对待科学般严肃认真的态度和缜密的政策保障。2011年8月11日，卡梅伦在议会说：“我们需要在学校中建立更多秩序。”在英国骚乱的背景下，再来回顾纪录片触及的现实，甭管是杰米的“美梦”还是“噩梦”，都不得不对他在教育问题上的“先知先觉”和大胆实践表示钦佩。

电视大厨杰米一向以关心青少年著称，曾经发起过改善小学校餐，倡导健康饮食的全国运动，在自己的餐厅里培训问题少年和失业青年，设立基金为他们提供自谋生路的条件和帮助。

2002年11月，作为第4频道电视节目《杰米的厨房》的一部分，杰米创办了自己第一间以慈善为目的的餐厅，他招募15名失业的、没什么技能的和无家可归的青年人，在可以容纳70人的餐厅里，从头开始训练，使他们成为具有专业水准的厨师。当节目播完以后，“十五餐厅”也出名了，不少“毕业生”后

左　“梦想学校”教师阵容强大

右　“梦想学校”全家福

来在伦敦顶级餐厅谋到了工作，同时节目还让与厨艺相关的学科在英国成了热门，很多年轻人都去学。

杰米还发起成立“十五基金”，帮助年轻厨师建立自己的餐厅。其实，他很早就有这个想法，觉得有不少孩子对食品有兴趣，也有激情，但没有机会学习，杰米很想帮助他们，“十五基金”就提供了一次改变命运的机会。

因为饮食造成的超重和肥胖成为现在日益突出的社会问题，2008年10月，杰米呼吁国家拨款在每个地区建立食品中心，培训烹饪教师以应对肥胖所带来的问题，让他们去教大家怎么吃。在写给政府部门的信件中，杰米说：“如果什么都不做的话，肥胖和与饮食相关的健康问题将对国民健康服务体系①带来毁灭性后果，治疗肥胖的成本已经高于吸烟所带来的问题。”

为了公众利益，杰米用一种极端夸张的手段形象地传达诉求。他曾经花四个小时化妆，用乳胶把自己包裹起来，装扮成一个胖子，拿着汉堡包，骑着小型摩托车，招摇过市，样子很搞笑，引来很多路人围观，以至于有人真的把他当成肥仔。这一举动也被营养学家罗莎·迈耶称赞为“最聪明的公共健康教育”。

在杰米更早期的真人秀节目中，他发现英国中小学校的伙食供应存在严重问题，为“国家未来”在饮食方面的投入甚至不及监狱里的犯人。2005年3月30

---

① 2012年伦敦奥运会开幕式上有专门篇章介绍这个体系。

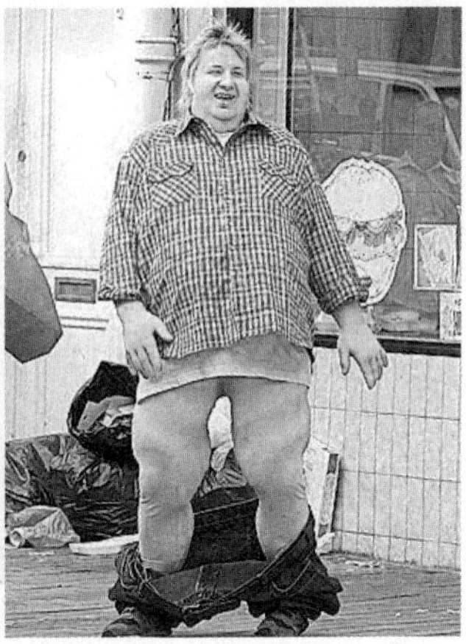

左 “十五餐厅”的学员们 右 化妆成胖子，进行街头宣传的杰米

日，他把一份请愿书送到唐宁街首相官邸，一百多名来自不同政党的议员也联名给议会支持杰米的“让我吃得更好”计划。他们对英国校餐的标准只有35到45新便士表示惊讶，这只相当于英国囚犯伙食标准的四分之一。

囚犯比儿童吃得好的事实，在几年后被另外一名电视大厨戈登·拉姆齐在真人秀节目制作过程中再次印证。

拉姆齐的“劳动改造”计划

满口英国国骂、表情总是“恶狠狠”、常常被各种八卦消息包围的电视名厨拉姆齐以节目创意另类著称，其中不乏在真人秀里深入工地、街边等各种场所，教授人们如何用最短时间做出可口饭菜，或者领导一群业余厨子承接重要宴席，帮助濒临倒闭的餐厅重新开张等，节目在充满烟火气的同时，不乏火药味，但却收视率很高，也常常在各种电视奖项评选中斩获大奖。

拉姆齐的实践在2012年6月26日至7月17日播出的新节目中更是出人意料，《戈登服刑》的名字像他之前的节目，如《拉姆齐的厨房噩梦》和《地狱厨房》一样，让人浮想联翩。如果说杰米挑战的是问题青少年的教育，那么一贯风格另类的拉姆齐则口味更重，《戈登服刑》的宣传片拍得像《越狱》，特殊场景、鱼龙混杂的囚徒学徒，与名厨、美食形成的反差足以吊起观众胃口。

和以前侧重于烹饪不同的是，《戈登服刑》并不是简单表演他在监狱里怎么做饭，而是通过厨房展示一个不为人知的世界。节目创意灵感来自一个事

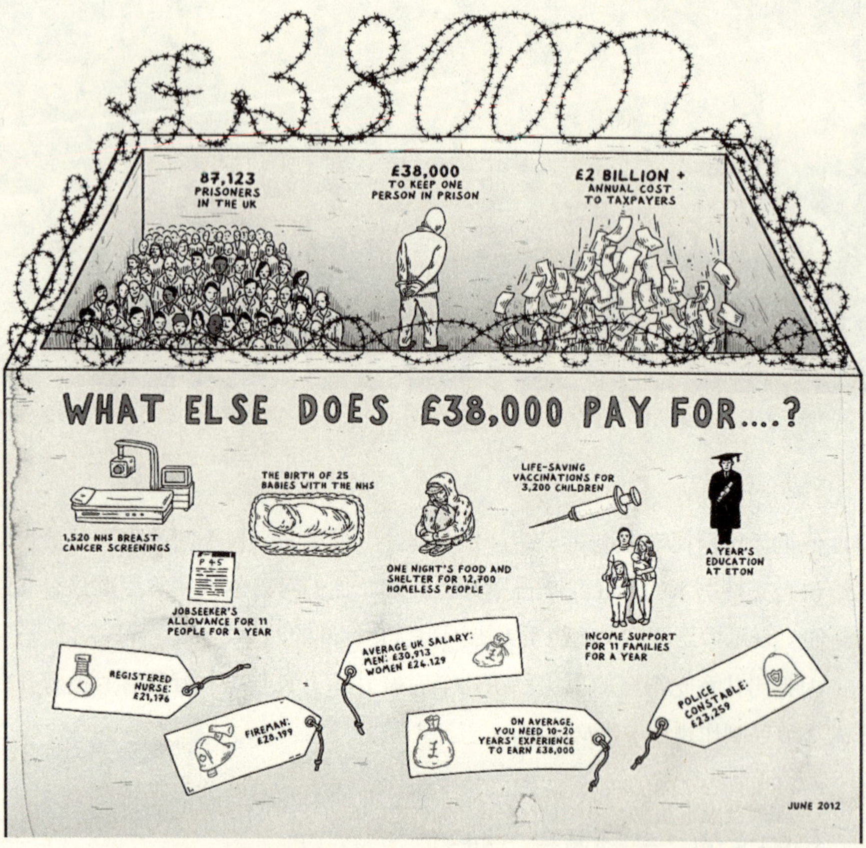

38000英镑能做什么？（图片来源：C4）

实，即英国全国各地有87000多名犯人生活在被常人视为“地狱”的监狱里，而且每人每年还要花掉纳税人38000英镑，社会面临的最大问题是每年投入20多亿英镑让这些昔日危害社会的人好吃好喝，但他们饱食终日没学到什么技能，出狱后很多人仍然身无长物，然后重新犯罪，恶性循环。

一幅漫画形象地展示了38000英镑用在其他地方能发挥什么作用，比如这笔钱是贵族学校伊顿公学一年的学费，能为1520名妇女提供乳腺癌预防扫描检查，给3200个孩子接种疫苗，12700名无家可归者能享用一顿晚餐和一夜住宿，等等。在英国，一名注册护士年薪21176英镑，消防员28199英镑，警察23259英镑。英国人的年平均工资男人是30913英镑，女人是24129英镑，需要具有10—20年工作经验的“资深人士”才有可能拿到38000英镑。也就是说，正常工作的人辛苦一年挣的钱还不如一名罪犯相同时间花的钱多，这确实有点拧巴和让人不平衡。

拉姆齐试图改变监狱生活，用体验的方式展示犯人们如何消磨时间，如何改造，为今后出狱都做了什么技能准备。选择这个角度与拉姆齐的家庭背景有关，他的父亲酗酒，兄弟曾因贩毒服刑，同时也是性格使然，他喜欢面对挑战，甚至是冒险，而不是在舒适环境中，短时间内轻而易举地完成一项工作，这既不刺激，也无法凸显创意和个性，在人才济济的英国电视厨房中很难立足。

长相酷似足球明星贝克汉姆，只是脸上多了些沟壑纵横皱纹的拉姆齐去的是伦敦南部的布里克斯顿监狱，这座维多利亚时代就存在的监狱关押着B类罪犯[①]，比如毒贩、小偷、劫匪和杀人犯。纵观《戈登服刑》，节目在环节设置上与拉姆齐以前的系列，以及其他电视大厨的真人秀节目有很多相似之处，但因为身处监狱这一特定环境，便产生了不同效果。

2011年12月至2012年6月，拉姆齐用半年时间通过申请、讨论和审批，在高墙里建造了一间特殊厨房，他取名“坏男孩面包坊”。目的看似很简单，即教给犯人们谋生的手艺，以便出去后能自食其力，不再走老路，重回监狱。在监狱制作的食品，则通过便利店等零售机构销售到狱外的市场上，不仅能学习手艺，还能创造价值，甚至最终创造一种商业模式，拉姆齐觉得在监狱里“做饭”和平时在厨房有相似之处，都是“在里面工作，产品在外面销售”。但操作起来却并不容易，仅第一次正式去经过特殊装修的厨房就通过了6道上锁的门，历时45分钟。

制作者在报名的犯人中面试了其中100名，从参与的目的、个性和安全性等多方面考察，另外就是他们的刑期要刚好在拍摄期间，不能因为获释出狱半途而废。最终，挑选出12名毫无烹饪经验的犯人组成“坏男孩班”，拉姆齐手中的资料显示，其中一部分是惯犯，他们的罪名有入室盗窃、人身伤害、危险驾驶和抢劫等，刑期最长4年，最短8个月。这些轻刑犯人大多没受过良好教育，没有全职工作经历，在面试时没人能煎一只合格的荷包蛋。有人举止粗鲁、懒散，说着含混且口音浓重的英语，即便是英国人也需要借助字幕才能听懂。节目用真人秀方式，通过烹饪这门具体技能的传授为载体，展现特殊人群的故

① 英国罪犯分为四个等级，分别是A、B、C、D，前三种采取严格防范关押措施，A类是重刑犯，D类则较自由。

事、冲突和矛盾。

想做得和别人不一样总要付出代价，毕竟是在监狱，潜藏着危险，而且很敏感，犯人们常常无事生非，一件小事都足以演变成严重的“事件”。也许是因为心理原因，置身其中的拉姆齐说一开始自己能感受到一触即发的紧张空气，无法知道下一秒会发生什么。加上跟踪拍摄的摄像机也给每个人增添了不安情绪，摄制组人少，恐惧感很容易相互蔓延。和真实的监狱相比，以前的什么“地狱”和“噩梦”都显得很矫情，不值一提。平时节目里F字母打头的单词不离口、咆哮且颇具攻击性的拉姆齐收敛了很多，甚至在宣传片中，面对一群在厨房里等他的“犯人”，还露出了难得一见的“萌样”，在海报里则把自己打扮成天使模样。家人为他“入狱”时的安全担心和紧张，反复提醒他提高自我防范意识，这些都给节目抹上了不一样的色彩。

既然是烹饪饭菜，就离不开刀刀叉叉，在别的地方没什么，但对监狱就是个需要认真防范的重大问题。厨房的墙上专门安装了几个透明的刀具柜，里面醒目地悬挂着切菜刀、水果刀、削皮刀、铲刀、刮刀等各式刀具，背后还有这些工具的1∶1图形，以便清晰比对辨认，一大串钥匙则掌握在拉姆齐手中。如果有犯人厨师因为干活需要，则必须申领，并把自己的号牌挂在空缺刀具处，一目了然，而且每人不能同时使用两件刀具。一旦工具丢失，厨房马上进入一级戒备，每个人都要被搜查，谁也不能例外，往往这会耽误半天的拍摄计划。犯人们每天进出必须严格搜身，就连成品新鲜面包、蛋糕也需要通过X光机扫描，拉姆齐自己曾匍匐在传送带上搞笑了一把。

“入狱”经历让拉姆齐对监狱现状有深入了解，出乎他意料的是，英国犯人的牢狱生活比想象的要惬意和舒适很多，伙食也不错，比如每天晚餐有五种选择，拉姆齐开玩笑说这是他人生奋斗的目标。厨房设施让他大开眼界，“甚至外面的专业厨师也不是每人都能在这种厨房里工作”。更令人惊讶的是，囚犯们可以长时间看电视、录像和玩电子游戏到深夜，一周七天在健身房锻炼。对待犯人如此“宽松”让拉姆齐感到“震惊、生气和困惑”，并开始质疑自己所做的一切。他的工作哲学是比别人更努力地工作，但为什么要到监狱里为那些看起来什么都不干，却衣食无忧的犯人每天忙碌十个小时？

和我们通常想象的犯人被管得规规矩矩，让干吗就干吗不同的是，这些英国犯人厨师干两小时就要求休息。而早上让他们起床也不容易，很多人还常常缺席，把他们都集中在一起很困难，拉姆齐曾经耐着性子说：“如果我说上午9

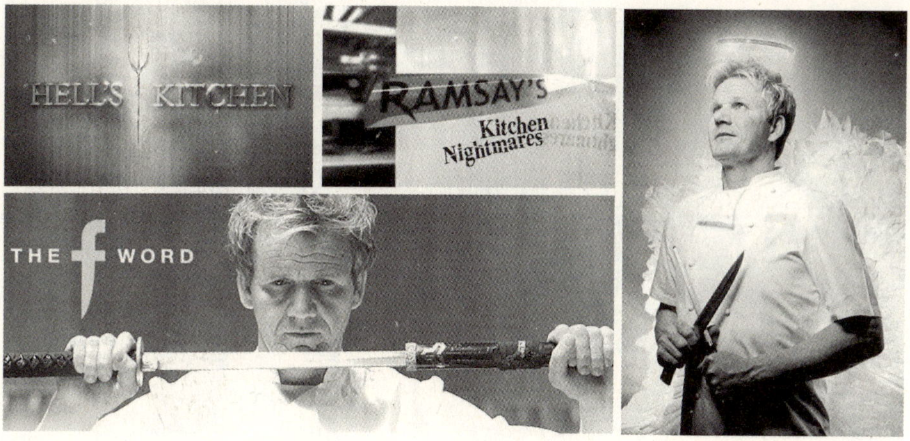

从节目海报上看拉姆齐的“转型”

点集合，我真的是希望你们9点就到这儿。”完了还不忘自己嘀咕一句：“说实话，那时开始已经不早了。”犯人们的懒散让拉姆齐很失望，他们缺乏必要的职业意识，宽松的管理也让犯人们缺少在炉灶旁干活的动力。

开始两个月进展缓慢，犯人们很难坚持两三个小时去专注做一件事，比如做面包卷和汤。但经过一段时间后，拉姆齐感受到了变化，到拍摄后期，95%的人一天能工作7—8个小时。投入地干一天活后，回到牢房吃晚餐、洗澡，然后睡觉休息。习惯了反而觉得闲着挺无聊，而且因为全天工作，睡眠也很好。

精彩的真人秀离不开矛盾和冲突，这是真实生活的写照，监狱里的厨房也不例外。比如拍摄中的第一次“大争执”是因为有人私自把洋葱、辣椒和大蒜等食材带出厨房，此等“小事儿”在监狱则被看成是很严重的违规，让人上火。但平时性情暴躁的拉姆齐则需要谨慎地处理，因为他身处的环境和人都很脆弱，充满不安定和棘手的因素，每次搞砸了，他只能耐着性子说重新来。

收获总是令人惊喜，当拉姆齐带着新鲜出炉的产品在伦敦南部的克拉珀姆建立起第一间临时面包店时，公众的反应给了他们信心，一些犯人的家属听说后也赶来“捧场”。此前他担心人们因为这些食物出自犯人之手而拒绝购买，不过，亲自当促销员的拉姆齐从商业街上带回的消息很鼓舞人心，大家为囚犯的劳动感到高兴，第一次销售就卖了300多英镑，这成了节目拍摄和此项目的一个转折点。

顾客掏钱购买就意味着曾经犯过错误的人也有价值，他们正在为出狱后寻找工作做准备，一旦回归社会，已经拥有基本职业技能、道德和素质，最关键

“狱中”拉姆齐

的是能避免再次犯罪。虽然不是全部人都能按照规划转型，但对那些真正想重新开始的犯人来说，监狱里的厨房确实是新的起点。

按照此类节目的“惯例”，犯人们的厨艺逐渐提高后，拉姆齐在监狱里临时设置了一间餐厅，有针对性地请来50位客人，既让大家鉴定培训和学习成果，也为他们出狱后找工作提供铺垫，客人中有社区负责人、当地餐厅的老板、宴会承办商、美食家、快餐业咨询顾问，等等。寻求政府支持和企业资助是他下一步的工作重点，因为监狱里还有很多人希望接受培训，拉姆齐期望能让“坏男孩面包坊”继续下去，并且发展壮大，而不只是拍一部纪录片。节目中身家上亿的拉姆齐亲自送外卖，拾着样品点心去联络政府官员、餐饮零售企业和向顾客推荐。最终一家意式咖啡连锁企业开始做小规模尝试，把监狱厨房出品的招牌点心“柠檬蜜糖蛋糕”添加到他们的菜单里。

整季节目结束时，最初12名入选的犯人厨师中，2人在餐厅谋到位置，3人正在找工作，4人被移送到其他监狱，1人在戒毒，2人还在服刑，另外有10名新成员加入。司法部收到拉姆齐的计划书，正在与企业和就业部门商讨此项实践的未来……虽然效果并不明显，对体制的改变也不是轻而易举，但有媒体评论：如果戈登·拉姆齐把这些罪犯组织起来工作，并促使他们的人生发生转变，那么，他应该得到人们的敬意。

杰米的“校餐革命”凸显教育资金投入问题，“梦想学校”和“十五餐厅”拯救问题青少年，“拉姆齐入狱”不仅帮助已经犯罪的人重新开始新人生，还暴露了司法制度中的不完善。除此之外，英国其他大厨也做过类似关注

《戈登服刑》集锦

社会问题的节目，比如同为第4频道签约大厨的赫斯顿·布卢门撒尔的节目《赫斯顿不可完成的任务》就为儿童医院、飞机、潜水艇和电影院等不同场所的膳食、零食改进和创新出谋划策；米歇尔·鲁则为第三世界国家缺乏饮用水想替代的办法，等等。这些节目的风格各不相同，但有一点殊途同归，那就是跨界的电视人从餐饮到媒体，从媒体到社会，通过真人秀实现社会责任，以自己的一技之长为社会做贡献，并用电视的方式表达出来。

虽然四集《大厨入狱》的最高收视人数只有300万，不到拉姆齐《地狱厨房》、《拉姆齐的厨房噩梦》和《顶级大厨》等电视系列的一半，但节目对现实问题的反映和带给观众的思考，已经超越烹饪美食节目的原有范畴，体现出电视节目更广的社会意义，甚至可能促进司法制度的改革和完善，电视节目也已经不只是电视台争取收视率和吸引观众眼球的工具，而是成为传达有责任感社会专业人士声音的载体。

美国　1949年　General Electric 806　10英寸

在英国普通人家的客厅或者起居室里，
多半会有一把区别于组合沙发以外的单人沙发，
主人的很多时光都是与之相伴度过，
读书、看报、会友、打电话、看电视。
英国电视人把生活中的必需品融入节目中，
让椅子、沙发等也成了承载节目内容和增强表现力的重要道具。

TV's Most Famous Chairs
电视名椅

2012年，BBC为了应对ITV的《英国达人秀》，从荷兰引进选秀节目《荷兰之声》模式，取名《英国之声》。节目最大特点就是区别于草根综艺选秀、名人才艺秀等，试图还原演唱的本源——歌声，让选手不受灯光、舞美、化妆、年龄、性别、体型、长相、舞台表现等因素影响①，评委的变形——“导师”则凭借听觉捕捉动听音色，发现“千里马”，实现这一创意的主要道具便是能转动的椅子。

虽然“声音”模式是2010年就在荷兰推出，但中国电视在《英国之声》播出之后才有明显反应，而且异常迅速，陆续有电视台宣布加入寻找“中国最好的声音”行列。时至6月上旬，取得版权的某卫视总监通过社交网站发布消息，用于《中国好声音》的四把大转椅已经在运往中国的途中，他们希望用原汁原味的道具达成追求节目“正宗”的目的，可以想象“转椅”和“盲听”会以不同形式出现在中国电视屏幕上。

一个月后，一款“变形”的唱歌选秀节目登场，同样是四

① 其实从实际运作来看，盲选过后，这些因素仍然对参赛者的去留起到很大作用，读者熟悉的中国版本表现比较明显。

左　戴维·弗洛斯特坐过的黄沙发之一　　右　《英国之声》转椅

位“导师”争夺选手，可能因为“声音”模式里“转椅”和“盲听”特征太过明显，这家电视台只“借鉴”了部分形式。不过，白边红靠背、带红白按键的椅子看起来还是很眼熟。

在此之前，中国观众对“盲听”的环节设置应该不会感到太陌生，几年前，国家电视台的器乐比赛就采用过类似方法，只是那时运用的是拉大幕隔开评委和场上的演奏者，启闭过程拖沓，也很老套，评委没有主动权，而原创于荷兰的“声音”模式则通过转椅道具增加了节目的时尚和评委的灵活性。2012年下半年的中国电视唱歌选秀里前所未有地充斥着各种椅子，被戏称为“椅子很忙”。其实，作为演播室节目很重要的道具，在英国电视屏幕上，除了《英国之声》里最新出现的转椅之外，还有很多被载入电视史册的精致椅子。

弗洛斯特的黄沙发：周日早间新闻时事

戴维·弗洛斯特是英国著名的新闻时事节目主持人，曾经因为在水门事件后采访尼克松而名声大噪。在那次可以载入世界新闻史上的访谈中，尼克松第一次承认自己对水门事件负有责任，并且很勉强地向美国人民道歉。弗洛斯特至今保持着一项很难被超越的纪录，那就是曾经连续采访过1964—2010年间的八位在任英国首相和1968—2008年间的七位美国总统。

弗洛斯特曾经主持过几十个节目，BBC的周日早间时政节目《与弗洛斯特共进早餐》是其电视生涯中连续播出时间最长的，1993年1月3日至2005年5月29

安德鲁·玛尔坐在黄沙发上采访首相卡梅伦

日12年间，这档节目播出500集，弗洛斯特每周日早晨坐在一把黄色沙发上，采访和“会见”来自世界各地的时政要人、文体明星和新闻当事人。2005年《与弗洛斯特共进早餐》停播，此后BBC的政治新闻主编安德鲁·马尔接替这一时段的工作。主持人变更意味着一个节目的重新调整，BBC让年近七旬的弗洛斯特退休，也是考虑节目的可持续发展。

2005年9月11日，新节目《周日早间》开播。说是“新节目”，其实从形态到使用的道具，两个节目几乎一样，观众还能看到弗洛斯特坐过的那把著名的淡黄色沙发，新老节目通过一个道具联系起来。除了主持人，其他全部是原班人马，按照安德鲁的话说就是：“到目前为止，一切都是观众熟悉的。”也许有人要问，一个新节目为什么还要沿用之前的模式？在中国的很多同行看来，节目改版首先要“眼前一亮”，做到这点最简单的办法就是采用新演播室、新主持人、新节目包装，至于“新瓶子”里装的是什么“酒”反而变得不那么重要，更不要说还用以前的道具。

《周日早间》仍然采用已经存在很多年的“星期日上午访谈节目”框架和模式。节目一开始是主持人对周日报纸的评论，同时有两位嘉宾参与讨论和对话，他们由来自世界各地的电影、音乐、体育等领域的名人、媒体资深编辑记者或者公众人物组成。重头戏是采访政治人物和与他们相关的一周时事，比如英国首相、反对党领袖和其他高官都会定期出现在这个“议程设置”的访谈节目中，对他们的采访可长可短，没有严格规定。节目几个大板块间穿插BBC新闻播报和实时天气预报，最后一般在娱乐界名人的表演中结束。

作为周日节目，这种形式的优点很明显，既有严肃的时政采访，又有轻松的娱乐，还有不同媒介的互动，外加新闻资讯和天气服务，可以说是把电视的几个主要功能和作用整合在一起，既不沉重，也不浮躁，尺度把握得当，为观众提供了多种选择。BBC认为这种形式经过多年实践证明是成功的，不会轻易放弃，也许那把黄沙发会变成此类节目的标志一直传承下去。

吉米的魔法扶手椅：儿童梦想秀

《吉米会安排》是BBC在1975年开播的一档历史悠久的儿童梦想秀，连续播出20年，坐在“魔法椅子”上的主持人吉米·萨维尔[①]帮助小观众实现他们各种稀奇古怪的愿望。很多英国人都是看着这个节目长大的，自然对“魔法椅子”印象深刻，它在《吉米会安排》停播后的一次次特别节目中重现。

这把沙发的历史比《吉米会安排》更长，它最早出现在吉米1973年主持的一档周六晚间谈话和综艺秀中，是专门请人设计、定制的。因为已经与吉米的形象联系在一起，所以在《吉米会安排》开播时便保留了这个道具，并且由英国机器人专家、雷丁大学的凯文·华威教授进行更新升级，采用电脑控制的椅子看起来更加“神奇”。

“魔法椅子”的造型四四方方、宽宽大大，面料是紫红色天鹅绒，它的秘密就在两旁的扶手里，通过按键控制，吉米不仅能取用茶杯喝水，还能从两旁类似“百宝箱”的扶手里取出令人意想不到的“惊喜”和一面刻着节目名称的奖牌给参与的孩子作为纪念。不少小朋友当年的梦想就是能坐到椅子上去，从里面“变出”各种东西，可以说是道具和节目相结合的很好例子。英国电视人在设计节目环节时会很注重各种细节，比如主持人的穿着、栏目口号和标志性道具，一旦节目成功，并且运行很多年，这些内容会被不断强化，最终成为节目不可或缺的一部分。

《吉米会安排》1994年停播后，吉米一直以为这把扶手沙发早就被遗弃，或者拆散了。直到2009年5月，“魔法椅子”在购物网站eBay上重新浮出水面他才知道，原来它在一次慈善拍卖中被一位电视纪念品收藏者买走。因为吉米长期致力于慈善事业赢得家乡人民的尊敬，人们把一处集宴会、会议和展览于一体的建筑命名为“萨维尔会所”，最终会所用5000英镑买下沙发和《吉米会安

---

① 详见本书“与时俱进的英国梦想秀”一章。

左　吉米在节目中　　　　右　吉米和自己的“老朋友”沙发重逢

排》节目中曾经使用过的其他物件，一并陈列在展厅里。

老友“重逢”，看着相伴了二十多年的“老朋友”，吉米感慨不已：“我不是个容易动情的人，但看见它，脑海冒出来的全是节目记忆。我们给太多人带去快乐，很高兴这把沙发还在，好期待能多坐几次。”当被问及有什么和沙发相关的深刻记忆时，吉米开玩笑地说：“当然，在‘疯狂’的禁烟令之前，我能坐在上面抽烟。”

2011年10月29日，吉米去世后举行的纪念仪式上，这把沙发也陪伴左右，会所负责人说：“我们觉得作为吉米人生中很重要的一件东西，让他们重逢是再好不过的事情了，这也是他家人的愿望。”此后，很多人对这把沙发表示出浓厚兴趣，而收藏机构也遵从吉米生前的愿望，于2012年7月30日，将包括“魔法椅子”、劳斯莱斯轿车、宝马三轮轿车、山地自行车、劳力士手表和古巴雪茄等550多件吉米使用过的物品估价并拍卖，沙发的估价在10000—15000英镑之间，预计30万拍卖所得全部用于吉米生前建立的慈善事业。据说，英国电视第4频道一个古董鉴宝交易真人秀节目《四间房》有意购买，坐在真的“古董沙发”上，进行古董鉴定和交易，这个“真人秀”节目算是“真”到家了。[1]

“老大哥”的吐槽椅：真人秀

《老大哥》是英国人从荷兰引进的真人游戏秀模式，一群经过千挑万选，

① 所有这些都随着“萨维尔性丑闻”事件的曝光而改变。

左 《老大哥》“告白室”里形形色色的沙发　　　　右 《老大哥》标志：一只睁大的眼睛

性格各异的人被集中在一所专门搭建的大房子里，共同生活一段时间。房子与外界隔绝，设计有日常生活必需的设施，比如功能齐全的厨房、客厅、花园、卧室、浴室等。这个空间同时也是一间特殊演播室，四处安置隐蔽的摄像机和麦克风，可以捕捉到参与者的一举一动。

每周所有“室友”要提名两名同伴为“淘汰候选人”，然后经过观众投票决定谁离开节目，最终成功“坚持”留在房子里的参与者会获得10万英镑奖金[①]。为了能留下来，每名参与者既要展示自己，赢得观众支持，又要想法淘汰“室友”，在临时构建的“小社会”里，人与人之间的竞争、合作、对抗等被浓缩，通过镜头传向电视终端的观众，让不少人在真人秀情景中满足了平日里无法言说的“偷窥”欲望。

作为一档时尚，甚至是带有前卫性质的真人秀节目，制作公司每季在栏目标志、大房子装饰和家具设计上都会挖空心思，让人眼前一亮。其中最具特色的就是一间让参与者能暂时离开同伴，倾吐心声的“告白室”和一把宽敞别致的沙发。每季的沙发都不同，款式有自然型、复古型和前卫型，材质有根雕、皮革、织物、塑料等等。

坐在沙发上，参与者可以放松下来，面对摄像机向只闻其声，不见其人的“老大哥”敞开心扉地一吐为快，因此他们以各种姿势在沙发上吐槽的内容也是节目一大看点。所以每季开播的第一集，主持人带领观众参观“新房子”

① 最初四季是7万英镑。

时，一定会特别提到这把沙发，它成了栏目“大眼睛”之外的另一个标志。

当然，因为涉及隐私和可能存在的攻击其他参与者的言语，“告白室”里的“吐槽”内容需要经过剪辑后才能播出。而即便经过不少处理，《老大哥》播出后，还是会因为其大胆的尺度直白展现了人际交往间阴暗、丑陋的一面，窥视的角度，加上不时爆出的丑闻，引来质疑声。不过英国版至今已经在第4频道和第5频道轮流播出十三季[①]，也为观众留下了多款各具特色的“老大哥沙发”，说不定还能创造一个电视节目设计最多沙发的纪录。

智多星的皮椅：益智问答竞赛

吉米的“魔法椅子”是请科学家设计的，BBC拥有40年历史的益智问答竞赛节目《智多星》中的椅子则是美国20世纪最有影响力的夫妻档先锋设计大师查尔斯和蕾·伊默斯的作品。两人设计过很多精致的家具，其中就包括1969年的高背办公椅Soft Pad，也就是我们常说的“老板椅”，这把椅子成为了《智多星》的符号，甚至片头就是围绕它的特写展开。

《智多星》是一档以内容取胜的节目，简单说就是在规定时间里看谁回答的问题多。节目开门见山，介绍完参赛者后，直接开始，每名选手都是从“姓名”、“职业”和回答问题的“专业领域”开始，考验的是选手的反应能力、知识面，还有心理素质。

灵感来自制片人比尔·赖特的亲身经历和体验。二战期间，比尔被德国人俘虏，关押在监狱里，盖世太保审问时，他常常需要回答的问题就是“姓名”、“军衔”和“编号”。于是多年后，他把这种感觉移植到电视节目中，为了营造紧张和压抑的盘问气氛，节目的灯光舞美设计简化到极致，一间黑演播室里打几束追光。以配乐著称的音乐家尼尔·理查森[②]则为《智多星》谱写了著名的背景音乐“接近威胁”，定音鼓和加了弱音器的小号营造出一种在侦探和恐怖片里常常听见的音调，恰似有人通过长长的走廊一步步逼近，但你又因为逆光而看不清楚来者的身份，恰如其分地传递了节目的特点。那些自认为知识渊博的参赛者就是坐在聚光灯下的椅子上，在简单又不失氛围的环境中，面对主持人连珠炮似的发问。

---

① 第4频道2000年至2010年间播出11季《老大哥》和7季《名人老大哥》，第5频道2011—2012年播出2季《老大哥》和3季《名人老大哥》，2012年4月3日，第5频道宣布合同将延长至2014年。

② 他被中国观众熟知的电影配乐作品是《四个婚礼和一个葬礼》。

左 《智多星》首任主持人马格纳斯力·马格努森和皮椅
中、右 BBC主题真人秀中为安德鲁·韦伯专门设计的“王座”

在40年的历史中，“长寿”节目《智多星》曾经经历过周六深夜的低收视率，再被调整到黄金时间，顶替了电视剧后成为很受欢迎的节目。其间节目制作部门数次更换，从电视到广播，从BBC1频道到“发现频道”，最后又回到BBC 2频道。但节目的核心形式几乎没有发生改变，就是一个人坐在皮椅子上回答问题，由此可见，英国观众对这类益智节目的喜爱并不是因为包装和噱头。

《智多星》首任主持人马格纳斯力·马格努森在68岁退休时，栏目把他面对了25年的“审问席”作为礼物送给他，现在已经很难统计有多少人坐过这把椅子面对马格纳斯力的“拷问”了。这款黑色皮椅也被认为是各种演播室“电视椅子”的前辈，并且是最庄重的一款。

著名音乐剧作曲家安德鲁·韦伯自2006年开始与BBC合作，为其推出的音乐剧寻找主角。作为“选角”的老板，又是资深音乐人，韦伯在节目中不参与评判，但却拥有对选手的最终决定权，这种地位就是通过特殊设计的“王座”体现。节目开场介绍到他时，另外四位评委也会开玩笑地伴随着韦伯轻歌剧《歌剧魅影》中的音乐举起双臂前后摇动表示向他“臣服”，此类主题真人秀形式为观众提供了一档对参赛者综合素质的要求高于普通选秀，同时更富有文化内涵的高端娱乐节目。

与我们制作电视节目通常找现成的物品当道具不同的是，从英国不同类型节目中对沙发和椅子的运用可以看出，它们是经过精心挑选和设计，以符合节目内涵和主题的。《英国之声》的转椅配合的是“盲选”的节目特色；新闻演播室里的黄色沙发，醒目但不张扬，舒适而具主持人个性；吉米百宝箱似的

“魔法椅子”，引发孩子们的好奇心；《老大哥》的“吐槽椅”强化和凸显了另类节目的时尚风格；几十年如一日的“老板椅”则很好地传递了节目的沉稳和书房气息。

在英国普通人家的客厅或者起居室里，多半会有一把区别于组合沙发以外的单人沙发，主人的很多时光都是与之相伴度过，读书、看报、会友、打电话、看电视。英国电视人把生活中的必需品融入节目中，让椅子、沙发等也成了承载节目内容和增强表现力的重要道具。

这些形形色色的椅子和沙发只不过是英国电视70多年发展历史中众多道具中比较有代表性的一部分，形状不同、功能各异，出现在草根选秀、时政新闻、家庭娱乐、益智游戏和真人秀等不同节目形态里，像居家用品一样，大家可以根据自己的需要在沙发上看电视，转椅上阅读，餐桌椅上吃饭，办公椅上写作，还可以在美人靠上休息。

有这么多不同功能的椅子，我们为什么非要挤在一把转椅上呢？

英国 1952年 Bush TV22

我们的首要责任永远是为了观众，

他们需要一个强大的BBC，

清楚它的目标，

传递观众喜欢的、认为有价值的和引以为豪的节目。

Putting Quality First
品质优先

“公共服务广电”概念是随着时代变化而逐渐完善的，因此每一任BBC总裁和各个时期的官方调查都会对此进行不同诠释，几乎每次关注的焦点都集中在媒体功能、执照费、新技术、未来发展趋势等。要搞清楚为什么这些内容对BBC如此重要，首先需要对英国广播公司的管理模式做一个简单介绍。

1927年根据英王乔治五世签发的《皇家宪章》，BBC由一家民营公司改组为公共法人机构，宪章核心是授予BBC“特权”，可以向英国公民征收执照费，这也确立了英国广播公司一个很重要的特征，那就是以执照费为经费来源、不播出广告。就是这笔资金支撑起了世界领先的媒体，运转着10个覆盖全国的电视频道和地方节目、10个全国电台、40个地方电台和一个网站。部分受执照费支持的“BBC国际频道”通过广播、电视和网络，用28种语言向世界提供新闻和资讯。因为此频道在海外播出，可以播放广告，收入又返回BBC用于新节目和服务的投入。

《皇家宪章》的内容每十年更新一次，或者说，BBC的广播电视营业执照以十年为期，政府对其业务和经济状况每年都会进行核查，在认为运转正常的情况下，才会颁发下一阶段的

《皇家宪章》封面

执照，所以，几乎每次《皇家宪章》到期前，各方都会对BBC的功能和执照费支配等问题展开激烈讨论。

现在BBC执行的《皇家宪章》有效期是从2007年1月1日至2016年12月31日，确定BBC的宗旨仍然是“告知、教育和娱乐”，它的存在就是为了公众利益服务，促使六个公共目标实现：支持公民社会；推动教育和学习；激励创造性和优秀文化；代表英国，及其国民、各个地区和社会；把不列颠介绍给世界，将世界带给英国；让公众体会到新兴传播技术和服务带来的益处，在数字电视转化过程中扮演引领者的角色。

这次《皇家宪章》修订的最大变化是对管理机构进行改组，废弃了自1927年BBC成立以来就存在的“管理委员会”，以“BBC信托会”和“执行委员会”代替。《皇家宪章》规定“BBC信托会”为机构的最高管理部门、调控者和公共利益托管者，由女王和议会任命的12名兼职理事组成，现任理事大多来自英格兰、苏格兰和威尔士的媒体人士。机构的主要宗旨是监督“执行委员会”的工作，保护公众利益，特别是执照费缴纳者的利益。与英国其他商业广播电视机构由Ofcom监管不一样，BBC实行的是政府监控下的自我管理机制。

“执行委员会”具体负责执行“信托会”规定的目标和任务，以及媒体的日常运转，委员会的首席执行官，也是BBC的总编辑[①]，由董事会任命，主要成员来自BBC各部门的领导。两个部门的目标都是促使BBC利用现有资金更有

① 英国广播公司用特有的Director—General of the British Broadcasting Corporation来总和以上两个职位。

效地为公共利益服务，成为一个拥有大量受众的公共广播电视机构。“执行委员会”重点是针对如何实现公共利益提出建议，制定战略方针，并开展具体工作，“信托会”侧重制定发展目标，审批战略方针和监督执行等。

2009年7月，“信托会”要求2004年上任的总裁马克·汤普森对BBC的发展策略做出全方位说明，聚焦核心目标，重点根据执照费支付者们的需求重新调整工作，以确定未来的发展方向。这样做还有另外一层意思，那就是为下一轮《皇家宪章》的修订提前准备，而不至于到时候陷于看政府脸色的境地。

BBC于两个月后提交了“策略建议书”，马克用几个关键词概括建议书的主要内容，那就是中心、质量、效率和面对市场影响的办法。马克强调，BBC只有一个永恒的使命，那就是用高品质、有创意和价值的节目和服务达成“告知、教育和娱乐”观众的目标，“这是无可争辩的，今天的问题是我们怎么完成这项任务”。

要成为高质量的缔造者，就需要围绕五大编辑原则建立公共价值，即世界级的新闻，知识、音乐和文化，充满激情和精彩的电视剧和喜剧，优秀的儿童节目，举办能凝聚全国民众的活动。把更多的执照费收入用于新节目的创新和制作，并且进一步减少中心机构的日常开支，以提高效率。BBC很清楚面对市场竞争和影响，自己的局限和范围，量力而行，追求少而精，给市场留下必要的空间。

2010年3月2日，马克发表了题为“品质优先：BBC和公共空间”的演讲，对BBC2012—2016年的发展和策略做了阐述，这是2007年1月1日开始执行的新《皇家宪章》第二阶段。在数字化迅速发展、观众行为发生巨大变化和商业面临新压力的情况下，BBC也在改变，既要坚持公共服务的宗旨和价值观，又要探索新路子，让所有受众都能享受到数字时代所带来的好处，重塑属于这个时代的BBC。广电和平面媒体在互联网平台上的竞争交织在一起，界限已经开始模糊，互相渗透，商业媒体带来的压力从来没有减小过，他们的竞争对BBC是具有破坏力和动摇根基的。这次，BBC像过去很多年做过的一样，再次用新战略谋求改变和发展。

50年前，BBC第七任总裁休·格林面对商业电视的压力，提出的战略是对节目多样性进行高额投资。时过境迁，马克和他的继任者要做的是缩短战线，降低成本和开支，梳理重点和优先发展项目，确保对节目内容的投资，提升质量和品质。结果就是削减开支，裁减工作人员，降低运营成本，撤销海外分支机构的节目制作开支，优先发展原创和英国本土内容。马克说：“我的愿望是我

左　2012年7月4日，“BBC信托会”主席彭定康宣布任命乔治·恩特威斯尔为BBC总裁
右　BBC各频道标志

们越来越自信和为自己的与众不同而感到骄傲，我们的目的不是挣钱，而是通过捕捉今日英国的精粹和让每个人能在节目中接触到这些优秀的东西，以丰富他们的生活。”

“信托会”同时发布了“战略评述”和BBC的建议书，在随后三个月里征求来自外部的意见和评论，把这些内容与委员会自身对观众研究和对BBC执行情况的分析等结合起来。2010年7月，经过质询后，“信托会”形成结论，2010年12月，发布最终通过的发展战略、分析报告和第二阶段观众研究报告，其中有一句口号：“为了执照费支付者，BBC争取做到最好”，影响BBC未来五年的发展策略最终确定，整个程序历时一年半。

具体说，BBC未来一段时间的四项主要目标是：

一、增强特殊性和提高节目质量，所有节目（包括网络内容）都要以具有鲜明、独特的BBC品质为目标，至少体现这些方面中的一项，即很高的编辑标准、创造性的追求、广度和深度、英国题材和本土人才。

BBC从执照费而来的资金将优先投放到五个领域：做出色的新闻；提供鼓舞人心的知识、音乐和文化；世界知名的英国电视剧和喜剧；与众不同的儿童节目；把不同群体和国家联系起来的活动，还有那些被商业电视机构忽略，或者关注较少的公共价值建设的内容。

二、让执照费支付者们的钱发挥最大作用，提高使用效率，在高质量节目生产上增加投资。虽然58%的人认为这笔钱交得值，但观众研究结果显示，观众们对BBC是否有效地使用了这笔资金的关注度一直保持稳定，其中对电视名人和高管们的薪水，以及节目制作费用格外关注。BBC从2009年起就已经开始了降薪行动，不少著名电视主持人的薪水都不同程度地下调，这项工作还将继续下去。

三、建立新的公开和透明标准。观众缴纳执照费，应该让公众和市场知道BBC是怎样支配资金的，如何具体执行，以及下一步计划是什么。BBC受公共资金支持，这要求它尽可能地公开透明，但因为有部分商业运作，会受到一些约束。另外主持人的合同金额属于个人隐私，也不便透露，所以在公开还是保护隐私和商业秘密问题上存在一定程度的矛盾。

四、为所有观众提供更多服务，确保每个家庭都能便利地接受BBC的服务，找到自己需要的内容，欣赏具有英国气质，能引起观众共鸣的节目。

与世界上绝大多数广播电视同行相比，英国人干得很不错，他们的节目素以高质量著称，而这次关于未来发展策略的讨论又以“品质优先”作为主题，可以看出他们对节目质量的重视。另外，之所以如此重视质量，与他们是靠观众支付执照费有很大关系，“埋单人”不满意，媒体的生存就没了基础。

马克反复提到的重要概念就是“高品质节目”，而且是“空前地重视”，“质量是我们生存的根本，……我们要坚定不移地聚焦质量”。读完与这次规划相关的几百页文件、建议书、质询意见、观众研究报告后，印象最深的是所有内容都是为了探讨和回答一个问题，即“BBC是为什么而存在？”马克在演讲中的一句话也许可以作为答案：“我们的首要责任永远是为了观众，他们需要一个强大的BBC，清楚它的目标，传递观众喜欢的、认为有价值的和引以为豪的节目。”

2012年7月4日，“信托会”主席彭定康在位于伦敦市中心的BBC总部门前宣布，第15任总裁将由50岁的乔治·恩特威斯尔担任。乔治曾经在杂志社当过编辑和作家，1989年加入BBC，先后在《全景》、《新闻之夜》、《明日世界》等新闻时事栏目从事助理制作人、制作人、助理主编、主编等工作，并先后担任过多个部门和频道主管，一线工作和管理经验丰富。

彭定康特别提到乔治的年薪是45万英镑，比前任马克少20万[①]。“带头减薪”的乔治当时身穿一件皱巴巴的西服，也算是给同事们做了一个表率，让公众看到BBC提高效率，降低费用的行动，他说：“我爱BBC，这个权利要求我带领其进入下一个富有活力的发展阶段。”

---

① 卸任前，马克的年薪是67.1万英镑，但乔治辞职后却获得一年的全薪，引起争议。

BBC第16任总裁托尼·霍尔

因为受到已故娱乐主持人吉米·萨维尔性丑闻和对此事后续事件处理不力的影响，乔治还没来得及实施他的计划，只在位54天便于2012年11月10日引咎辞职，成为BBC历史上任职时间最短的总裁。

12天后，BBC采用应急程序，宣布任命61岁的皇家歌剧院首席执行官托尼·霍尔为第16任总裁，年薪仍然是45万英镑。霍尔毕业于牛津大学哲学、政治和经济专业，1973年加入BBC，34岁就担任著名的《九点新闻》主编，后来成为新闻和时事部门合并后的第一任主编和负责人，1999年曾经是当时总裁的候选人之一，那一任总裁格雷格·戴克四年后因为"凯利事件"辞职。霍尔在BBC服务28年，又具有领导皇家歌剧院走出困境，在十年间使其财务状况得以改善的经验，对英国广播公司而言，他既是熟人，又是局外人，不同的视角能让他对这家知名媒体有自己的理解。"老东家"遭遇严重危机，他临危受命带给很多人希望，期待他能率领BBC走出困境，重新赢得公众的信任。

鉴于形势复杂和离开了十多年，在2013年4月2日正式履任前，他花了四个半月走访BBC各分支机构，了解情况，并重新组建核心团队，在任命新闻发布会上他承诺要"为这个世界级的机构建立一支世界级的团队"，目的是为BBC执行新的策略和创新，为下一个十年定义"公共服务广电"。

英国广播公司之所以成为世界媒体的一面旗帜，与始终坚持公共服务的定位密不可分。在90年的发展中，如所有媒体一样，它犯过错误，走过弯路，也受到外界的影响和压力，但却总能经过调整，保持旺盛的生命力，因为他们始终有一个目标没有偏离，坚持一种"信仰"，那就是通过高品质节目为公众提供最好的信息、娱乐和教育。

Name Index
名称索引

A

Adler, Adam, 亚当·阿德勒

Advertising Advisory Committee, "广告咨询委员会", 简称AAC

Advertising Association, "广告协会"

Advertising Standards Authority, "广告标准局", 简称ASA

Aguilera, Christina, 克里斯蒂娜·阿奎莱拉

Ally Pally, "艾丽派利"

American Inventor, 《美国发明家》

A Moment Like This, "像这样的时刻"

Annan Committee on the Future of Broadcasting, "安南广播电视未来委员会"

Any Questions, 《任何问题》

Armstrong, Fiona, 菲奥娜·阿姆斯特朗

Ascent of Man, 《人的进化》

A Series of Unfortunate Events, 《波德莱尔大历险》

Ask the Family, 《家庭问答》

Association of Publicity Clubs, "广告俱乐部协会"

Associated Rediffusion, "联合转播"

B

Badawi, Zeinab, 蔡娜布·巴达维

Bailey, Reg, 雷吉·贝利

Baird, John, 约翰·贝尔德

Baker, Matt, 马特·贝克

Balding, Clare, 克莱尔·鲍尔丁

Banks, David, 戴维·班克斯

Barnstaple, 巴恩斯特普尔

Bargain Hunt, 《淘宝拍卖》

Barrowman, John, 约翰·巴罗曼

BBC, 英国广播公司

BBC Trust, "BBC信托会"

BBC World Service, BBC国际频道

Beard, Mary, 玛丽·比尔德

Berne Convention, 伯恩公约

Beveridge Report, 《贝弗里奇报告》

Beveridge, William, 威廉·贝弗里奇

Bevis, Jane, 简·贝维斯

Big Brother, 《老大哥》

Blackadder, 《黑爵士》

Black, Cilla，希拉·布莱克

Blair, Cherie，切丽·布莱尔

Bleakley, Christine，克丽丝汀·布莱克莉

Blumenthal, Heston，赫斯顿·布卢门撒尔

Blythe, Alecky，亚克莉·布莱斯

Boe, Alfie，艾飞·鲍伊

Bogart, Humphrey，汉弗莱·博加特

Boyle, Susan，苏珊·博伊尔

Bradbury, Julia，茱莉亚·布拉德伯里

Britain's Got Talent，《英国达人秀》

Britain's Radio Manufacturers Association，"英国广播制造协会"

British Academy Television Craft Awards，"英国电视学会创意工艺奖"

British Retail Consortium，"英国零售商协会"，简称BRC

British Satellite Broadcasting，"英国卫星广播"，简称BSB

British Sky Broadcasting，"英国天空卫视"，简称BskyB

Broadcast Committee of Advertising Practice's Code，《广播电视广告实践委员会法案》

Broadcasting Standards Commission，《广播电视标准委员会》

Brooke, Henry，亨利·布鲁克

Brown, Gordon，戈登·布朗

Bruce, Fiona，菲奥娜·布鲁斯

C

Callow, Simon，西蒙·凯洛

Campbell, Alastair，阿拉斯泰尔·坎贝尔

Cameron, David，戴维·卡梅伦

Canal Walks with Julia Bradbury，《行走运河》

Car Booty，《宝贝亮出来》

Cash in the Attic，《阁楼寻宝》

Castaway，卡斯塔威制作公司

Celebrity Big Brother，《名人老大哥》

Celebrity MasterChef，《名人大厨》

Celebrity Love Island，《名人爱情岛》

Channel 4，第4频道

Children and television programmes，《孩子们与电视节目》

Children's Hour，《儿童一小时》

Chiles, Adrian，艾德里安·奇利斯

Chivenor，奇文诺

Civilisation，《文明》

Clarkson, Jeremy，杰里米·克拉克逊

Clapham，克拉珀姆

Clapometer，"掌声测量器"

Clegg, Nick，尼克·克莱格

Clifford, Max，马克思·克利福德

Cohen, Danny，丹尼·科恩

Committee of Advertising Practice's Code，《广告实践委员会法案》

Copyright Designs and Patents Act，《著作权、设计和专利法案》

Countdown，《倒计时》

Country Tracks，《乡村足迹》

Countrywise，《乡村才智》

Cowell, Simon，西蒙·考威尔

Crimewatch，《犯罪观察》

Crimewatch Update，《犯罪观察：最新进展》

Crimewatch: Solved，《犯罪观察：结案》

Curtis, Richard，理查德·柯蒂斯

D

Daily Telegraph，《每日电讯报》

Dad's Army，《爸爸的军队》

Dancing on Ice，《冰上舞蹈》

Davey, Peter，彼得·戴维

Deal or No Deal，《成交，还是不成交》

Department of Culture Media & Sport，"文化、媒体和体育部"

Derren Brown: The Experiments，《达伦·布朗：实验》

Dickens, Charles，查尔斯·狄更斯

Dickinson's Real Deal，《迪金森的真实交易》

Dimbleby，David，戴维·丁布尔比

Displacement effects，“取代式效果”

Dixon，Alesha，阿莱莎·迪克逊

Don't Stop Me Now，《别拦着我》，中文版意译为《势不可挡》

Double Or Nothing，《翻倍，还是一无所有》

Double Your Money，《让你的钱翻倍》

E

Eastenders，《东区人》

Editorial Complaints Unit，“编辑投诉部门”

Edmonds，Noel，诺埃尔·埃德蒙兹

Edwards，Huw，休·爱德华兹

Effects of program content，“节目内容的影响效果”

Endemol，恩德莫尔公司

Entertainment Craft Team，“娱乐节目工艺团队奖”

Entwistle，George，乔治·恩特威斯尔

Etchingham，Julie，朱莉·艾琴汉姆

Exposure: The Other Side of Jimmy Savile，《曝光：吉米·萨维尔的另一面》

F

Farming Today，《今日农业》

Fifteen restaurants，“十五餐厅”

Fight For Life，《生存竞争》

Fincham，Peter，彼得·芬彻姆

First for breaking news，“突发新闻优先”

Flanders，Stephanie，斯蒂芬妮·弗兰德斯

Flog It! 《拍卖》

Fogle，Ben，本·福格尔

Food，Glorious Food，《美食，棒极了的美食》

For the Children，《为了儿童》

Ford，Anna，安娜·福特

Forster，Ben，本·福斯特

Forsyte Saga，《福尔赛世家》

Forsyth，Bruce，布鲁斯·弗赛斯

FremantleMedia，弗里曼特尔媒体公司

Fry，Stephen，斯蒂芬·弗雷

Fuller，Simon，西蒙·富勒

G

Gardiner，Jason，詹森·加德纳

Gardener's World，《园丁世界》

Gambling Act，《博彩法案》

Game for a Laugh，《搞笑游戏》

Gay News，《同性恋新闻》

Geddes，Robin，罗宾·格迪斯

Gilligan，Andrew，安德鲁·吉利根

Golden，Jean，珍·戈尔登

Goodman，Len，莱恩·古德曼

Gordon Behind Bars，《戈登服刑》

Grand Designs，《宏伟计划》

Green，Hughie，休吉·格林

Greene，Hugh，休·格林

Grieve，Dominic，多米尼克·格里夫

Griffiths，Mark，马克·格里菲斯

H

Hageman，Nathan，纳森·哈格曼

Harkness，Jack，杰克·哈克尼斯

Hammond，Richard，理查德·哈蒙德

Hasselhoff，David，戴维·哈塞尔霍夫

Heap，Tom，汤姆·希普

Hell's Kitchen，《地狱厨房》

Henson，Adam，亚当·亨森

Hereford，赫里福德

Heston's Mission Impossible，《赫斯顿不可完成的任务》

Hey Jude，《嘿，裘德》

Himmelweit，Hilde，希尔德·西梅尔维特

Hodgson，Patricia，帕特里西亚·豪吉森

Hoggart，Richard，理查德·霍加特
Holloway，Richard，理查德·霍洛威
Horizon，《地平线》
Horwood，Craig，克雷格·霍伍德
Hunt，Jay，杰伊·亨特

I

IBA，“独立广播电视管理局”
I Love My Country，《我爱我的祖国》
Indecent Displays Act，《不道德行为陈列法案》
Independent Broadcasting Authority，“独立广播电视管理局”，简称IBA
Independent Television Authority，“独立电视管理局”，简称ITA
Independent Television Commission，“独立电视委员会”，简称ITC
Independent Television News，“独立电视新闻”，简称ITN
Index on Censorship，“查禁目录”
Information Technology Advisory Panel，“信息工程顾问团”
I’m a Celebrity... Get Me Out of Here!《我是名人……带我离开这儿！》
ITV，独立电视台

J

Jamie’s Kitchen，《杰米的厨房》
Jefferies，Christopher，克里斯托弗·杰弗里斯
Jim’ll Fix It，《吉米会安排》
Junior MasterChef，《少年大厨》

K

Keeler，Christine，克莉丝汀·基勒
Keith Lemon’s LEMONAID，《基思·莱蒙的柠檬水》
Kelly，David，戴维·凯利博士
Keppel，Judith，朱迪斯·凯佩尔
Kirsty Hughes，科斯蒂·修斯
Klein，Carol，卡罗尔·克莱因

L

Late Night Line Up，《夜线》
Letting Children be Children，《让孩子回归孩子》
Levin，Bernard，伯纳德·莱文
Lewis，Leona，利昂娜·刘易斯
Licence Fee Review Panel，“执照费评审委员会”
Life Of Mammals，《哺乳动物》
Linsey，Mark，马克·林赛
Little Britain，《小小英国人》
Lloyd，Selwyn，赛尔温·劳埃德
Lott，Pixie，皮格茜·洛特
Lowestoft，洛斯托夫特
Lumley，Joanna，乔安娜·拉姆莉
Lusher，Caroline，卡罗琳·卢舍

M

MacArthur，Ellen，艾伦·麦克阿瑟
Macmillan，Harold，哈罗德·麦克米伦
Magnusson，Magnus，马格纳斯力·马格努森
Malone，Gareth，加雷思·马隆
Manchester Guardian，《曼彻斯特卫报》
Mannion，David，戴维·曼尼恩
Marks & Spencer，玛莎百货
MasterChef，《大厨》
MasterChef: The Professionals，《职业大厨》
Masterclass，《大师课》
Mastermind，《智多星》
Mate，James，詹姆斯·梅特
May，James，詹姆斯·梅
McCall，Davina，达维娜·麦考尔
McCartney，Paul，保罗·麦卡特尼
McCloud，Kevin，凯文·麦克劳德
McFarlane，Colin，科林·麦克法兰
Mealor，Paul，保罗·米勒

Mediawatch-UK，“英国媒体监督”组织
Mediaset，梅迪亚赛特
Meyer，Rosan，罗莎・迈耶
Million Dollar Idea，《百万美元的点子》
Mitchell，Leanne，利安娜・米切尔
Mitchell，Leslie，莱斯利・米切尔
Mogg，Rees，里斯・莫格
Mol，John，约翰・莫尔
Monkhouse，Bob，鲍勃・蒙克豪斯
Morris，Juliet，朱丽叶・莫里斯
Muscolo，Gabrielle，加布里埃勒・马斯科罗
Muswell Hill，马斯威尔山

N

National Viewers' and Listeners' Association，“全国观众和听众协会”
Newsround，《新闻圈》
Nightingale，Mary，玛丽・南丁格尔
Northolt，诺霍特
Nuffield Foundation，“纳菲尔德基金会”

O

O'Conor，May，梅・奥康纳
O'Grady，Paul，保罗・欧格雷迪
Oliver，Jamie，吉米・奥利弗
Oliver Twist，《奥利弗・特维斯特》
One Show，《1频道秀》
Opportunity Knocks，《机会来敲门》
O'Reilly，Miriam，米莉娅姆・欧赖利
Orwell，George，乔治・奥威尔
Osbourne，Sharon，莎伦・奥斯本

P

Pannier，潘尼尔
Parker，Daniel，丹尼尔・派克
Parker，Guy，盖伊・帕克
Parkinson，Michael，迈克尔・帕金森
Parsons，Charlie，查理・帕森斯
Paul O□Grady Show，《保罗・欧格雷迪秀》
Peacock Committee，“皮科克委员会”
Phillips，Arlene，阿琳・菲利普斯
Picture Page，《画页》
Pilkington，William，威廉・皮尔金顿
Pilkington Committee，“皮尔金顿委员会”
Play Your Cards Right，《正确出牌》
Plymouth，普利茅斯
Principles for Television Advertising，《电视广告准则》
Private Eye，《冷眼》
Police and Criminal Evidence Act 1984，《警察和犯罪证据法案》
Pop Idol，《流行偶像》
Popstars，《流行之星》
Profumo Affair，“普罗富莫事件”
Profumo，John，约翰・普罗富莫
Protection of Children Act，《保护儿童法案》
Protecting the Under—Eighteens，《保护18岁以下未成年人》
Public Order Act，《公共秩序法案》
Public Service Broadcasting，“公共服务广电”
Putting News First，“新闻优先”

Q

Question Time，《问题时间》

R

Radio Advertising Clearance Centre，“广播广告审查中心”，简称RACC
Ramsay，Gordon，戈登・拉姆齐
Ramsay's Kitchen Nightmares，《拉姆齐的厨房噩梦》
Raworth，Sophie，索菲・雷沃斯
Red or Black? 《红，还是黑？》

Reith，John，约翰·瑞斯

Revell，Ashley，艾希里·雷维尔

Review of television advertising and teleshopping regulation，《电视广告和电话购物管理规定》

Richardson，Neil，尼尔·理查森

Ritchie，Shane，谢恩·里奇

Roaring Entertainment，“罗林娱乐”

Romans in Britain，《英伦之恋》

Roux，Michel，米歇尔·鲁

Rosencrantz，Claudia，克劳迪娅·罗森克兰兹

Ross，Jonathan，乔纳森·罗斯

Royal Television Society，“皇家电视学会”

Royal Military Academy Sandhurst，桑赫斯特皇家军事学院

Ryley，John，约翰·赖利

S

Saga，《传奇》

Samantha Stevenson，萨曼莎·史蒂文森

Savile，Jimmy，吉米·萨维尔

Schama，Simon，西蒙·尚玛

Schofield，Philip，菲利普·斯科菲尔德

Sherlock，《福尔摩斯》

Smith，Charlotte，夏洛特·史密斯

Smith，Penny，潘妮·史密斯

Soapstar Superstar，《从肥皂剧之星到超级明星》

Somerville，Julia，茱莉亚·萨默维尔

So You Think You Can Dance，《所以你认为你能跳舞》

Spelling Bee，《拼写蜜蜂》

Stewart，Alastair，阿拉斯泰尔·斯图尔特

Strachan，Michaela，迈克拉·斯特罗恩

Strictly Come Dancing，《认真来跳舞》，也意译为《舞动奇迹》

Stuart，Moira，莫伊拉·斯图亚特

Suffolk，萨福克

Sunday AM，《周日早间》

T

Tabak，Vincent，文森特·塔巴克

Taggart，《塔格特》

Take Your Pick，《挑了带走》

Tarrant，Chris，克里斯·塔兰特

Teatime slot，“下午茶时段”

Teather，Sarah，萨拉·蒂瑟

Television Act，《电视法案》

Television Advertising Code，《电视广告法案》

Television and the Child，《电视与未成年人》

Television Comes to London，《电视到伦敦》

Tempo，《节拍》

That Was the Week That Was，《上周就是那样》

The Apprentice，《学徒》

The Best，《最好》

The British Academy Film and Television Awards，英国电影电视学会奖

The Cube，《立方体》

The Eden Project，“伊甸园计划”

The Gambling Commission，“英国博彩委员会”

The Golden Shot，《黄金射手》

The Voice of Holland，《荷兰之声》

The Voice UK，《英国之声》

The Krypton Factor，《氪元素》

The Likely Lads，《情爱漫游》

The Million Dollar Idea，《百万美元的点子》

The Million Pound Drop，《失落百万英镑》

The National Health Service ，国民健康服务体系，简称NHS

The Riots: In Their Own Words，《骚乱：

让他们自己说》
The Vicar of Dibley，《迪布利的牧师》
The Voice Kids，《童声》
The Voice of Holland，《荷兰之声》
The Voice UK，《英国之声》
The Wednesday Play，《星期三戏剧》
The Winner Is，《获胜者是》
The X Factor，《X元素》
This Week，《本周》
Thompson，Daley，戴利·汤普森
Till Death Do Us Part，《相伴到死》
To Buy or Not To Buy，《买，还是不买》
Today，《今天》
Tonight's the Night，《就在今夜》
Top Gear，《超级动力》
Top of the Pops，《流行之巅》
TV and Radio Advertising Codes，《电视和广播广告法案》

U

University Challenge，《大学挑战》
Unsworth，Fran，弗兰·昂斯沃思

V

Vaizey，Ed，埃德·维兹
Vaughan，Michael，迈克尔·沃恩
Veterans' Day，老兵节
Video Recordings Act，《音像制品法案》
Vincent，Geraint，杰伦特·文森特
Vorderman，Carol，卡罗尔·沃德曼

W

Wainwright's Walks，《温赖特的步道》
Walker，Carole，卡罗尔·沃克
Walker，Todd，托德·沃克
Wallander，《沃兰德》
Walsh，Louis，路易斯·沃尔什
Warnock，Mary，玛丽·沃诺克
Watchdog，《监督者》
What's My Line，《我的职业是什么》
Wherever You Are，“无论你身在何处”
Whitehouse，Mary，玛丽·怀特豪斯
Who Wants to Be a Millionaire? 《谁想成为百万富翁？》
Willoughby，Holly，霍莉·威洛比
Winston，Robert，罗伯特·温斯顿
Wong，Andrea，安德里亚·旺
Woolard，Chris，克里斯·伍拉得
Worcester，伍斯特
World in Action，《世界在行动》
Worldwide，“BBC全球公司”
Wright，Bill，比尔·赖特
Wright，Matthew，马修·莱特

X

X Factor，《X元素》

Y

Yates，Alastair，阿拉斯泰尔·耶茨
Yeates，Joanna，乔安娜·耶茨
Yentob，Alan，阿兰·延托博

Z

Zen，《神探任恩》
Znak，Natalka，纳塔卡·兹纳克

Afterword
后记

Creativity in Public Service Broadcasting
公共服务原则下的创新

2012年9月18日，BBC第15任总裁乔治上任第二天，在伦敦市中心投入使用不久的新广播大楼B号演播厅里，通过内部频道发表就职演说。他认为虽然BBC过去干得不错，但距离自己设定的目标和观众日益增长的期望还有距离，为了达成高品质和创造性兼备的目的，他承诺愿意听取大家的意见，勤奋努力，让BBC成为员工能真正发挥才能，为观众传递英国创新价值的地方。他也要求每一位同仁挑战自我，为执照费支付者们提供更多富有创造性和独特性的节目，“BBC的核心就是必须实现卓越的、世界级的创新”。

引人注目的是，演讲中乔治使用了34次“创新”（或者近义词）、16次“品质”和15次“改变”，由此可见他的关注点，加上不断出现的“公共服务”，这些词基本可以概括英国主流电视媒体的状态，那就是基于公共服务原则下的不断创新和变革。但乔治的运气不太好，上任伊始就碰到“萨维尔性丑闻”事件，后来又因为对《新闻之夜》误报另外一起性丑闻负有失察责任而辞职下台，未能把他所追求的创新变成实践。

如果说乔治最后是“栽在”新闻时事节目的操作不当上，那么接替他的第16任总裁托尼·霍尔则是个不折不扣的“老新闻”，他为BBC服务的近30年里一直供职于新闻和时事部门，曾经有不少创新之举，比如1994年将广播和电视的新闻采集整合在一起，这是至今中国很多形式上合并的“广播电视台”想做，但没做到的事情；同年创办以BBC新闻、互动、访谈和体育转播为特色的广播“5 LIVE”和“BBC在线”网站，他是“在线新闻报道”的早期倡导者，提出“新闻为你”的服务理念，认为新技术将使受众以他们的方式很容易地获取新闻，而不仅仅是通过广播电视线性播报的老模式被动接受信息；1997年开播BBC24小时滚动新闻频道，1998年推出“BBC议会”频道，该频道又被称为“民主直播”频道，其口号是“探究、获取和审视影响你的政策”，让英国公众知道政客们在泰晤士河边的议会大厦里每天都讨论些什么内容。

BBC时事调查节目《全景》1995年11月对戴安娜王妃的那次引起轰动，同时招来争议的独家采访就是在托尼的掌控下完成的，现在BBC的当家新闻主持人休·爱德华兹也是在他的支持下确立现在地位的，他还曾经因为栏目报道内容可能触及英国黑社会的利益，遭到死亡威胁①。作为皇家歌剧院首席执行官，托尼放下高雅艺术的“架子”，结合自己驾轻就熟的电视转播方式，推出夏季艺术活动，在英国不同城市的公共场所设置大屏幕，定点直播演出实况，让户外的公众免费与剧场内的观众共同分享世界顶尖的表演艺术。皇家歌剧院的这段经历使得一直从事新闻的托尼对艺术和文化情有独钟，在回答将带给BBC最重要的东西是什么时，他说：“艺术第一。”托尼认为引导人们着眼大处和有价值的内容是BBC应该承担的任务，比如艺术就很重要，由此人们可以想象未来一段时间的BBC也许会充满了艺术气息。

关于未来怎么执掌英国广播公司，托尼首先提到的是创新，无论广播还是电视，从节目制作人、负责人、主持人到记者都应具备这种工作态度。面对竞争需要冒险，但不能不顾一切蛮干，BBC正在面临的危机让他在创新的同时，也要保证减少犯错的可能性。

---

①参见周康梁：《做最牛的主持人：英国电视名主持和他们的节目》，广州：南方日报出版社，2010年，第49页和第304页。

托尼觉得所谓的“管理”就是促使这些元素整合，创造条件，让大家最大程度地发挥才华，以达到最高水平，用新的办法给观众提供与众不同的内容。在他的设想中，自信对未来的BBC很重要，同时也要给受众信心，即便出了问题，也能坦然地承认错误，然后吸取教训，回到正常轨道上。当然，资金不可或缺，没钱就甭想“折腾”别的事情了，他需要通过高效的计划达成目标，目的是为推进BBC的发展搭建平台，寻找一切可能为频道和节目注入资金。“为什么人们喜欢BBC，因为他们喜欢BBC的节目。”远大的抱负和明确的目标必不可少，“媒体不能像普通受众一样地愤世嫉俗、玩世不恭”。营造良好的工作环境，建立高效的团队是基础保证，让大家发自内心地想要工作，做事时觉得自己就是机构的一分子，有归属感和荣誉感。

在正式上任前，托尼做的很多具体准备中的一项就是与戴维·阿腾伯勒见面，讨论这位87岁的英国电视“常青树”未来的节目设想。戴维一直坚持公共服务理念，素有“公共服务化身”的称呼，参与制作的节目以画面优美、信息量大、传播范围广、具有史料价值等著称。他数次提及退休，但却始终以力所能及的方式参与一个又一个新节目。他对公共服务和电视事业的执着，对高品质节目的追求，为所有电视人树立了榜样。这与托尼对广播电视机构的理解颇为吻合，即“尽可能地为观众提供高品质节目，人们需要品质，而不是说教”。

在本书即将付梓前， 2013年4月2日，托尼·霍尔正式履新，一早身背挎包神采奕奕地出现在BBC新广播大楼前，这被视为BBC翻开了新的篇章。在当天给所有员工的电子邮件中，他提出了八个问题，请大家共同思考，其中包含了媒体的目标、责任、运作、机制等主要问题，其实也是所有媒体人都应该考虑的问题。

● 怎样进一步提高节目质量，并使之独一无二？

● 怎样贴近观众，让他们获取想要的节目内容，并思考受众什么时候需要，有能通过何种途径获得？

● 怎样建立一个任何时候都充满创造力和动力的机构，使其成为最优秀的创造性人才愿意贡献聪明才智的地方？

● 什么是继已有的“BBC在线”和节目网络播放之后，下一轮应该抓住的新技术和消费大趋势？

● 怎样促进创新和数字经济的发展，使BBC在全球占据领先地位，并在未来为更多人提供工作机会？

- 怎样在全球市场中，制造更多BBC的品牌和内容？
- 怎样改善BBC的工作环境？
- 怎样根据现有条件满足所有的理想和抱负？

托尼的第一步工作是“信任优先”，首先需要面对的是尽快恢复因为萨维尔性丑闻事件给BBC带来的危机。而就在他正式履新前四天的3月28日，因为从节省开支考虑，计划裁掉2000个工作岗位，全国记者公会和技术人员公会举行了12小时罢工，这次行动甚至影响了当天几档新闻节目的正常播出。一个月前也有一次类似的24小时罢工，以表达对自2004年以来累计裁员7000多人的不满。

处理好来自内部和外部的问题，让这家正向百年历史迈进的世界级媒体平稳、持续发展并不是件容易的事。不过，在谨慎地接手BBC后，自认为六十多岁当总裁“太老”的托尼信心不减地表示要把BBC建设成最具创造力、最优秀的和最聪明的人们向往的地方，成就员工人生中最辉煌的业绩，设定高标准，生产出色的节目，为受众提供优质服务，排除实现目标途中的干扰。“我们的挑战是永远要表现出自己最好的一面。”这种对未来的信心来自BBC的两个关键因素，员工的才干和素质，以及他们共同拥有的价值观。托尼希望大家并肩工作，塑造公共服务广电的未来。如果从1922年11月14日，BBC的第一个电台“2LO”以中波从伦敦牛津街的塞尔福里奇百货公司屋顶开始广播算起，这家媒体的历史至今超过90年，而英国电视也已经走过76个年头，形成独特的风格和模式，“公共服务”原则是他们的目标，集聚人才，不断创新、变革是达成目标的重要手段之一。

在写作本书的过程中，我同时对多年撰写的关于英国社会文化的专栏进行了增补、修订，集结为《他们那一套：中国记者的英国社会观察和影像记录》一书，对不列颠社会的探寻有助于更进一步地理解英国电视，两者相得益彰。似乎是在不知不觉中，时间距离我第一次萌发关注英国电视的想法，并且付诸行动过去了整整八年。每次新书出版前最后校对时，当我看着面前厚厚一摞书稿，都有一种难以置信的感觉。有人说一个人把时间用在什么地方，是看得到的，读者朋友们手中的这一本本书就是经过长期资料收集、采访核实、观摩交流、繁琐整理、焦灼思考和夜以继日写作的结果，里面封存着我投入的时间、精力、热情、耐心、真诚、痛苦和欢乐，希望这一切都是值得的。

感谢中国传媒大学副校长胡正荣博士、英国威斯敏斯特大学国际传播学教授达雅·屠苏博士和新闻学教授戴雨果先生、世熙传媒总裁刘熙晨先生、香港浸会大学传播学院媒体研究首席教授科林·斯帕克斯先生、《中国广播影视》杂志编辑部主任唐顺荣女士联袂从中英学界和业界的不同视角为读者解析拙作，感谢马建宇、王珂、刘晓明、代俊波、崔莹、虎良灿、张艺、李琛、李红、陈焕、饶玉君、何雨洁、吉海龙、张涛、Richard和Alison夫妇、Ric Bailey、David Levy博士、James Painter、Sara Kalim、Alex Reid、Kate Hanneford-Smith，特别需要提及的是赵树清先生和李晓风先生的支持。与南方日报出版社编辑阮清钰先生配合默契，合作顺畅，使本书能按计划付梓出版。本书和此前两本专著都是由肖晓文女士设计，她从5年前的小姑娘到为人妻，现在将为人母，三本书恰好对应她的不同阶段。其实，我们的人生就是这样被自己的一个个作品、成绩和脚印标注着，所以为了少留遗憾，我时刻提醒自己不要掉以轻心。

这不是我第一本关于英国的书，可以肯定也不是最后一本，有着丰厚积淀的英国电视和社会文化还有很多内容有待发掘，并且介绍给大家。如一位业界同行所言，我为您打开的是英国，但要读的是我们自己。